Beck's Archäologische Bibliothek

Herausgegeben von Hans von Steuben
unter Mitwirkung von Dorothée Sack (Themenbereich Islam)

Beck's Archäologische Bibliothek

Bereits erschienen:

Peter C. Bol: Antike Bronzetechnik

Wolfgang Decker: Sport und Spiel im Alten Ägypten

Volkmar Fritz: Die Stadt im alten Israel

Olaf Höckmann: Antike Seefahrt

Herbert Hunger: Schreiben und Lesen in Byzanz

Antje Krug: Heilkunst und Heilkult

Ernst Künzl: Der römische Triumph

Harald Mielsch: Die römische Villa

Wolfgang Müller-Wiener: Griechisches Bauwesen in der Antike

Anastasia Pekridou-Gorecki: Mode im antiken Griechenland

Carola Reinsberg: Ehe, Hetärentum und Knabenliebe
im antiken Griechenland

Ingeborg Scheibler: Griechische Töpferkunst

Adelheid Schlott: Schrift und Schreiber im Alten Ägypten

Renate Tölle-Kastenbein: Antike Wasserkultur

Weitere Bände in Vorbereitung

Annegret Nippa

Haus und Familie in arabischen Ländern

Vom Mittelalter bis zur Gegenwart

Verlag C. H. Beck München

Mit einer Karte und 105 Abbildungen

CIP-Titelaufnahme der Deutschen Bibliothek

Nippa, Annegret:
Haus und Familie in arabischen Ländern : vom Mittelalter
bis zur Gegenwart / Annegret Nippa. –
München : Beck, 1991
 (Beck's Archäologische Bibliothek)
 ISBN 3 406 34603 0

ISBN 3 406 34603 0

Einbandentwurf: Bruno Schachtner, Dachau
Umschlagbild: Foto: Maria und Pascal Maréchaux, Paris
© C. H. Beck'sche Verlagsbuchhandlung (Oscar Beck), München 1991
Gesamtherstellung: C. H. Beck'sche Buchdruckerei, Nördlingen
Printed in Germany

Inhaltsverzeichnis

Vorbemerkung

Das Buch „Haus und Familie in arabischen Ländern" ist ein Versuch, dem europäischen Leser einen wichtigen Ausschnitt des Alltags jener Länder entgegenzubringen. Beschreibung und Analyse folgen europäischen Traditionen, und nur in einigen sprachlichen Wendungen schimmert eine manchmal ungewohnte, dem Arabischen entlehnte Ausdrucksweise hindurch. Damit der Leser auf den ersten Blick erkennen kann, welche Zitate auf arabische Quellen zurückgehen, werden diese, wie die transkribierten arabischen Wörter mit ihren Übersetzungen, kursiv gesetzt – auch solche Texte von arabischen Autoren, die in einer europäischen Sprache schreiben.

Leser, die mit den Bräuchen in arabischen Ländern nicht vertraut sind, werden sich vielleicht verwundern, daß relativ wenige Photographien Frauen zeigen. Wann immer ich im Nahen Osten photographiert habe, bat ich die mit der Kamera eingefangenen Personen um ihre Zustimmung, sofern es sich nicht um Bilder des öffentlichen Lebens handelte. Frauen erlaubten mir gelegentlich, sie zu photographieren, doch in den meisten Fällen nahmen sie mir das Versprechen ab, die Photos nicht zu veröffentlichen – und ich wüßte nicht, warum ich mich ihren Wünschen verweigern sollte.

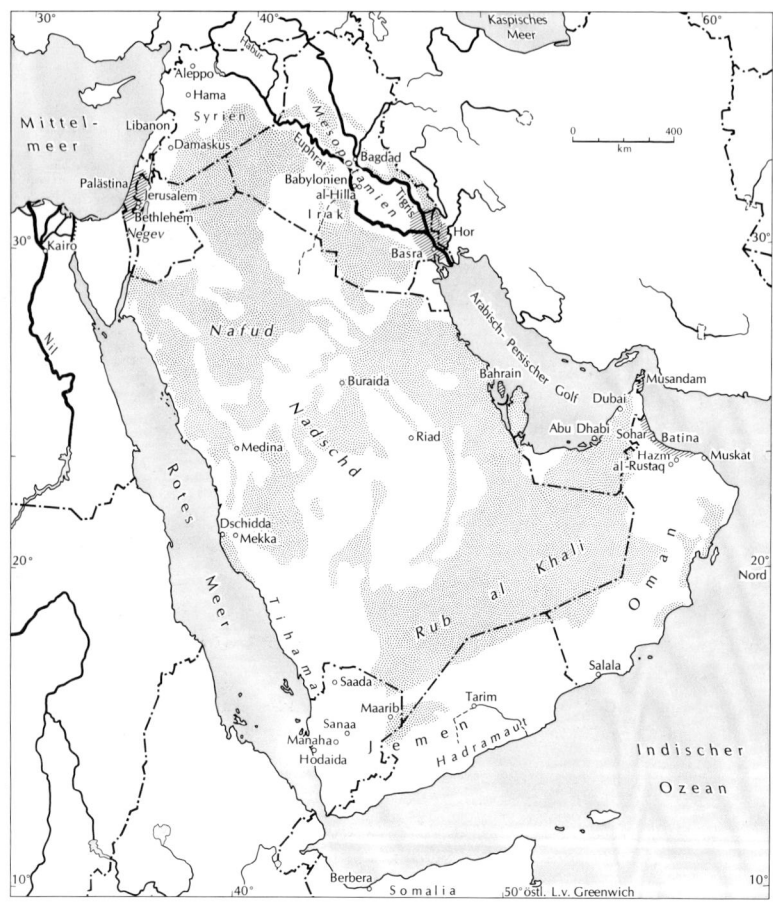

Im Text erwähnte geographische Orte

Haus und Familie

Jeder Mensch wird in eine Familie geboren und erhält damit eine Anzahl von klar definierten Beziehungen. Im Laufe des Erwachsenwerdens entwikkeln sich aus diesen Beziehungen besondere Rechte und Pflichten, die in den verschiedenen Gesellschaften unterschiedlich geregelt werden. In erster Linie beschützt eine Familie jedes ihrer Mitglieder in allen existentiellen und sozialen Angelegenheiten. Schutz gegen die Außenwelt bietet für die ganze Familie ein Haus. Für beides – Haus und Familie – können Araber ein und dasselbe Wort benutzen: *al-bait*. Das eine oder das andere zu verlieren, bedeutet Hilflosigkeit und Armut.

Das Schicksal eines Menschen, der seine Familie verloren hat, gilt als beklagenswert. Keine kommunale oder staatliche Organisation kann das schützende Geflecht regulierter Beziehungen einer Familie ersetzen, jene können nur die reine Existenz sichern, die allein nicht ausreicht, um einen Menschen „gesellschaftsfähig" zu machen. Dazu bedarf er einer Abstammung, einer Familie, eines Hauses. Dies sichert Schutz und verleiht soziale Identität.

Das Thema des Buches ist also nicht nach den Kriterien einer europäischen Kunst- oder Geisteswissenschaft entwickelt, sondern durch die Praxis jener Menschen angeregt, die mit einem einzigen Wort mehrere Ebenen ihres Lebens zugleich ansprechen können. Wenn zum Beispiel von einem *bait al-mauṣilī*, einem *Haus al-Mauṣilī* die Rede und der Kontext nicht näher bekannt ist, gibt es mehrere Möglichkeiten, diesen Ausdruck zu verstehen: Es kann eine *Familie namens al-Mauṣilī* gemeint sein (Abb. 1) oder auch eine *Großfamilie namens al-Mauṣilī*, die aus mehreren verwandten Kleinfamilien desselben Namens gebildet ist und nicht notwendigerweise zusammen wohnt (Abb. 2).

In einem Zusammenhang, der auf die Geschichte verweist, kann mit *bait al-mauṣilī*, auch eine genealogische *Linie* gemeint sein. Diese geht auf einen Vorfahren *al-Mauṣilī* zurück, der sich durch etwas Besonderes ausgezeichnet hat, und daher von den Nachfahren, die sich wiederum mit ihrem letzten Namen, *al-Mauṣilī* auf ihn berufen (Abb. 3), stolz als Gründer ihres Hauses genannt wird. Bis zur Einführung von Familiennamen nach europäischem Vorbild durch die moderne Staatsadministration bezeichnete sich ein Mann als Sohn, *ibn*, seines Vaters, der sich wiederum als Sohn seines Vaters bezeichnete und so fort, bis die Erinnerung an den ältesten Vorvater aufhörte. Dieser Liniengründer gab allen Söhnen von Söhnen einen abschließenden Namen, der nicht selten auf seine Herkunft oder seinen Beruf

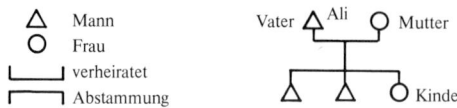

1. al-bait als Familie

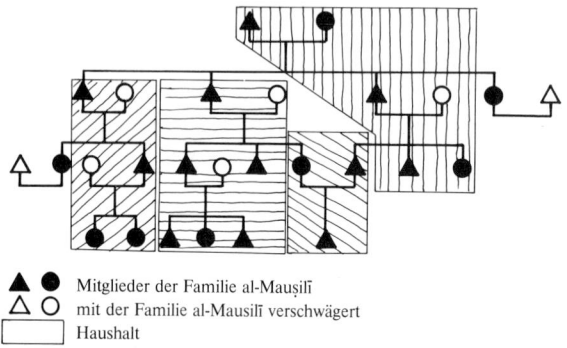

▲ ● Mitglieder der Familie al-Mauṣilī
△ ○ mit der Familie al-Mauṣilī verschwägert
☐ Haushalt

2. al-bait als erweiterte Familie

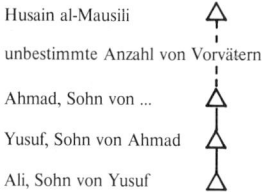

Husain al-Mausili

unbestimmte Anzahl von Vorvätern

Ahmad, Sohn von ...

Yusuf, Sohn von Ahmad

Ali, Sohn von Yusuf

3. al-bait als Abstammungslinie

4. al-bait als Haus

anspielt: wie *ʿAlī ibn Yūsuf, ibn Aḥmad, ibn .....* Ḥusain al-Mauṣilī, zu deutsch *Ali, Sohn von Yusuf, Sohn von Ahmad, Sohn von ...* Husain dem Mossuler.

Einige Männer haben lange Namensketten, andere kürzere. Wer eine lange aufweisen kann, gilt als bedeutend, denn sie läßt vermuten, daß er Mitglied einer alten und damit für gewöhnlich weitverzweigten Familie eines bedeutenden Hauses ist. Man zählt sich genealogisch gedacht nur zum Haus des Vaters. Auch die Mutter entstammt einem Haus, nämlich dem ihres Vaters, doch obwohl die Schwiegerverwandten praktisch von Bedeutung sind, spielen sie in der genealogischen Aufzählung keine Rolle. Eine Ehefrau bleibt namentlich die Tochter ihres Vaters und erhält nicht den Namen ihres Ehemannes. Ist von einem Paar die Rede, wird durch die Nennung beider Namen zugleich gesagt, welche Häuser sich durch Heirat verbunden haben. Die Identität, die Männern und Frauen mit ihrem Namen zugesprochen wird, bezieht sich auf die väterliche Abstammung und wird auch bei einer Eheschließung für keines der beiden Geschlechter aufgegeben.

In manchen Fällen können die Nachfahren eines Familiengründers noch auf das *Haus* zeigen, welches ihr Vorfahre baute und bewohnte. Wie die *Familie* erhält auch das Gebäude den Namen seines Gründers.

Die Bezeichnung *bait al-mauṣilī* dient räumlich und sozial einer Orientierung: Gibt sich ein Mann als Mitglied einer bestimmten Familie zu erkennen, weiß man, woher er kommt, zu wem er gehört, das heißt, mit wem er verwandt und, bei einflußreichen Familien, auch mit wem er verschwägert ist. Daher ist in einer Gesellschaft, in der Verwandtschaft zu den elementaren Strukturen zählt, die Nennung des *Haus*-Namens für den kundigen Hörer äußerst informativ.

Ist mit *bait al-mauṣilī* ein Gebäude und damit auch der Wohnort eines Mannes gemeint (Abb. 4), weiß der Hörer über die oben genannten Informationen hinaus, zu welchem Nachbarschaftsverband die Hausbewohner gehören und damit, in welches andere grundlegende Beziehungsnetz sie eingebunden sind.

Neben der soziologischen Bestimmung kann mit *bait al-mauṣilī* ein Ort gemeint sein, der demjenigen, der nach dem Wege fragt, als bekannter Orientierungspunkt genannt wird.

Da der alltägliche Sprachgebrauch eine Nähe zwischen Wohnhaus, Familie und Genealogie herstellt, erscheint es vernünftig, nach weiteren Entsprechungen zwischen Architektur und Verwandtschaft, zwischen materieller Kultur und sozialer Institution zu suchen.

Hassan Fathy, einer der wichtigen ägyptischen Architekten unseres Jahrhunderts, fordert eine Architektur, deren vorrangiges Ziel es sein muß, funktional zu sein; das dürfe nie, auch nicht aus Faszination an formalen

Elementen aus den Augen verloren werden, da jede Form nur im Kontext ihrer aspektreichen Umgebung Bedeutung erhalte. Dieses Zusammenspiel von funktionalen und formalen Überlegungen bestimmt die traditionelle Architektur, um die es im folgenden gehen wird.

Auch Verwandtschaft ist nicht nur ein Konzept, das erklärt, wie wer mit wem verwandt ist und demgemäß Namen für Mutter, Vater, Schwester, Bruder usw. zur Verfügung stellt, sondern sie regelt vielmehr eine Reihe von Handlungen im sozialen und ökonomischen Bereich. Die funktionale Bedeutung von Verwandtschaft kann daher nicht allein über ihre Form, die Ethnologen in Diagrammen wiedergeben, verstanden werden.

Die Diagramme, lineare Konstruktionen, welche die Ordnungsabsichten des Verwandtschaftssystems veranschaulichen sollen, zeigen nichts anderes als eben dies; die Wirklichkeit gelebter Verwandtschaft können sie nicht einmal andeuten. Auch die Grundrisse eines Hauses geben nicht mehr als die räumlichen Verhältnisse wieder, so daß die soziale, rechtliche und emotionale Wirklichkeit eines belebten Hauses einer anderen Darstellung bedarf als eben nur der zeichnerischen.

Die Grade verwandtschaftlicher Zugehörigkeit sind ein Ordnungssystem zur Klärung von Rechten und Pflichten, die für den privaten wie gesellschaftlichen Bereich gleichermaßen relevant sind. Verwandtschaft ordnet das Leben, gibt rechtlich gesicherten Zugang zu Nahrung, Arbeit und Sexualität, setzt die Grenzen zwischen mein und dein, oder besser zwischen unser und euer, und weist dem Individuum einen festen Platz mit bestimmten Aufgaben im Gesamtgefüge zu. Wenn Ethnologen von der Architektur eines Verwandtschaftssystems sprechen, spielen sie auf diese ordnende Funktion an. Wer versucht, an dieser Ordnung zu rütteln, rüttelt am Gerüst der Gesellschaft und bringt sie damit in Gefahr. Daher erhalten die Regeln der Verwandtschaft einen fast unantastbaren Charakter.

Im Nahen Osten gibt es eine weit verbreitete Vorstellung von einer als empfehlenswert geltenden Heirat: die Heirat mit der Kusine. Da diese Form der Heirat ein wichtiger Schlüssel zum Verständnis der „Hauspolitik" ist, seien einige grundsätzliche Bemerkungen vorweggeschickt. Die folgenden Sätze zählen die einfachsten verwandtschaftlichen Beziehungen auf und zeichnen den Weg nach, der zu den komplex erscheinenden Diagrammen führt. Jede Aussage wird mit einem Diagramm beendet, dessen schwarz markiertes Symbol die jeweils neu auftretende Person hervorhebt.

Ein Mann ▲ heiratet eine Frau

die beiden haben einen Sohn

Hat der Vater dieses Sohnes einen Bruder

und jener wiederum eine Tochter

ist sie die *bint ʿamm* ihres Vetters,
der sie heiraten könnte.

Auch die beiden Väter haben einen Vater

der nicht selten einen Bruder hat

Hat der Bruder des Großvaters einen Sohn

und jener eine Tochter

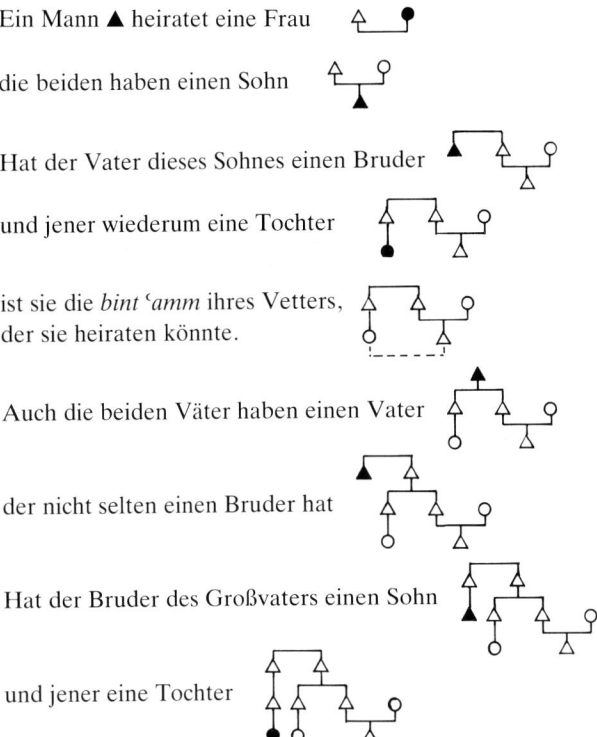

ist auch sie eine patrilaterale Parallelkusine und käme als Braut des jungen Mannes infrage, wie auch die anderen Kusinen, die sich aus weiter zurück-liegenden Generationen errechnen:

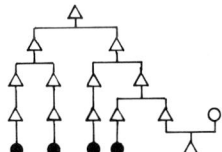

Die arabischen Begriffe, mit denen sich die verschiedenen Vettern und Kusinen anreden, verdeutlichen die ethnologischen Bezeichnungen der bei-den möglichen Kusinenheiraten. Können sich Vetter und Kusine mit sym-metrisch aufgebauten Begriffen anreden, spricht man von einer Parallelku-sinenheirat; in diesem Fall sagt der Mann von seiner Frau, der Tochter *(bint)* seines väterlichen Onkels *(ʿamm)*, sie sei seine *bint ʿamm*, und sie nennt ihn ihren *ibn ʿamm*. Anders verhält es sich, wenn er von der Tochter seiner väterlichen Tante spricht, sie ist seine *bint ʿamma*, während sie von ihm als ihrem *ibn ḫāl* spricht. Im Fall der asymmetrischen Beziehung zwischen einer *bint ʿamm* und einem *ibn ḫāl* spricht man von einem Kreuzkusinenverhältnis.

Die im Nahen Osten nicht nur in der arabischen oder islamischen Gesellschaft, sondern zum Beispiel auch von Kurden und – wohlgemerkt – auch von Christen praktizierte patrilaterale Parallelkusinenheirat ist ein meist isoliert diskutiertes Phänomen, das meines Erachtens nur im Zusammenhang mit der gesamten Vorstellung von Haus und Familie zu verstehen ist. Die arabische Gesellschaft ist eine „Gesellschaft der Häuser", deren Dynamik sich aus vielen Regeln speist, von denen nur eine, wenngleich die ungewöhnlichste, die empfohlene Heirat mit der Kusine ist.

Die 1949 erschienenen „Elementaren Strukturen der Verwandtschaft" von C. Lévi-Strauss[1] beunruhigten die mit dem arabischen System von Verwandtschaft Vertrauten, da die Heirat mit der patrilateralen Parallelkusine in dieser generellen Untersuchung nicht erwähnt wird, ja man könnte sogar vermuten, daß sie gemäß seiner Ausführungen und Schlußfolgerungen unsinnig wäre, wie M. Oppitz in den „Notwendigen Beziehungen" 1979 sorgfältig vorrechnet.[2] Zehn Jahre nach Erscheinen seines Buches wurde Lévi-Strauss zu einem Krisenrat gebeten, auf welchem die Heirat mit der Parallelkusine besprochen werden sollte.[3] Doch die Schlacht zwischen den beiden vermeintlichen Parteien blieb unentschieden, schon deshalb, weil die gegenseitigen Vorwürfe von keiner der beiden Seiten eindeutig formuliert wurden, die aber Grundlage und Hemmung der Diskussion waren: Da die einen wohl im Stillen dachten, daß die Thesen von Lévi-Strauss falsch seien, konnten sie die Anregungen seiner Zusammenschau nicht aufgreifen, und da Lévi-Strauss zum einen aufgrund einer persönlichen Aversion dem Arabischen gegenüber (das er mit Islamisch verwechselt) nicht genau zuhörte, und zum anderen wohl zu dem Schluß gekommen war, daß die sogenannte *bint ʿamm* – Heirat keine elementare Struktur darstelle, (was seiner Definition entsprechend richtig ist), erschöpfte sich die Konferenz der Spezialisten in der gegenseitigen Aufforderung zu vermehrten Studien. Durch diesen schwelenden Konflikt angeregt, entstanden tatsächlich zahlreiche Arbeiten zur arabischen Verwandtschaft;[4] darunter solche, die das Material zur Heirat mit der patrilateralen Parallelkusine anhäuften und zahlreiche andere, die nach Erklärungen des Phänomens suchten. Die einen sahen darin die Folge einer Haltung, die in der vielzitierten englischen Floskel „keep your property together" zusammengefaßt wurde, für die es auffallenderweise kein arabisches Äquivalent gibt, was in einer so exzessiv gastfreien Gesellschaft wie der arabischen nicht verwundert, in der das Repräsentationsbedürfnis der Männer schon viele Familien an den Rand des Ruins gebracht hat. Für andere Autoren lag die Erklärung eher im Feld der politischen Absicht, deren Ziel es sei, mit Hilfe endogamer Heiraten die vorhandenen Tendenzen einer Lineagesegmentation aufzuheben oder zumindest einzuschränken.

Die grundlegende und von allen Ethnographen bestätigte Beobachtung, daß die *bint 'amm* – Heirat nur zu einem gewissen Prozentsatz praktiziert wird, provozierte ebenso unterschiedliche Schlußfolgerungen, wie das Phänomen an sich. Ich denke, daß manche französische Autoren, getrieben von der Vorstellung aus der *bint 'amm* – Heirat eine „elementare Struktur" zu machen, sich darum bemühten, die unklare, nicht eindeutig festgelegte arabische Terminologie zu ihren Gunsten so weit auszudehnen, daß die Statistiken z. T. über 60% endogamer Heiraten auswiesen. Aus demselben Grunde versuchten andere mit frühislamischen Quellen zu zeigen, daß die nicht-endogamen Heiraten degenerierte, vielleicht sogar städtisch-degenerierte Formen seien und daher nicht in demselben Maße berücksichtigt werden müßten.

Manches Neue brachten die Studien zutage, weniger im Feilschen um Prozentzahlen oder auf der Suche nach dem eindeutigen Satz, mit dem das Phänomen charakterisiert werden kann, sondern in der generellen Betrachtung endogam-exogamer Heiraten. Mit freundlichem Blick auf den Strukturalismus entdeckte Bourdieu, daß die Bezeichnung „patrilaterale Parallelkusine", *bint 'amm*, nur eine der möglichen Sichtweisen ist; denn hinter einer *bint 'amm* verbirgt sich nicht selten eine matrilaterale Kreuzkusine[5] (Abb. 5).

Damit ist zunächst einmal festgehalten, daß es offensichtlich zwei Arten der Betrachtung dieses verwandtschaftlichen Verhältnisses gibt: Die der Männer, die die offizielle Rede führen und verantworten, und die der Frauen, deren Reden über Verwandtschaft Ethnologen bisher nicht sehr vertraut war, da viele Frauen, wenn sie „interviewt" wurden, ihre Männer holten, da eben jene für die offizielle Rede über Verwandtschaft zuständig sind, etc. Mit der neuen, von Bourdieu eingeführten Rechnung in die Kusinenheiraten könnten wir sicher bei besserer Materiallage aus zahlreichen *bint 'amm* (der offiziellen Rede) analytisch erwiesene matrilaterale Kreuz-

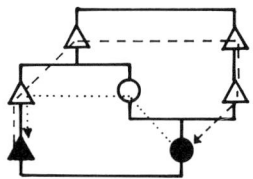

5.   *Was für den einen ▲ eine offizielle Parallelkusinenheirat, ist für die andere ● eine stille Kreuzkusinenheirat*

kusinen machen. Doch wozu? Nur damit diese Heirat endlich „dem Prinzip der Reziprozität", die Ehen mit „Systemcharakter" haben sollten, entspricht?

Auch der zuletzt erschienene, mir bekannte Versuch, die Heirat mit der patrilateralen Parallelkusine zu verstehen, wiederholt meines Erachtens die einfachen Fehler der Vorgänger: Obwohl man es besser weiß, versucht man diese Heiratsform aus sich heraus, isoliert zu erklären und nicht als eine unter anderen zu verstehen. S. Caratini[6] verschiebt nun die Perspektiven nicht zwischen männlicher und weiblicher Rede, sondern die Grenzen der endogamen Gruppe. Sie behauptet, daß die angeblich praktizierte Endogamie der Rgaybat nur eine auf Stammesebene sei, es tatsächlich um eine Exogamie zwischen den Lineages gehe. Caratini beobachtete, daß häufig die Töchter jüngerer Brüder an die Söhne der älteren verheiratet wurden, und sie meint, dies geschehe, damit die Brüder der Braut, ihr Ehemann und dessen Brüder sich zusammen eine stammesinterne Vormachtstellung sichern könnten: So wird bei Caratini aus der Verwandtenheirat eine politische Allianzheirat! Gäbe es arabische Sprüche, wie „doppelt genäht, hält besser", möchte man sich vielleicht mit solch einer Idee leichter anfreunden.

Trotz der Fülle des neu zusammengetragenen Materials und vieler neuer Gedanken gab es keine weiteren Gesprächsrunden zwischen denen, die im Nahen Osten arbeiten und Lévi-Strauss.

Auch er hatte in den folgenden Jahren weiter an den Fragen der Verwandtschaft gearbeitet und seine früheren Thesen z.T. revidiert und ausgebaut. In mehreren Vorlesungen über kognatische Gesellschaften[7] weist er wiederholt auf eine besondere Form regelhafter Mischung endogamer und exogamer Heiraten hin, bzw. auf eine überwiegende Bedeutung der agnatischen Linie in gewissen kognatischen Systemen, und er ahnt, daß das auch in den arabischen Verhältnissen vorliegt. Wie für die mittelalterliche Feudalgesellschaft Japans findet er im Vergleich zur mitteleuropäischen Aristokratie den Begriff einer „Gesellschaft der Häuser", um diesen Sachverhalt des zweifachen, endogamen wie exogamen Heiratssystems zu charakterisieren, – neben dem elementaren und dem komplexen das dritte seiner Systeme. Im vorliegenden Fall entstand die Idee, die arabische Gesellschaft als eine „Gesellschaft der Häuser" zu bezeichnen, aus der arabischen Eigenbegrifflichkeit und der tragenden Bedeutung von „Haus und Familie".

Doch nicht allein europäischen Wissenschaftlern erscheint die Heirat mit patrilateralen Parallelkusine derart aufregend zu sein, daß sie oft die anderen, gleichzeitig vorkommenden Formen darüber zu vergessen beginnen, und eben jene Kusinenheirat in den Vordergrund stellen, auch Araber nennen auf die Frage, wen sie heiraten werden, zuerst und nicht selten ausschließlich eben jene Kusine. Geschichten, Liebeslieder und Märchen handeln von derartigen Paaren, die nach langer Zeit dann doch zusammenkamen oder wenn nicht, unglücklich starben, so wie von der Bestrafung derjenigen, die eine Ehe mit der Kusine hintertreiben wollten. Warum gibt es diese Geschichten, warum herrscht diese Aufregung? Ich spekuliere, daß die wiederholte Bekräftigung, keine Frau eigne sich besser zur Ehefrau als eine Tochter der väterlichen Onkel, vielleicht doch wegen ihrer Nähe zu all den anderen Frauen, die unter das Inzestverbot fallen, nötig wird. Das erklärt natürlich noch nicht, warum sie geheiratet wird, aber vielleicht, warum man so oft darüber redet.

Zwar ist die arabische Gesellschaft relativ arm an Mythen, doch gerade für die Entstehung dieser inzestnahen Heiratsform verweisen die Tiyaha-Beduinen des Negev auf den mythologisch auch uns vertrauten Anfang der Menschheitsgeschichte, auf Adam und Eva.[8] Die Urmutter Eva gebar viele Kinder und zwar, so erzählen die Tiyaha, immer nur Zwillinge, jeweils ein Mädchen und einen Jungen. Als die Kinder größer wurden, nahm der Junge eines Zwillingspaares die Zwillingsschwester eines seiner Brüder zur Frau, der dafür dessen Zwillingsschwester zur Frau erhielt, denn die jeweiligen Zwillinge galten als enger verwandt als die Geschwister, die keine Zwillinge waren und daher aus Mangel an anderen Menschen als verwandtschaftlich soweit voneinander entfernt galten, daß sie nicht unter das Inzestverbot für Geschwister fielen.

Unter diesen Kindern Evas befanden sich auch die Brüder Kain und Abel mit ihren jeweiligen Zwillingsschwestern. Als die beiden diese nun zur Heirat tauschen sollten, weigerte sich Kain, auf seine schöne Zwillingsschwester zu verzichten, denn diejenige von Abel war häßlich. Er tötete seinen Bruder Abel und lebte mit seiner eigenen Zwillingsschwester. Mit der Nichteinlösung der ersten Heiratsregel kam das Böse, Inzest und Mord, in die Welt.

Auch in der uns vertrauten Überlieferung des Alten Testamentes ist Kain der erste Mörder, die Begründung der Tat jedoch nimmt eine andere Wendung. In den Geschichten der Beduinen ist das Handeln der Menschen in dieser Welt von den Regeln des Tausches und der Verwandtschaft bestimmt; ein metaphysischer Wettstreit um die Zuneigung Gottes könnte keinen Totschlag rechtfertigen.

Da die ersten Menschen keine längere Genealogie aufzuweisen hatten als den Vater Adam und seine Kinder, galt das Inzestverbot nur für die Mutter und die Zwillingsschwestern. Aus der Heirat mit einer Schwester entstanden weitere Generationen, in deren Folge das Inzestverbot auch auf andere weibliche Verwandte ausgedehnt werden konnte. Die erste Frau, die ein Mann später aus seinem eigenen Haus zur Ehefrau nehmen durfte, war die väterliche Kusine.

Dieser Vorliebe für die im Arabischen *bint 'amm* genannte Kusine als Ehefrau beschäftigte – außer den Mitgliedern der arabischen Gesellschaft – nicht nur Ethnologen, sondern stellte für die französische Verwaltung Syriens ein fast moralisches Problem dar.[9] Da nach christlichen Vorstellungen eine solche Ehe einem Inzest gleichkommt, wollte man sie verbieten. Die Einheimischen protestierten gegen diese Einmischung, denn mit diesem Heiratsverbot war an den Pfeilern einer elementaren Struktur, dem System der Verwandtschaft, gerüttelt worden. Fast eine Generation lang kämpfte die französische Mandatsverwaltung mit vermeintlich neutralen Gutachten aus dem Bereich des vergleichenden Rechts und der Medizin gegen diese Eheform. Doch ebenso wie den Kampf um die politische Macht verloren sie auch diesen Kampf.

Verwandtschaft ordnet die Zeit: die individuell durchlebte Zeit, indem jeder Mensch in seinem Leben immer neue verwandtschaftlich zu benennende Statuspositionen einnimmt; und die überpersönliche Zeit, die Zeit der Geschichte, indem die Aufzählung hintereinander folgender Vorfahren die Vergangenheit in Abschnitte teilt, die einzelnen Generationen entsprechen.

Architektur ordnet den Raum und scheidet als erstes zwischen dem eigenen und einem fremden Haus. Die bewohnte Welt ist voller Grenzen, welche die verschiedenen Einheiten der Zugehörigkeit abstecken und Funktionen voneinander trennen.

Auf diese Weise ordnen Verwandtschaft und Architektur die unfaßbaren Dimensionen von Zeit und Raum und verleihen den Teilen, in welche sie Zeit und Raum zerlegt haben, eine dem Individuum faßbare Bedeutung.

In arabischen Ländern

In einigen Gegenden der untersuchten Region wird diese Nähe von Haus und Familie auch noch mit einem anderen Wort, mit *dār*, ausgedrückt. In *dār* schwingt die gewichtige Konnotation vom *dār al-islām* mit, dem *Haus des Islam*. Mit diesem Begriff wird die politische Einheit der Gläubigen bezeichnet, eine unter den Regeln des Islam geeinte Gemeinschaft vieler Menschen unterschiedlicher Herkunft. Der Islam zeichnet sich weniger durch ein Konzept aus, das Sakrales von Profanem trennt, sondern durch eine religiös verankerte Ordnung für die diesseitige, profane Welt, für Wirtschaft und Herrschaft sowie für Alltägliches. Doch greift sie auffallend wenig in das System der Verwandtschaft ein und regelt nur geringfügig die Bereiche von Haus und Familie.

Ein Blick auf die Wohnhausformen von Java bis Senegal führt uns eine verwirrende Fülle von Variationen vor, die nur im Rahmen der jeweiligen Lokaltradition entwirrt und verständlich würde. Von einer „islamischen Architektur" kann man nur in Hinblick auf Gebäude sprechen, die im Kontext islamischer Institutionen entstanden sind wie Moscheen, Schulen oder andere Gemeinschaftseinrichtungen, nicht aber für Wohnhäuser.

Die Bezeichnung „arabische Architektur" ist aus anderem Grunde wenig hilfreich. Zum einen läßt bereits ein flüchtiger Blick auf die Abbildungen in diesem Buch den an lokale Traditionen und Stilrichtungen gebundenen Formenreichtum deutlich werden, und zum anderen herrscht kein Konsens über das, was mit „arabisch" gemeint sein könnte.[10] Nur im Unterschied zu anderen Sprachen ist zu definieren, was arabisch ist. Politisch jedoch setzt die Verwendung der eher neuzeitlich gebrauchten Charakterisierung „arabisch" einen Beschluß voraus, und auch die Mitglieder der „Arabischen Liga" können wechseln.

Eine komparative Studie, wie die vorliegende, sollte sich klar definierte Grenzen stecken. Dennoch haftet auch meiner Auswahl etwas Willkürliches an, die aus Mangel an einer von Einheimischen allgemein autorisierten Vorgabe subjektiv bleibt: Unter „arabischen Ländern" fasse ich alle Länder des asiatischen Erdteiles, in denen Arabisch die vorherrschende Sprache ist oder war, für meinen Vergleich zusammen.

Ein Haustyp

Von jedem Mann wird erwartet, daß er eine eigene Familie gründet und ein eigenes Haus baut. Das macht ihn in den Augen der anderen erwachsen, und erst in dieser Position, als anerkanntes Mitglied seiner Gemeinschaft und als selbständiger Hausherr, kann er Gäste empfangen, was wichtig ist, da seine Gastfreundschaft zu seinem Ruf ebenso beiträgt wie das Wohlverhalten seiner Familie. Jedes Haus dient im wesentlichen diesen zwei Funktionen: Es ist ein gegen außen abgegrenzter Bereich für die Familie mit einem repräsentativen Gästeraum als Vermittlung nach außen.

Wie mit anderen Dingen gibt sich jeder Hausherr auch mit seinem Haus als Mitglied seiner Gemeinschaft zu erkennen: Er baut wie die anderen, nur im Detail zeigt er seine Individualität. Daher weicht jedes Haus ein wenig von den anderen ab. Auf der Suche nach dem Haustyp einer Gemeinschaft muß der Wissenschaftler die feinen, individuellen Unterschiede wiederum außer Acht lassen. Innerhalb der regionalen Grenzen wird dabei nach der auffälligsten Gemeinsamkeit gesucht, die dem Haustyp häufig ihren Namen verleiht. Für den großen Bereich der arabischen Länder meinte man in einer zu jedem Haus gehörenden Hofanlage jenes, alle Häuser charakterisierende Element gefunden zu haben und sprach daher vom sogenannten arabischen Hofhaus.[11] Da es auch in anderen Gegenden der bewohnten Welt Hofhäuser gibt und in arabischen Ländern außerdem Häuser ohne Hof vorkommen, ist dieser Begriff – wenn auch nicht ganz falsch – so doch ungenau.

Andere architekturgeschichtliche Untersuchungen in engeren Grenzen führten zu präziseren Typenbezeichnungen, die ihre Gültigkeit nur für die ausgewählte Region beanspruchen. Auf diese Weise müssen die offensichtlichen Unterschiede zwischen den Wohnhäusern Palästinas und des yemenitischen Hochlandes, der Städte am Roten Meer und in den Bergen des Libanon nicht länger unter der Bezeichnung „arabisch" oder gar „islamisch" verleugnet werden. Wählt man den geographischen Ausschnitt der Untersuchung enger, zeichnen sich sogar innerhalb einer Region lokale Typen ab: In Westsyrien zum Beispiel hat das Damaszener Haus andere Eigentümlichkeiten als das Aleppiner Haus. Um die Vielfalt der architektonischen Ausdrucksformen anzudeuten, wird in jedem der folgenden Kapitel der regionale Schwerpunkt verschoben.

O. Reuther, der wie andere europäische Architekten dazu neigte, den von ihnen herausgearbeiteten Typ nach einem charakteristischen Bauelement zu benennen, entdeckte Anfang des Jahrhunderts in „Baghdad und

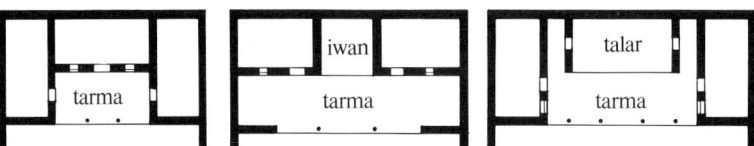

6. *Varianten des ṭarma-Hauses*

anderen Sätdten des Iraq" das von ihm so genannte Tarma-Haus.[12] Die
ṭarma ist eine zum Hof geöffnete Vorhalle, von welcher eines oder mehrere
Zimmer zu erreichen sind. Diese Anlage fand Reuther auch bei Bauernhäusern und faßte nach seinen zahlreichen Bauaufnahmen die grundsätzlichen
Möglichkeiten in drei Schemata zusammen (Abb. 6). Alle Varianten halten
drei Grundregeln ein: 1. Die *ṭarma*-Vorhalle ist ausschließlich ein Durch-
gangsraum; 2. die Zimmer hinter der Halle sind für gewöhnlich nicht untereinander verbunden; und 3. symmetrische Anlagen sind beliebt.

In der dritten Variante führt Reuther eine weiteres Bauelement ein, den
sogenannten *īwān* (bei Reuther: Liwan), der vermutlich aus Iran übernom-
men wurde. Im Gegensatz zur *ṭarma*-Halle gilt dieser an drei Seiten geschlossene, zum Hof oder zur Vorhalle geöffnete Raum als Zimmer.

Keines der von Reuther vermessenen Landhäuser entspricht genau seinem Schema eines „typischen" *ṭarma*-Hauses, was Reuther damit entschul-
digte, daß „dieses System häufig verstümmelt" würde. Dennoch kann man
davon ausgehen, daß seine Abstraktion alle wesentlichen Eigenschaften
eines „anständigen" Hauses auf dem Lande an Euphrat und Tigris wieder-
gibt, und daß sie dem durch Gebrauch überlieferten Typ – der einheimischen Idee des Hauses – entspricht. In einer dörflichen Gesellschaft, die
weder ausgebildete Baumeister noch Architekten kennt, läßt sich ein Bau-
typ nur deduktiv als eine zeichnerische Zusammenfassung ermitteln.

Anders verhält es sich in den Städten, wo die aufwendigen Häuser unter
Leitung eines Baumeisters gebaut wurden. Reuther verdanken wir die
Überlieferung der wenigen, bekannten Grundrißkonzeptionen, die von ein-
heimischen Baumeistern selbst angefertigt wurden. In den Jahren seines
Aufenthaltes im Irak hatte Reuther nicht nur zahlreiche Bauaufnahmen
erstellt, sondern auch viele Gespräche mit ortsansässigen Meistern geführt.
Von ihnen erhielt er die für traditionelle Gesellschaften so ungewöhnlichen
Musterpläne (Abb. 7.1–3).

Zwei Pläne stammen von Meistern aus al-Hilla, einem Ort südlich von
Bagdad, der dritte von einem Meister aus Bagdad selbst. In allen Plänen
schließen sich die *ṭarma*-Anlagen um einen zentralen, mehr oder weniger
quadratischen Hof zu einem umlaufenden Gang; gegenüberliegende Teile
weisen als Ausdruck einer Ästhetik der Symmetrie formale Entsprechungen auf. Es handelt sich um gegenständige, parallele Wiederholungen von
formal Gleichem, denen jedoch verschiedene Funktionen zugewiesen wer-

7. *Musterpläne irakischer Stadthäuser*

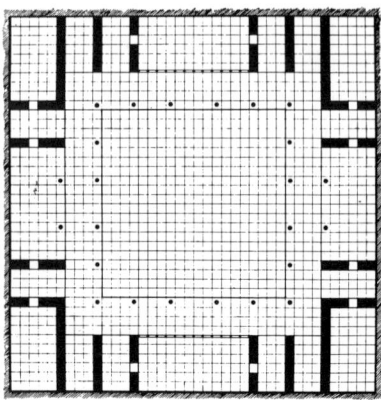

1. Meister aus Bagdad

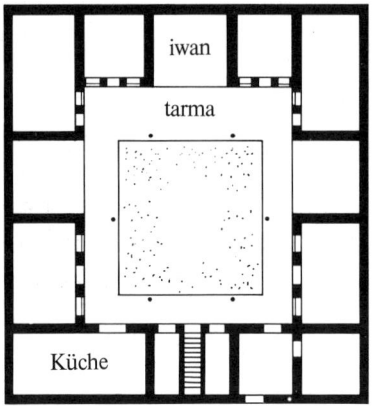

2. Meister aus al-Hilla

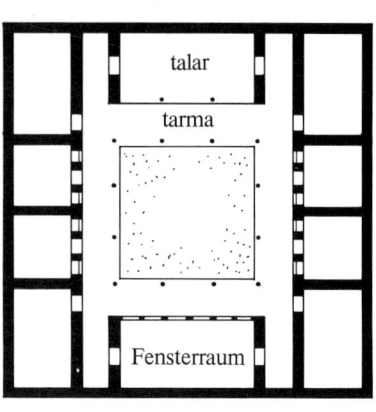

3. Meister aus al-Hilla

den. Die Pläne geben die Vorstellung einer Raumordnung wieder und nicht die Nutzung ihrer Einzelteile, die allerdings ebenso idealtypisch verankert ist wie die Form.

In zwei Musterplänen umschreiben Hof- und Außengrundriß ein exaktes Quadrat, so daß Reuther folgerte, man ginge bei der Planung eines Hauses idealerweise von einem quadratischen Grundstück aus, und die Abweichungen gebauter Häuser seien auf die Unzulänglichkeiten des vorhandenen Baugrundes zurückzuführen.

Tatsächlich ist das Quadrat in der atomistischen Raumtheorie der mittelalterlichen arabischen Philosophen die eigentliche Grundform einer Fläche. Bei den folgenden, kurzen Anmerkungen zu diesem Problem gilt es zu bedenken, daß die arabischen Philosophen Fragen zu Raum und Zeit vom Standpunkt der Religion aus behandelten und an antiken Theorien an-

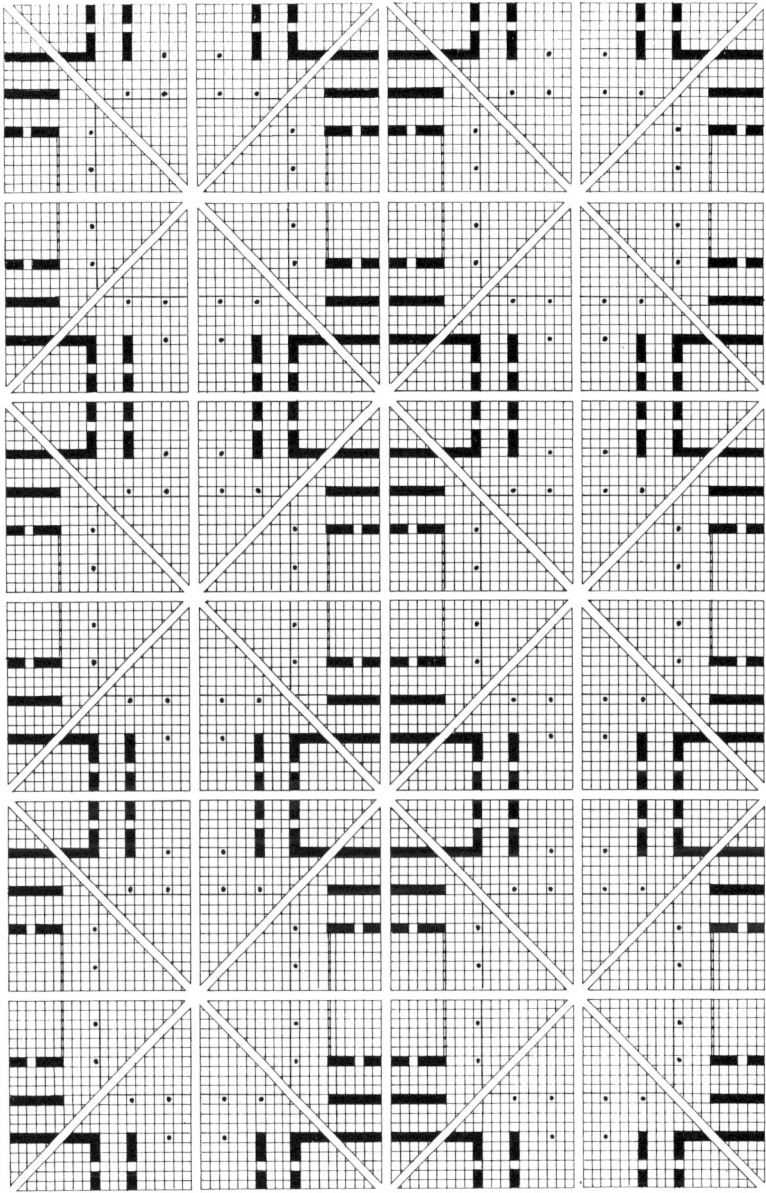

8. *Spiel mit achsial- und punktsymmetrischen Entsprechungen*

knüpften. Wir können in unserem Zusammenhang nur einem Ausschnitt aus der gesamten Diskussion nachgehen.

Al-Farabi (gest. 950) ging davon aus, daß der Raum existiere, und zwar unendlich, andauernd, ungeteilt. Was der Mensch am Raum wahrnehme, seien willkürlich herausgenommene Teile. Jede Ordnung des an sich ungeteilten Raumes sei die Leistung eines Menschen und entspräche seinen Absichten.[13] Im Gegensatz dazu betonte Al-Ghazali (gest. 1111), daß Raum und Zeit – von Gott geschaffen – keine eigentliche Realität zukomme, sondern allein über Materie und deren Bewegung und Veränderung wahrnehmbar seien.[14] In Hinblick auf die Wahrnehmung des Raumes kommen beide Autoren zu demselben Schluß: nur Teile von Raum und Zeit seien erfaßbar.

In den theologischen Schriften des Kalam, die seit dem 9. Jahrhundert gesammelt wurden, gilt das Atom als kleinste Einheit, das, anders als in der antiken Vorstellung, unausgedehnt und gleichförmig ist. Wenngleich Atome an sich keinen Raum einnehmen, haben sie nach Aussagen der Kalam-Texte bestimmte Raumlagen, oder anders gesagt: Räumliches entsteht erst durch die Zusammensetzung von Atomen. Die erste Dimension des Raumes ergibt sich aus der Anordnung zweier Atome, die zweite Dimension verlange mindestens vier und die dritte acht Atome. Geometrisch ausgedrückt sind die Grundformen des Raumes demnach die Gerade, das Viereck und der Würfel. Denkbar wären als minimalste Anordnung in der zweiten und dritten Dimension je drei und vier Atome, was geometrisch einem Dreieck und einer Pyramide gleichkäme.[15]

Diese Formen kommen in den Texten aber nicht vor. Der Grundgedanke von sich gegenüberstehenden Paaren 1 : 1, 2 : 2 oder 4 : 4 scheint so zwingend zu sein, daß eine andere philosophische Spekulation nicht aufkommen konnte. Meines Wissens wurde diese Zahlenanordnung in den Texten weder begründet, noch wurde ihr widersprochen. In dieser „unproblematischen" Behauptung der parallelen Zahlenanordnung wird deutlich, daß unausgesprochene, unbewußte Ideen immer wiederkehren und zäher als Texte sind, die, wie alle Ideologeme und die philosophischen Thesen zu Raum und Zeit, nichts weiter als sprachliche Konstruktionen sind. Diese können – einmal aufgebaut – benutzt, angegriffen, verteidigt und eingerissen werden. Die nicht diskutierten, ideellen Gedankengebäude bleiben erhalten, ihr Einsturz käme einer Zerstörung der Gesellschaft gleich.

Die Baumeister von al-Hilla und Bagdad kamen zu ihren Musterplänen sicher nicht aufgrund philosophischer Studien, sondern allein indem sie ihrer Denktradition folgten, jener kollektiven Idee von dem, was richtig und daher auch schön ist: die regelmäßige Grundform, deren innere, sich gegenüberliegende Teile einander entsprechen (Abb. 8).

Diese Pläne scheinen die immer wieder geäußerte Vermutung zu belegen, daß die sogenannten arabischen Hofhäuser „von innen her geplant" seien. Im Zentrum des Hofes liegt der Schnittpunkt einer achsensymmetrischen Raumanordnung. Für die Idee des Hauses, eines in sich geschlossenen Gedankengebäudes, sind das Äußere, die Fassade, selbst Ein- und Ausgänge unwesentlich oder sekundär und werden auch in den Plänen bestenfalls nur angedeutet.

Ein Vergleich der Musterplan-Gedankengebäude mit konkreten Häusern, ein Vergleich zwischen Theorie und Praxis, führt zu zwei Beobachtungen, aus denen bisher keine oder falsche Schlußfolgerungen gezogen wurden. Die Pläne zeigen weder in Fläche noch Höhe die gesamte Ausdehnung der Häuser.

Bereits Reuther sah, daß die Muster nicht die gesamte Anlage eines typischen Bagdader Hauses wiedergeben, sondern, wie er meinte, nur das Obergeschoß – den eigentlichen Wohnbereich der Familie. Wenn das stimmt, muß man sich fragen, warum das untere Geschoß, in dem sich Wirtschaftsräume und sogenannte Wohnkeller für den Aufenthalt der Familie in der heißen Jahreszeit befanden, in keinen der Idealpläne aufgenommen wurde: Gehörte es nicht eigentlich zum Haus; oder ist es im Verhältnis zum Obergeschoß ein gleichwertiger, eigenständiger Teil, dessen Idealpläne uns nicht überliefert worden sind; oder ist es ein derart untergeordneter Teil, daß für ihn kein Idealplan entwickelt wurde? Reuther behandelt das Erdgeschoß wie einen eigenen Teil und erschließt für ein einzelnes Element mit Hilfe seiner deduktiven Methode ein neues Schema, welches mit Variationen in fast allen Häusern anzutreffen sei.

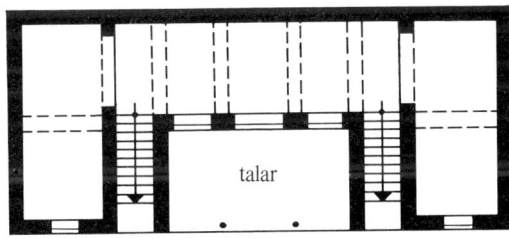

9. *Reuther's Schema einer talar-Anlage*

Im Zentrum des Reutherschen Schemas für das Erdgeschoß steht der *talar* (in Bagdad auch *tarar*), der ähnlich wie die *ṭarma*-Vorhalle ein nach drei Seiten mit Mauern umschlossener Raum ist und sich mit einer Säulenstellung zum Hof oder zu einer *ṭarma*-Halle öffnet (Abb. 9). Im Gegensatz zu dieser Halle gilt der *talar* als vollwertiger Wohnraum, der häufig eine oder mehrere Stufen über dem Niveau des Vorraumes liegt. Zu beiden Seiten des *talar*-Mittelraumes führen Treppen in einen rückwärtigen Raum, dessen Fußboden bis zu 2 m unter demjenigen der angrenzenden Räume liegt. Zwei den Mittelteil flankierende Zimmer liegen tiefer als der Mittel-

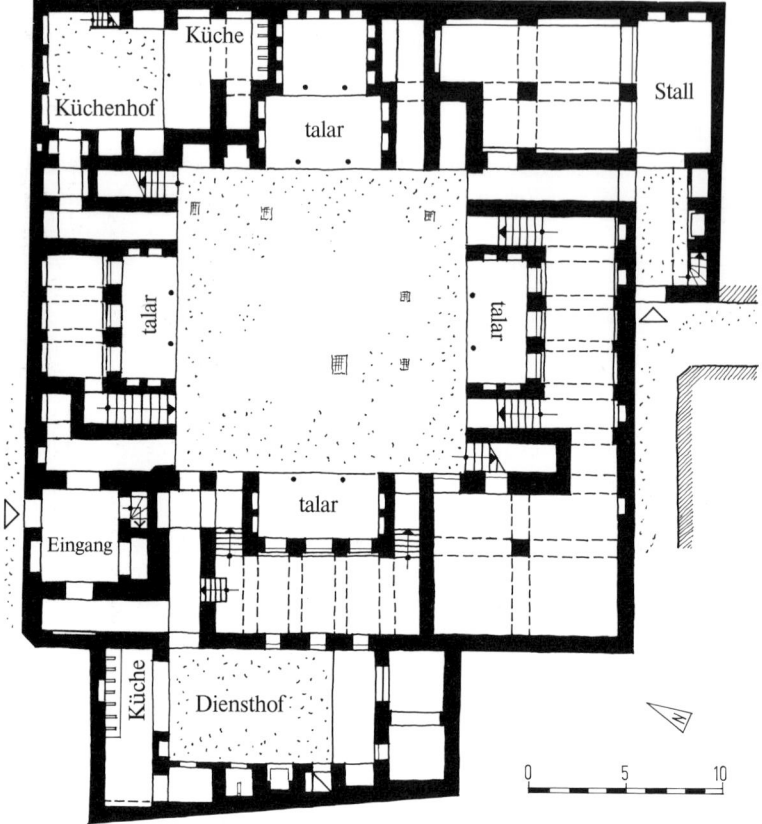

10. Bait Menahim, Bagdad. Erdgeschoß

raum und der Hof. Untereinander sind alle Räume nur durch Fensteröffnungen verbunden, so daß Belüftung und Beleuchtung – wenn auch spär-
lich – gesichert sind.

In seiner Vereinfachug vermittelt das Schema den Eindruck, daß das
Untergeschoß nichts weiter als eine stark mit Niveauunterschieden spielende Variation des allgemeinen Musterplanes ist. Reuther machte aus Abweichungen im Detail einen neuen Typ.

Die zweite Abweichung zwischen Musterplan und konkreten Häusern –
die Ausdehnung der Häuser über zwei und mehr Höfe – versuchte Reuther
garnicht erst zu erklären (Abb. 10–12). Meines Erachtens wird der Musterplan sowohl in der Höhe wie in der Fäche innerhalb des Komplexes in
unterschiedlichem Maßstab und unterschiedlicher Anzahl variiert. Diese
Hofkomposite kennzeichnen die Häuser von Bagdad ebenso wie die Mehr-

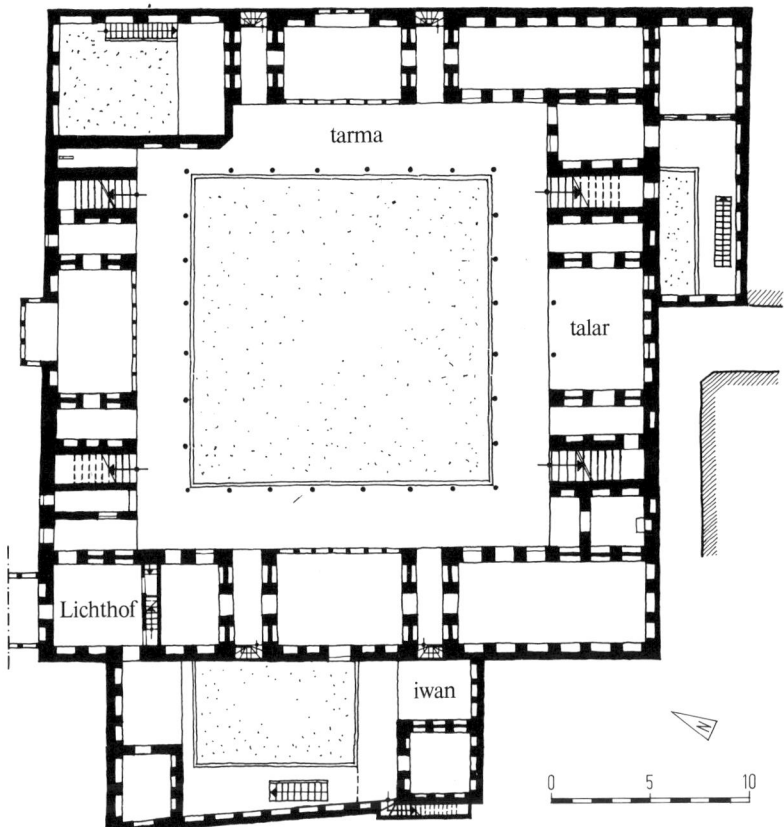

tarma

talar

Lichthof

iwan

0   5   10

11. Bait Menahim, Bagdad. Obergeschoß

geschossigkeit. Beides ist in den Idealplänen nicht ausdrücklich angespro-
chen. Die arabische Bezeichnung allerdings verweist auf die grundsätzliche
Möglichkeit von Variation, gegenständiger Wiederholung und Abänderung
an demselben Modell: Solche Pläne werden nicht mit einer von „zeichnen",
„planen" oder „bauen" abgeleiteten Bezeichnung benannt, sondern heißen
tafṣīl, wie das *Schnittmuster* eines Gewandes.

Ein Schnittmuster besteht aus Einzelteilen, die erst aneinandergenäht ein
vollständiges Gewand ergeben. Gewisse Einzelteile wie der Vorder- oder
Rückenteil eines Hemdes werden nicht jedes für sich hergestellt, sondern
gelten mit kleinen Variationen, wie Halsausschnitt oder Brusttasche, als
identisch, und der linke Ärmel dient seitenverkehrt als Vorlage für den
rechten. In den Schnitten wird nur das Wesentliche aufgezeichnet, die Um-
setzung zum Ganzen ergibt sich durch Wiederholung, Ergänzung und Ab-

änderung aufgrund von Tradition und Erfahrung, und läßt genügend Freiraum für individuelle Gestaltung.

Die vollständige Bezeichnung der Musterpläne, *tafṣīl baġdādī*, betont die regionale Herkunft des Typs und nicht ein formales Element wie das von Reuther so genannte Tarmahaus. In der arabischen Gesellschaft ist die Frage nach der Herkunft sowohl bei Stammesangehörigen wie bei Städtern von sozialer Bedeutung. Die Antwort auf eine derartige Frage birgt Zugehörigkeit wie Abgrenzung gleichermaßen in sich: *tafṣīl baġdādī* verweist darauf, daß sich die Leute von Bagdad und Umgebung ebenso durch ihre Häuser wie durch ihre Trachten von den Bewohnern anderer Städte unterscheiden wollen.

Es gibt eine Tradition in der arabischen Literatur, die die Besonderheiten einer Stadt lobt oder – von ihren Gegnern verfaßt – verächtlich macht.[16] Zu diesen gehören die Geschichte, die Herstellung bestimmter Produkte, Festbräuche, Trachten, Musik und offensichtlich auch ein Baustil. Einige der von Stadt zu Stadt zu beobachtenden Unterschiede in der Architektur mögen durch äußere Faktoren, wie Klima oder Baumaterial, verursacht sein, aber nicht alle. Der Unterschied ist gewollt – die Abgrenzung ist wichtig.

Der Abgrenzungswille gilt nicht nur für Gemeinschaften, sondern auch für den Einzelnen. Der Einheimische kennt den Haustyp seiner Gemeinschaft von Kindesbeinen an bis in alle Details und bemüht sich, neben der Einhaltung des allgemein geltenden Types, um eine Besonderheit, indem er ein bestimmtes Element, das schon von einem seiner Vorfahren eigenwillig gestaltet wurde, wieder aufgreift und es als Kennzeichen seiner Familie quasi paraphrasiert. Er kann auch etwas vollkommen Neues erfinden, etwas das seiner Phantasie entspringt oder etwas, das er an einem anderen Ort gesehen hat. Doch immer sind es im Verhältnis zum Typ mehr oder weniger auffallende Details. Je bedeutender und einflußreicher ein Bauherr ist, desto markanter erscheinen seine am Bau vollzogenen Eigenarten. Umgekehrt stößt es auf Ablehnung, wenn ein ansonsten unbedeutender Mann, der auf die eine oder andere Weise zu Geld gekommen ist, eben dies in seinem Haus zum Ausdruck bringen möchte. Geld allein rechtfertigt keineswegs die reiche Ausgestaltung eines Hauses, wenn dies nicht der Bedeutung seiner Familie und somit einem genealogischen Reichtum entspricht.[17] Schön und gut ist eine Sache nur, wenn sie mit dem, was sie dinglich repräsentiert, übereinstimmt.

Die Aneignung eines Bautyps geschieht allmählich, im Laufe der Kindheit und des Erwachsenwerdens durch täglichen Gebrauch. Man hat sich an die Ordnung der Dinge im Haus gewöhnt, etwas anderes erscheint kaum denkbar, und man hat gelernt, diese Ordnung als richtig und sinnvoll zu begreifen. Dort, wo Vater und Mutter im Haus schlafen, werden es später auch der Sohn und seine Frau tun. Dort, wo im Haus der Eltern die Gäste saßen, werden auch die eigenen Gäste sitzen, und der Ort des Ehrenplatzes

12. Bait Menahim, Bagdad. Südfront des Hofes

wird immer derselbe sein. Denn woher sonst sollte der Geehrte wissen, daß er geehrt wird, wenn man die Sitzordnung von Mal zu Mal veränderte? Menschen und ihre Handlungen erhalten einen jeweils festgelegten Ort im Raum.

In diesen traditionellen Verhältnissen braucht ein Bauherr keinen Architekten, der ihm vorschlägt, wie er bauen soll; denn alle teilen dieselben Vorstellungen einer allgemein geltenden Ordnung, die jeder mit seinem neuen Haus ebenso bestätigen wird wie mit seiner Heirat. Auch diese erfolgt nicht nach persönlichen Vorlieben, und Heirat und Hausbau werden von einer Gemeinschaft als eine alle betreffende Angelegenheit behandelt.

Besonders auf dem Lande sind alle Mitglieder der Familie sowie die Freunde des Bauherrn und Spezialisten am Ort direkt am Entstehen eines neuen Hauses beteiligt. Sie helfen, aber sie reden auch mit – die einen, weil sie es besser wissen, die anderen, weil sie es besser können. Alle zusammen garantieren noch während des Bauvorganges die Einhaltung einer bewährten Form, ihres Types, und zügeln jeden Übermütigen, wenn er sich zu stark vom Rest des Dorfes abheben will: Das ist nicht schön – sagen die einen; das hält nicht – sagen die anderen, stellen sich neben das unfertige Haus und verweigern weitere Mithilfe. Jeder mit seiner eigenen Begründung, aber alle aus demselben Grund: Innerhalb einer Gemeinschaft sollte ein Haus dem anderen gleichen, wie ein Mann dem anderen. Gleichheit ist Ideologie, und die zugelassene Ungleichheit – Ausdruck erlaubter Selbstverwirklichung – hat ein Maß, das die Gemeinschaft der Gleichen festsetzt (Abb. 13).

In der Stadt garantierten ein Baumeister und der sogenannte Marktaufseher[18] die Einhaltung eines Grundmusters, welches sie nicht kreiert hatten. Hinter ihnen stand die Tradition, oder genauer, die Gemeinschaft traditionsbewußter Bürger. Sobald diese, aufgrund politischer oder ökonomischer Ereignisse dazu gedrängt, sich aus ihren Traditionen herausbewegen, ist auch ein architektonischer Musterplan nicht länger gültig.

Heute erlassen staatliche Institutionen Bauvorschriften, mit denen neue Haustypen einhergehen, und überwachen mehr oder weniger konsequent ihre Durchführung. Doch die Vorstellung eines Staates vom „richtigen" Haus ist zweifelsohne eine andere als die einer Gemeinschaft von Gleichen, Gleichberechtigten und zu Gegenseitigkeit Verpflichteter. Und nur von solchen Häusern soll im folgenden die Rede sein.

Typische Häuser

Die zahlreichen Hausformen in arabischen Ländern können durch äußere, klimatische und materielle, und innere, soziale Faktoren erklärt werden.

Klimafaktoren – Sonne, Winde und Regen – sind überall wirksam, und nur die Mittel, mit denen sich die Menschen davor schützen, variieren. Die verschiedenen Kunstgriffe, welche die Menschen zu ihrem Schutz gegen die feindliche Natur anwenden, entsprechen ihren technologischen Fähigkeiten und den materiellen Möglichkeiten. Häuser aus Palmwedelmatten vermindern mit Schatten und Durchzug die Hitze, in mehrstöckigen, festen Häusern regulieren kompliziert konstruierte Windtürme das Mikroklima des Hauses.[19]

Erde und Stein sind als Baumaterialien besonders verbreitet; Holz ist eher rar und wurde für reiche Bürgerhäuser sogar aus weit entfernt liegenden Ländern importiert, gelegentlich zusammen mit den Handwerkern, die ihre Hölzer kannten und nach ihrer Art bearbeiteten. Nicht jedes lokal vorhandene Baumaterial steht allgemein zur Verfügung, und unter gewissen Bedingungen ist seine Verwendung rechtlich eingeschränkt.[20]

Ein sozialer, die Wohnhausarchitektur bestimmender Faktor ist, wie es die Übersetzungen von *al-bait* vermuten lassen, die Familie und die Abstammungsgruppe. Die Vorstellung von Verwandtschaft ist von Südarabien bis in die Levante ähnlich. Zwar gibt es in manchen Regionen einen geringfügig höheren Prozentsatz der an sich seltenen polygamen Ehen, doch da jede Ehefrau Anrecht auf einen eigenen Haushalt hat, bestimmt die Polyga-

13. *Dorf in Nordsyrien*

mie nirgendwo die Herausbildung eines bestimmten Haustypes. Dieser hängt vielmehr von den jeweiligen Arbeitszusammenhängen der Hausbewohner ab. Dennoch fällt auf, daß Viehzüchter, Bauern und Städter den ihnen zur Verfügung stehenden Wohnraum ähnlich strukturieren.

Dieser Nutzungsstruktur entspricht eine allgemein gültige Regel der Arbeitsteilung, die sich in den Familien hauptsächlich auf eine Trennung zwischen den Geschlechtern und kaum auf eine zwischen den Generationen bezieht. In der Abstammungsgruppe gilt jede Familie als eigenständige Produktionseinheit, und nur zur Erledigung gewisser Aufgaben schließen sich die Männer oder Frauen einer Abstammungsgruppe, wieder nach Geschlecht getrennt, zu einer Arbeitsgemeinschaft zusammen. Wie eine Familie kann auch eine Abstammungsgruppe als Bauherr auftreten, deren Häuser oft besonders große oder prächtig gestaltete Ausformungen eines typischen Familien-Hauses sind.

In Städten wurde der Hausbau fast immer Handwerkern überlassen, mit denen man nicht unbedingt verwandt war. Doch blieb auch in diesem Kontext das Bauen eines Wohnhauses ein kollektives Ereignis.

Auf dem Lande sind alle Mitglieder einer Familie praktisch am Bau eines Hauses beteiligt,[21] in der Stadt zumindest am Entscheidungsprozeß. Wie die Heirat wird der Hausbau mit allen besprochen und ausgehandelt, ehe der Hausherr offiziell in Erscheinung tritt, die Entscheidung der Familie verkündet und auf ihre Durchführung achtet.

Fast immer entscheidet die Zugehörigkeit des Bauherrn zu seiner Abstammungslinie über die Auswahl eines Baugrundes. Nicht nur Weide- oder Ackerland wurde Familien zugeordnet, sondern auch Bauland, wenngleich es dafür keine kodifizierte Rechtsgrundlage gab. Das Land gilt als kommunales Eigentum, so daß jeder brach- oder freiliegendes Land nutzen kann. Dennoch achtet die Versammlung der Männer eines Dorfes darauf, daß die räumliche Nähe eines neuen Hauses zu den bereits bestehenden Häusern mit verwandtschaftlicher Nähe oder Ferne zum Nachbarn korrespondiert.

Haben der Familienälteste und die Männer des Dorfes nichts gegen den gewählten Bauplatz einzuwenden, setzen Überlegungen ein, wer beim Bauen hilft. Während der folgenden Verhandlungen werden der Arbeitsablauf und die Fragen der Arbeitsteilung besprochen. Erwartet wird, daß alle Männer der erweiterten Familie helfen und alle diejenigen, denen man selbst schon einmal geholfen hat. Dennoch muß jeder einzelne gefragt und gebeten werden, denn Gegenseitigkeit ist kein automatisch funktionierendes System, sondern ein soziales Ereignis, ist nicht die einfache Konsequenz vorangegangener Taten, sondern ein erneuter Vertrag. Daher werden die Bitten um Hilfe mit der Erinnerung an frühere Dienste, zu denen die direkte Mitarbeit wie das Ausleihen von Geräten rechnen, und dem Versprechen auf folgende Dienste gleichermaßen verbunden. Auf diese Weise wird bei den Verhandlungen mit Hinblick auf die Zukunft weiter am Rad der Gegenseitigkeit gedreht.

Viele der anfallenden Arbeiten könnten von jedem kräftigen und geschickten Mann durchgeführt werden. Andere Arbeiten hingegen erfordern eine besondere Kenntnis und Erfahrung. Je nach Ausmaß der Kenntnisse und benötigter Werkzeuge sind die Männer, die zu speziellen Arbeiten herangezogen werden, normale Mitglieder der Gemeinschaft und Bauern oder Viehzüchter wie alle anderen auch, oder soweit spezialisiert, daß sie diese Tätigkeit als Beruf ausüben. In jedem Fall werden Spezialisten mit anderen Gaben entlohnt als mit dem Versprechen auf zukünftige Hilfeleistungen: Der besonderen Arbeit entspricht ein besonderer Lohn. Da die Männer und Frauen eines Dorfes im Laufe ihres Lebens besondere Fähigkeiten entwickeln, werden auch diese speziellen Arbeitsleistungen, beziehungsweise der dafür entrichtete Lohn oft schon im jährlichen Arbeitszyklus wieder ausgetauscht: Einer versteht sich besser auf das Schlachten, ein anderer auf Tierkrankheiten, auf Dachkonstruktionen etc. Jede besondere Fähigkeit bringt dem Spezialisten Ansehen und zusätzlichen Lohn. Solange die Teilung der Arbeiten nicht hierarchisiert, sondern unter funktionalen Gesichtspunkten als wichtig erachtet wird, ist ein Gleichgewicht gesichert. Niemand kann sich durch sein Spezialistentum bereichern, da jeder wieder auf die Spezialisierung anderer Dorfbewohner angewiesen ist. Es entsteht vielmehr der Eindruck, daß anstehende Aufgaben in so viele Einzelteile zerlegt werden, daß alle Mitglieder einer Gruppe sich an der Arbeit beteiligen können. Das geschieht auch beim Bau vieler Häuser auf dem Lande.

Bauen in Lehm

An einem Beispiel aus dem syrischen Euphrattal sollen die allgemeinen Überlegungen zur Arbeitsteilung vorgeführt werden. Die Bewohner des Tales und der angrenzenden Wüstensteppen sind zu großen Teilen erst zu Beginn dieses Jahrhunderts seßhaft geworden. Sie halten Schafe und wenige Ziegen und verarbeiten die Milch zu Yoghurt, Butter und Butterfett, die auf den städtischen Märkten hohe Preise erzielen. Wie in den vorangegangenen Jahrhunderten säen die ehemaligen Viehzüchter auf den höher gelegenen Terrassen Getreide im Regenfeldbau und in kleineren Wadis Getreide, Linsen und wenige Gartenfrüchte. Ihre Häuser bauen sie aus Lehm.[22]

1911 schrieb F. Langenegger, ein Bauingenieur, der wie O. Reuther als Mitglied deutscher Ausgrabungen den Irak und das heutige Ostsyrien bereiste: „Babylonien ist das Land des Lehmbaus geblieben, sein zäher Alluvialboden forderte von jeher zur Verwendung auf. Er braucht nur genäßt zu werden, um schon das Material zum besten Pisee zu geben, und die aus dem Lehm Babyloniens gebrannten Ziegel sind von guter Qualität. Dieser Lehm dient als Bindemittel wie als Mauerwerk, als Zutat zu den Fußböden und den Decken."[23]

Viele der Lehmhäuser in den Wüstensteppen Syriens und des Irak sind ein- oder zweiräumige Bauten mit flachem Dach, welches in Regionen mit stärkeren Regenfällen, wie am Habur, abgeschrägt oder zu einem mit Stroh aufgebuckelten Dach verändert wird. Ist kein Holz vorhanden, und sind die Erträge der landwirtschaftlichen Produktion so gering, daß der Überschuß nicht ausreicht, um Balken auf einem städtischen Markt zu kaufen, muß auch das Dach aus Lehm gefertigt werden, wie es bei den sogenannten Kuppelhäusern in den trockenen, öden Steppen im Hinterland von Hama und Aleppo der Fall war (Abb. 14).

Männer und Frauen kümmern sich gleichermaßen um die Organisation des Baumaterials: Die Erde wird von Männern ausgegraben und das Wasser von Mädchen und Frauen geholt; das dritte wichtige Element ist Häcksel, das beim Dreschen des Getreides abfällt und von Frauen zusammengefegt und im Haus gelagert wird. Es dient als Viehfutter, und was übrigbleibt wird entweder für den Bau eines Hauses aufbewahrt oder verkauft. Drei Sack Häcksel bringen ungefähr soviel wie ein ungelernter Arbeiter an einem Tag verdient. Häcksel vom Vorjahr soll sich besonders gut als Magerungsmaterial bei der Ziegelherstellung eignen. Die Frau des Hauses, die die Schlüsselgewalt über die Vorräte hat, muß wissen, wieviel Häcksel zum Bau benötigt wird, um zu entscheiden, ob die eigenen Vorräte ausreichen

14. *Nordsyrisches Dorf mit Kuppelhäusern*

oder dazu gekauft werden muß. Die Schätzung der benötigten Mengen überläßt man für gewöhnlich einem Experten.

Fast in jedem Dorf gibt es einen Mann, der sich mit den technischen Fragen des Bauens besser auskennt als die anderen, und so nennt man ihn *muʿallim, einer, der etwas weiß und kann*, er ist der Meister. Da er das Verhältnis von Hausgröße und Ziegelmenge kennt, sagt ihm der Bauherr, wie groß sein Haus werden soll. Der Meister stellt daraufhin seine Berechnungen an: Eine um einen Raum laufende Ziegelreihe besteht nach seiner Erfahrung mit dem lokalen Ziegelmaß aus einer bestimmten Anzahl von Ziegeln. Diese Zahl multipliziert er mit der für die zu erreichende Höhe nötigen Anzahl der Lagen und ordnet für das weiter unten beschriebene Beispiel großzügig die Herstellung von 2400 Ziegeln an. Nach Fertigstellung des Hauses wird er nach der Anzahl der verbauten Ziegel bezahlt werden.

Um das Ineinandergreifen technologischer und sozialer Prozesse zu zeigen und die wirkliche Dauer einzufangen, erscheint die Beschreibung des Hausbaus in Form eines Tagebuches, dem ein besonderer Fall aus dem Jahr 1972 zugrunde liegt (Abb. 15–22). Dennoch ist vieles typisch: die Struktur der Arbeitsbeziehungen, der Ablauf und die Verzögerungen, das Borgen diverser Geräte, die Späße und das vermeintliche Ungeschick des Bauherrn, der aufgrund der verständlichen Aufregung und der ungewohnten Arbeit viele kleine Fehler macht.

Insgesamt helfen achtzehn Personen, zehn Männer und acht Frauen und Mädchen beim Bauen. Elf gehören in das Haus des Bauherren, die anderen sind ein guter Freund, der Meister des Dorfes, die beide gelegentlich eigene Verwandte als ihre Helfer mit zur Baustelle bringen, ein Nachbar und die

15. Vom Wasserholen

Schwester der Ehefrau des Hausherrn, die für einige Tage zu Besuch kommt.

Der Bauherr lebt mit seiner Frau, seinem neunjährigen Sohn und zwei Töchtern im Haus der verwitweten Mutter zusammen mit der Frau seines älteren Bruders und ihren drei Kindern. Dieser Bruder arbeitet in Saudi-Arabien und wird erst im kommenden Jahr zurückerwartet; dann wird er für sich und seine Familie mit dem ersparten Geld ebenfalls ein eigenes Haus und einen kleinen Laden im Dorf bauen.

Da der Vater tot ist und der ältere Bruder nicht am Ort, hat der Bauherr die Position des Hausherrn inne und trägt daher die Verantwortung für seinen ebenfalls im Hause lebenden jüngeren Bruder. Über dessen Hilfe kann er fast in demselben Ausmaß verfügen, wie über die seiner Kinder. Der jüngere Bruder, der im nächsten Jahr heiraten und dann mit seiner Frau bei der Mutter leben wird, kommt oft in Begleitung seines Freundes, der zugleich der Bruder jener zukünftigen Braut ist.

1. Tag

Wie jeden Tag stehen die erwachsenen Frauen zuerst auf: Eine hat das Feuer zum Teekochen angezündet, eine schwingt den Buttersack und die dritte weckt die Töchter, die sich bald auf den Weg zum Euphrat machen, um wie die anderen Mädchen des Dorfes Wasser zu holen. Noch ehe die Männer gefrühstückt haben, sind die Mädchen zurück. Sie bringen das Wasser an die Lehmgrube und füllen es in große Vorratsgefäße. Bis ausreichend Wasser auch für den Haushalt vorhanden ist, müssen sie mehrere Male zum Fluß. In der Zwischenzeit haben die Ehefrau und ihre Schwäge-

16. *Herstellung von Ziegeln*

rin Säcke mit Häcksel an die Grube geschleppt. Am Abend war sich die Schwägerin noch nicht sicher, ob sie Zeit hätte zu helfen, doch über Nacht hat sie sich vermutlich überlegt, daß sie im nächsten Jahr beim Bau des eigenen Hauses auf jede Hilfe angewiesen sein wird.

Als erster ist der Hausherr an der Grube, die unweit des Bauplatzes am Dorfrand liegt und noch von einem vorangegangenen Bau aufgelassen ist. Er wartet auf seinen jüngeren Bruder, der etwas später, da er noch einen Pickel besorgt hat, mit seinem Freund eintrifft. Auch eine Schubkarre ist ausgeliehen, und die Ziegelform hat der Meister zur Verfügung gestellt. Als letzter trifft der Freund des Hausherrn mit einem Spaten ein.

Im Sommer ist die Erde hart wie Stein und muß aufgeschlagen werden, ehe sie nach und nach abgegraben und in der Grube aufgehäuft werden kann. Als die beiden Mädchen vom letzten Wasserholen kommen, bespritzen sie, unter dem Vorwand helfen zu wollen, die jungen Männer mit Wasser, die mit aufgekrempelten Hemden in der Grube stehen und Erde und Wasser zu einem flüssigen Brei verstampfen. Dann wird Häcksel dazu geschüttet, damit die in alle Richtungen weisenden Häckselhalme den sich beim Trocknen „in tausend Haarrisse spaltenden Lehmkörper wie kleine Anker zusammenhalten".[24] Das Treten ist anstrengend und erfordert Ausdauer und Kraft, doch der Hausherr schlägt vor, bis Mittag weiterzuarbeiten, da er sich nicht sicher ist, ob die Masse für die Ziegelherstellung am nächsten Tag ausreichen wird. Der Brei muß eine Nacht lang ruhen, damit die Häckselhalme aufquellen und das überschüssige Wasser aufgesogen werden kann.

17. *Auf einem Holzmarkt in der Stadt*

2. Tag

Die Mädchen sind in aller Frühe wieder an den Fluß gegangen, haben das Wasser zum Bauplatz gebracht und es in ein flaches Becken gekippt, in dem die Lehre für die Ziegelherstellung gereinigt werden muß, damit die Ziegel leichter aus der Form gleiten.

Nach und nach stellen sich die Helfer ein. Ideal ist es, wenn für jeden Arbeitsgang jeweils eine Person zuständig ist: Einer schippt den Lehmbrei in die Schubkarre, ein zweiter fährt die Karre zum Bauplatz und leert sie dort aus. Bis die Karre zurückkommt, legt der Mann in der Grube eine kleine Pause ein, und beim Nachschaufeln macht der Fahrer seine Pause. Dieser kontinuierliche Wechsel von Arbeit und Pause ermöglicht es den Männern, die Arbeit trotz steigender Hitze lange auszuhalten.

Ein dritter Mann schippt den Brei in die bereitstehende Lehre, mit der ein vierter die Ziegel herstellt. Er ruckelt an der Form, damit sich die Masse setzt und den Rahmen gleichmäßig ausfüllt. Dann klopft er den Rohling aus dem Rahmen: Zwei Ziegel liegen vor ihm. Er stellt die Lehre in gewissem Abstand davor, richtet sich auf und wartet, bis sie wieder gefüllt ist.

Nach zwei Stunden sind ungefähr zweihundert Ziegel auf dem Boden ausgebreitet. Die jüngste Tochter kommt und ruft die Männer zu einem Frühstück mit Tee, frischem Yoghurt und Brot ins Haus. Danach wird bis zum Mittag weitergearbeitet. Die folgende Pause ist etwas länger, denn es gibt ein Essen mit Reis und Fleisch. Man trinkt Tee und raucht, bis die stärkste Mittagshitze nachgelassen hat, und arbeitet dann bis zum Sonnenuntergang. Zwischendurch kommt die Ehefrau mit einer frischen Kanne Tee und serviert am Arbeitsplatz.

Am späten Nachmittag begibt sich der Hausherr mit seiner Frau, seinen Kindern und dem jüngeren Bruder wieder in die Grube, um neue Lehmziegelmasse herzustellen.

3. Tag

Die Arbeit verläuft wie an den beiden vorangegangenen Tagen, und alle sind inzwischen gut aufeinander eingespielt. Auf einer Fläche, die etwa sechsmal so groß wie das geplante Haus ist, liegen bereits mehr als zweitausend Ziegel.

Über Mittag gibt es eine längere Diskussion, ob noch genügend Ziegelmasse in der Grube sei. Die Mädchen weigern sich sofort, um diese Zeit Wasser zu holen, und der Junge, der bisher an der Schubkarre gearbeitet hat, entschuldigt sich, daß er nach dem Essen gehen müsse, um seinem Vater im eigenen Haus zu helfen. Also hofft man, daß die Masse ausreiche. Der Hausherr kratzt die Reste in der Grube zusammen und hat seinem zwölfjährigen Neffen die Schubkarre überlassen. Da inzwischen auch sein Freund gegangen ist, steht die Ehefrau an der Lehre. Nachdem die Werkzeuge gesäubert und im Haus verstaut sind, gehen die Jungen zum Baden an den Fluß, und die Eheleute trinken im Hause Tee, den die alte Mutter vorsorglich bereitet hat.

4. bis 8. Tag

Die Ziegel müssen trocknen.

9. Tag

Seit Tagen liegen die Ziegel zum Trocknen aus, einige sind zerbrochen, da die Kleinen ihr Wetthüpfen unbedingt auf diesen ungewöhnlichen Spielplatz verlegen mußten. Als das der Meister bei seinem Rundgang durch das Dorf beobachtet, nickt er den Kindern zu und schlägt vor, die Ziegel zum vollständigen Durchtrocknen aufzustellen.

Beim Tee bespricht der Hausherr mit dem Meister, welche Hölzer für Tür- und Fensterstürze und welche Balken für das Dach gekauft werden sollen. Zwar kann man Bauholz auf einem Wochenmarkt in der Nähe kaufen, doch würde er lieber auf den großen Stadtmarkt fahren, da dort die Auswahl größer und das Holz billiger sei, und er noch anderes zu erledigen habe. Außerdem wohnt ein Vetter, der mit der Schwester seiner Frau verheiratet ist, an der Strecke, so daß er seine Reise dort unterbrechen kann. Noch am Nachmittag macht er sich auf den Weg in die Stadt.

10. bis 11. Tag

Während des ganzen Tages werden jeweils zwei Ziegel wie ein Kartenhäuschen gegeneinander gestellt. Manchmal helfen die Kinder aus den benachbarten Häusern. Diese Arbeit geschieht ohne weitere Organisation fast nebenbei; wer gerade Zeit hat, kümmert sich darum.

12. Tag

Am späten Nachmittag trifft der Hausherr bepackt, jedoch ohne Balken, ein. Da das einzige Überlandtaxi schon über die Maßen beladen war, hat er die letzte Organisation seinem Vetter überlassen, der bei nächster Gelegenheit die Balken einem Überlandbus mitgeben wird.

Kurz vor Sonnenuntergang kommt der Meister vorbei und geht mit dem Hausherrn auf das Baugelände, um die Stellen, an denen die Ziegel aufgestapelt werden sollen, zu bezeichnen. Der Baubeginn wird auf übermorgen festgelegt.

Nach dem Essen geht der Hausherr auf einen Sprung bei seinem Freund vorbei, um ihn zu bitten, am nächsten Tag die Ziegel mit aufzuschichten. Als er ihm gesteht, daß sie nur zu dritt sein werden, da er wegen seiner Reise in die Stadt nicht genügend Leute hätte organisieren können, wird sein Freund ungeduldig: Entweder sei man bei dieser Arbeit zu zweit oder zu viert, und das Beste wäre, wenn die Jungen die Ziegel ranschafften und die erwachsenen Männer sie aufschichteten; er sei auch nicht mehr der Jüngste und könne sich nicht einen ganzen Tag lang bücken!

13. Tag

In den frühen Morgenstunden gelang es dem Hausherrn, seinen jüngeren Bruder zu überreden, ihm und dem kleinen Sohn beim Aufschichten zu helfen, so daß die drei bereits mit einem Stapel fertig sind, als der Freund mit seinen beiden Söhnen dazustößt. Zwischen den beiden Gruppen, der des Hausherrn und der seines Freundes, hebt ein Wettaufschichten an. Aus dem Haus nähern sich zwei halbwüchsige Mädchen. Sie holen Ziegel von der Lagerfläche und reichen sie den Jungen – natürlich den fremden. Und so gewinnt diese Gruppe das Spiel! Die Väter lachen, machen spöttische Bemerkungen, und die Mädchen laufen ins Haus zurück. Nach einer Zigarettenpause machen sich alle daran, den Stapel der „Verlierer" auf gleiche Höhe zu bringen, was zu sechst schnell erledigt ist.

Der vierte Stapel wird am Nachmittag von den Leuten im Haus aufgeschichtet. Danach tragen Frauen und Mädchen die letzten Ziegel zusammen und schichten sie zu niedrigen Haufen.

14. Tag

Die Mädchen haben Wasser geholt und es in Gefäße auf dem Bauplatz gegossen, damit der Mörtel angesetzt werden kann. Zwei Männer – einer in der Grube und einer mit der Karre – besorgen die Erde, und zwei Jungen treten an der Baustelle die Masse aus Erde, Wasser und Häcksel. Im Vergleich zur Ziegelmasse kann der Mörtel relativ dünnflüssig verwendet werden.

Nach dem großen Frühstück kommen wie zufällig Schaulustige vorbei. Endlich erscheint auch der Meister mit einer aufgerollten Schnur über der Schulter. Die Männer begrüßen sich, machen eine Zigarettenpause und überlassen die weitere Organisation dem Meister: Er winkt zwei Helfer heran, die sich mit je einem selbstgewählten Helfershelfer an einen der Stapel begeben. Der eine nimmt die Ziegel vom Stapel, der andere reicht sie dem Meister, der sie, leise vor sich hinzählend, in einem langrechteckigen Viereck auslegt. Der Hausherr sieht zu: so groß also wird sein Haus werden.

Er stellt sich in das fertige Viereck und wendet sich dem Meister zu, der sich vor der Ziegelreihe im Süden aufgestellt hat, um die Wünsche des Hausherrn entgegenzunehmen, wo die Tür genau liegen soll, deren Ausrichtung traditionell nach Süden vorgegeben ist, nicht aber ihre Position in der Wand. Die Helfer, Nachbarn, Frauen und Mädchen des Hauses stehen im weiten Halbkreis davor und beoachten die Entscheidung des Vaters. Er sieht ins Publikum und weist entschlossen auf eine Stelle, die von der Mitte her etwas nach Westen verschoben ist. Der Meister entfernt vier Ziegel für die spätere Tür.

In der Folge arbeitet der Meister mit drei Männern; zwei reichen die Ziegel und der dritte hält die Mörtelmasse bereit, die nach jeder Lage aufgetragen wird. Während die Helfer im Rhythmus der Arbeit pausieren, arbeitet der Meister ununterbrochen.

Zuerst mauert er die Hausecken stufenförmig auf und spannt darauf seine Schnur um alle vier Ecken. Straff gezogen ergibt sich eine Gerade, die der Meister beim Legen der Ziegelreihen einzuhalten versucht. Jede ausgelegte Ziegellage bestreicht er mit einer dünnen Schicht Mörtel, danach verschiebt er die Schnur um einen Ziegel nach oben und legt die nächste Reihe. Nachdem die Wände zu den Ecken hin aufgemauert sind, beginnt der Prozeß von vorne: zuerst die Ecken, dann die Schnur und dann die Ziegelreihen. Etwa 1000 Ziegel kann der Meister an einem Tag verlegen.

Über Mittag gehen manche Helfer in ihre eigenen Häuser; die Verwandten und der Meister essen im Haus des Hausherrn.

15. Tag

Seit dem frühen Morgen wird weitergearbeitet. Der Hausherr ist überraschender Weise nicht mit der Anordnung der Fenster zufrieden. Aber da die endgültige Höhe für die Fenstersimse erreicht war, lehnt der Meister jede weitere Diskussion ab und beanstandet stattdessen die Sturzhölzer, die der sparsame Hausherr besorgt hat: Die dicken Äste gab es umsonst auf dem Holzmarkt, obwohl der Meister von glatten Kanthölzern gesprochen hatte.

Am Nachmittag kommt ein junger Mann, ein Verwandter des Meisters, um ihm beim Aufmauern zu helfen. So wird die reine Maurerarbeit noch kurz vor Sonnenuntergang fertig.

Die Männer stehen vor dem Rohbau, rauchen und sind müde. Der Hausherr verabschiedet sich von jedem Einzelnen und alle gehen nach Hause. Da die Balken immer noch nicht eingetroffen sind, kann morgen nicht weitergearbeitet werden.

Am Abend, nach dem Essen, erscheint der Freund des Hausherrn und setzt sich dazu. Die Anfangseuphorie ist verflogen, die Stimmung eher ein wenig gedrückt. Der Gast beruhigt seinen Freund und meint, die erzwungene Pause wäre nur recht, da alle gut gearbeitet hätten. Die beiden Männer erheben sich und gehen durchs Dorf in andere Häuser zum Abendtee. Jeder im Dorf kennt den Stand der Dinge und Witzbolde finden sich, die gewagte Dachkonstruktionen ohne Balken vorschlagen. Ein Alter will die Aufregung nicht verstehen und nimmt das Mißgeschick zum Anlaß, über sein Lieblingsthema zu reden: Das Leben im Zelt sei ohnehin besser gewesen, ein Leben ohne Probleme. Wenn der Wind von Süden kam, ließ man die Südwand fallen und umgekehrt. Und wenn der Ort, an dem man lebte, zu stinken anfing, zog man weiter und schlug sein Haus woanders auf. Alle lachen, denn sie wissen, daß der Alte Streit mit seinen Nachbarn hat und seine Frau sich ständig mit ihren Schwiegertöchtern zankt: Ein festes Haus stabilisiert auch die Probleme!

16. Tag

Am Haus wird wenig gearbeitet. Mit seinem Sohn räumt der Hausherr den Bauplatz auf und legt zerbrochene Lehmziegel, die beim Dachaufbau benötigt werden, an allen vier Seiten zusammen. Er stellt sich in die Türfüllung des Rohbaus und prüft den Blick, den er später haben wird.

Kurz vor Mittag kommt ein Überlandbus mit den Balken. Die Schwester der Ehefrau hat die Ladung begleitet und wird für einige Tage bleiben. Später begutachtet der Meister auf seinem Gang durch das Dorf die Balken und bespricht die Arbeit für den nächsten Tag. Als der Hausherr zögert und nicht weiß, ob er bis zum nächsten Tag genügend Helfer finden wird, drängt der Meister, da er in der kommenden Woche nicht im Dorf sein wird.

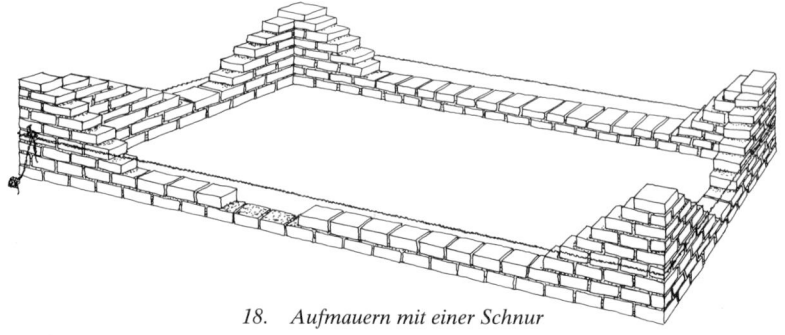

18. Aufmauern mit einer Schnur

19. Der Meister auf dem Dach

20. Verputzen

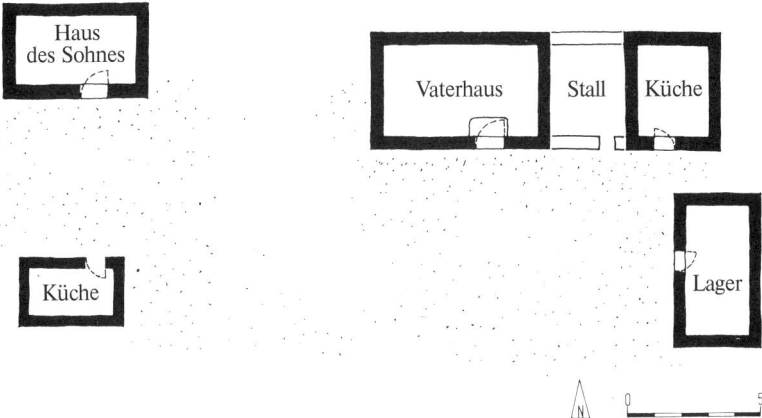

21. *Hausanlage, Dorf im syrischen Euphrattal*

17. Tag

Frühmorgens tragen der Hausherr, sein Bruder, seine Frau und ihre Schwester die Balken an den Rohbau. Sie sollten so über die Längsmauern gelegt werden, daß sich dicke und dünne Enden abwechseln. Als ein Balken dem Hausherrn aus den Händen gleitet und krachend zu Boden fällt, entschließt sich ein Nachbar zu helfen und bringt eine zweite Leiter. Er stellt sich auf die andere Seite, und zu zweit sortieren sie die Balken gleichmäßig und schnell. Nachdem er gegangen ist, bleiben die beiden anderen Männer auf dem Dach, und die Frauen reichen von rechts und links dünne Querhölzer nach oben, die dicht über die Balken gelegt werden.

Später kommt der Meister und mauert die Öffnungen zwischen den Balkenenden mit Bruchziegeln und festem Mörtel zu. Damit ist seine Arbeit endgültig beendet.

Statt Schilfmatten, wie früher, werden alte Säcke und Plastikplanen über die Querhölzer gelegt. Diese feinfaserige Zwischenschicht soll verhindern, daß die nächste Schicht, das eigentliche Isolationsmaterial – Tamariskengestrüpp, Stroh oder Sand – in den Wohnraum rieselt.

Am Nachmittag ist das Dach soweit fertig, daß es nur noch verputzt werden muß. Da die Schwester der Ehefrau einige Tage bleibt und beim Verputzen helfen wird, beschließt der Hausherr, die Zeit vor Sonnenuntergang auszunutzen, um in der Grube die Erde zu lockern. Die Mädchen gehen Wasser holen, und die beiden Frauen schaffen Häcksel in großen Mengen heran.

18. Tag

Heute arbeiten nur Leute aus dem Haus: der Hausherr, seine Frau und ihre Schwester, sowie der Sohn, die älteste Tochter und der Neffe des Hausherrn. Dieser fährt den Mörtel in das neue Haus und schüttet ihn auf einen Haufen.

Als erstes müssen Tür- und Fensterlaibungen begradigt werden: überstehende Kanten werden abgeschlagen und die Lücken mit Mörtel ausgefüllt. Nun können die Fensterrahmen, die man komplett mit Scharnieren und Holzläden kauft, eingepaßt werden. Mit Hilfe seines Neffen stemmt der Hausherr sie in die Öffnung, wo sie oben an die Fensterstürze genagelt werden, und es zeigt sich, wie ungeeignet die krummen Äste sind. Kommentarlos verschwinden die beiden Frauen im Lagerraum des großen Hauses, um nach Holzabfällen zu suchen. Keile werden unten und auf der Seite in die Lücken geschlagen, und der wackelige Rahmen steht fest. Wenn alles verputzt ist, wird die Panne mit den Ästen schnell vergessen sein.

Während die Frauen die Fensterlaibungen verputzen, sitzt der Hausherr in der Türöffnung, um die Schwelle aufzubauen. Im Innenraum vor der Tür wird der Boden ein wenig ausgegraben und die Erde zu einem niedrigen Wall aufgeschüttet, so daß ein tiefer liegendes Becken entsteht. Von hier aus führt ein schmales Rohr abschüssig unter der Schwelle nach draußen. Die Schwelle ist mindestens zwei Ziegellagen hoch und tritt über die Türlaibung hinaus.

Am Nachmittag beginnen die Putzarbeiten im Innenraum. Die Frauen kneten die angesetzte Mörtelmasse und verstreichen sie auf einer Wand. Diese Arbeit erfordert weder eine besondere Organisation noch eine aufeinander abgestimmte Koordination. Hin und wieder gesellen sich Frauen aus dem Dorf für kurze Zeit dazu. Es wird viel gelacht, denn beim Kneten der Masse bilden sich gewisse Formen, die sofort unflätige Witze provozieren. (Wird das Haus für ein junges Ehepaar gebaut, sind sexuelle Witze und Anspielungen besonders beliebt.)

19. Tag

Die Arbeit im Innenraum geht weiter. Es erweist sich als lästig, daß die Schwelle schon gesetzt ist, da man nicht mehr mit der Schubkarre ins Haus fahren kann. Die Frauen lästern und befehlen den Männern, den Mörtel in den Raum zu tragen.

Später macht sich der Hausherr daran, die Tür einzusetzen, und ist froh, daß sein Freund ihm dabei hilft, da er sich mit dieser Arbeit nicht auskennt, und Türblatt und -rahmen zusammen recht schwer sind. Die Tür sitzt ebenso schlecht wie vorher die Fenster, doch auch hier werden Holzkeile und deckender Putz den Ausgleich schaffen.

Das Verputzen der oberen Wandteile im Innenraum übernimmt der Hausherr, der eine Kelle im Dorf organisiert hat. Er steht auf der Leiter, die Frauen legen den frisch gekneteten Teig auf die hingehaltene Kelle, und in großen Zügen verstreicht er die freien Flächen. Als die Arbeit fertig ist, entdeckt die Ehefrau die Kuhlen, welche die Leiter in den frischen, am Vortage aufgetragenen Putz gedrückt hat, und ist verärgert. Sie verstopft die Löcher und glättet mit der Kelle, dem Werkzeug der Männer, die Übergänge.

Die letzten Tage waren anstrengend. Nach einem ausgiebigen Abendessen, das die Schwiegermutter und die Schwägerin heute zubereitet haben, sitzt die Familie noch lange mit Freunden und Nachbarn im Abenddunkel.

20. Tag

Die Schwester fährt zurück.
Die Wände des Innenraumes sollten etwa sieben Tage trocknen.

22. Tag

Heute wird mit dem Fußboden begonnen. Körbeweise schütten die Jungen Erde in den Raum, wo sie von den Frauen zerstoßen, gesiebt und dann mit Wasser vermischt wird. Danach lösen die Männer sie ab und verstreichen die Masse auf dem Boden, die anschließend fest verstampf werden muß.

24. Tag

Der Boden erhält eine neue Lage Stampflehm.

25. Tag

Das Haus wird von außen verputzt. Da dieser Mörtel auch frisch angesetzt verwendet werden kann, beginnen die Männer am Morgen Erde und Wasser zu mischen. Zum Schluß fügen sie Häcksel und klein geschnittenes Stroh dazu, dadurch wird die Außenwand zwar ziemlich rauh, doch die vorkragenden Spitzen sorgen dafür, daß der Regen wie über kleine Wasserspeier vom Haus abspritzt.

Der Putz ist die schützende Hülle des Hauses, und die dem schlechten Wetter ausgesetzten Stellen müssen besonders sorgfältig verputzt werden. Am Abend ist auf dem Dach, der Ostwand und der Hälfte der Nordwand die erste Lage aufgetragen.

26. Tag

Zwischen den üblichen Arbeiten des Tages wird weiter verputzt. Die achtjährige Tochter scheint eine gewisse Leidenschaft dafür zu entwickeln. Während die Mutter mit anderen Dingen beschäftigt ist, hat die Kleine zusammen mit ihrer Kusine bis in Kopfhöhe einen Streifen Putz an der Vorderfront gelegt. Sie zeigt es den anderen und ist stolz.

27. Tag

Der Fußboden ist fest, und die Familie trinkt ihren ersten Tee im neuen Haus. Sie sitzen mit Blick nach draußen und planen den Einzug. Die Frau zählt die Gegenstände der Inneneinrichtung auf und zeigt den Kleinen, wo sie stehen werden. Ihren Mann erinnert sie daran, daß sie schon lange einen Spiegel braucht, den sie an der der Tür gegenüberliegenden Wand aufhängen möchte. Sie weiß genau, wie er aussehen soll: so wie der Spiegel ihrer Schwester, vielleicht etwas größer. Der Hausherr nickt und schweigt.

Inzwischen hat die Kleine unbemerkt eine Büchse mit einer Art kleinblättrigen Basilikums ins offene Fenster gestellt. *Duft, ar-rīḥa*, heißt die Pflanze, und die Tochter fächelt den Duft in den Raum, was die Mutter stolz belächelt, denn zum zweiten Mal hat ihre Tochter bewiesen, daß sie eine geschickte Haus-Frau werden wird.

Die Eltern bereden die weiteren Aufgaben: Bei einigen Häusern im Dorf schützt eine niedere Lehmaufschüttung die Stelle, an der die Hauswände auf die Erde stoßen, vor dem Eindringen des Regenwassers. Das Paar beschließt, diese Arbeit auf das nächste Jahr zu verschieben, ebenso das Tünchen der Innenräume. Wichtiger ist erst einmal die Anlage eines Küchen- und eines Vorratsraumes sowie eines kleinen Hühnerhauses.

Am Nachmittag kommt der Freund aus der Stadt zurück, wo er auf dem Markt einen Sack Zement erstanden hat. Die beiden Männer beschließen, sofort das Becken hinter der Schwelle zu zementieren. Hier wird jeder, der das Haus betritt, seine Schuhe ausziehen, und hier werden alle notwendigen Waschungen vollzogen werden.

Die Tage vergehen zu Wochen.

Zwar kann die Frau nach dem Umzug weiterhin die Küche und die Vorratsräume im Haus der Schwiegermutter benutzen, dennoch beginnt man sogleich mit dem Bau einer Küche und einer einfachen Einzäunung für die Schafe. Die Frau baut in den Nachmittagsstunden einen Brotbackofen aus unförmigen Lehmpatzen, die sie mit viel Wasser verstreicht. Auf die gleiche Weise baut sie ein schulterhohes, eiförmiges Hühnerhaus.

Wochen später ist die Anlage fertig, was ein Anlaß zu allgemeiner Freude ist: Die Familie ist verpflichtet, ein großes Festessen zu veranstalten. Der Hausherr schickt seinen Sohn und seinen Neffen mit einer Einladung für das Einweihungsfest in die Familien der Helfer und in das Haus des Meisters. Auch die Schwester der Ehefrau wird mit ihrem Mann erwartet.

Letzter Tag

Am Morgen des Festtages schlachtet der Hausherr ein Schaf. Mit dem Blut des Tieres weiht er den südöstlich vor der Haustür gelegenen Platz ein, wo in Zukunft bei allen wichtigen Ereignissen wie Geburt, Beschneidung oder

22. *Ein Haus für Hühner*

Tod die Opfertiere geschlachtet werden. Zum Zeichen des vollzogenen Opfers bestreicht er danach die Fassade mit Blut, und seine Frau und die Kinder tun es ihm nach, und setzen ihre Handabdrücke sorgfältig über und neben die Tür.

Dies ist ein in arabischen Ländern weit verbreiteter Brauch. Die Hand gilt als ein Übel abwehrendes und schützendes Zeichen. Nur in aggressiver Stimmung und wenn man den anderen verdächtigt, feindselige Absichten zu haben, die man wie den Bösen Blick abwehren muß, streckt man ihm die geöffnete Hand entgegen und sagt *„Fünf (Finger) in deine Augen".*[25] Besser als mit der eigenen Hand lassen sich böse Mächte mit frühzeitig angebrachten, segensreichen Händen abhalten. Im Nahen Osten ist dieser Brauch bei allen Religionsgemeinschaften bekannt: Muslime sagen, es sei die Schutzhand Fatimas, der Tochter des Propheten, Christen nennen sie die Hand Marias und Juden die Hand Gottes.[26] Sie alle können ihre Häuser mit einer solchen Hand schützen. Verwendet man als Farbe das Blut eines Opfertieres dazu, wird die Kraft des bekannten Hand-Zeichens noch durch die Kraft des Opfers verstärkt. Das Blut ist ein Hinweis auf ein vollzogenes Opfer, den alle bösen Mächte verstehen.

Mit diesem Akt ist die schwächste Stelle des Hauses, der Ein- und Ausgang, geschützt und die eigentliche Opferhandlung vollzogen. Das Fleisch des Opfertieres wird gekocht und gegessen, wobei es wichtig ist, daß möglichst viele, auch die Armen einer Gemeinschaft, daran teilnehmen.

Zum Häuten und Zerlegen des Tieres kommen wieder Spezialisten. Das Kochen ist wie das rituelle Schlachten Aufgabe des Hausherrn, der zumindest die Kocharbeiten leitet. Besonders bei Beduinen fällt die Zubereitung eines Festmahles ganz in die Kompetenz der Männer.

Am Nachmittag treffen die geladenen Gäste und andere Leute aus dem Dorf ein. Jeder wird vom Hausherrn begrüßt und ins Haus gebeten, wo man entlang der Wände am Boden Platz nimmt. Auf ein Zeichen des Hausherrn tragen sein Vetter und sein jüngerer Bruder große Platten mit Reis und Fleisch in die Mitte des Raumes, und alle rücken im Kreis heran. Sein Sohn bringt stapelweise Brot, das in der Runde verteilt wird. Der Hausherr achtet darauf, daß alle essen, und setzt sich von Zeit zu Zeit zwischen seine Gäste. Jedem legt er ausgewählte Fleischstücke an den Plattenrand und drückt damit je nach Größe und Qualität seine Ehrbezeugung aus.

Nach dem Essen steht einer nach dem anderen auf und tritt an das Zementbecken. Dort reicht ihnen der Sohn ein Stück Seife und ein Handtuch, und der Bruder des Hausherrn hält in einer Kanne Wasser bereit. Die anderen Jungen im Haus räumen die Platten ab und falten die Decken, auf denen serviert wurde, mit allen Resten zusammen.

Die Besucher setzen sich wieder auf die Matten entlang der Wände, lehnen sich in die Rückenkissen, rauchen und schwatzen. Zum Abschluß wird Tee gebracht, und die Reihenfolge, in welcher die Gäste auf Anleitung des Hausherrn bedient werden, ist wieder ein Gradmesser der Ehrbezeugung. Die Gäste in der Nähe der Tür werden von dem kleinen Sohn bedient, der anfängt diese Rolle, Diener seines Vaters zu sein, gut zu beherrschen.

Inzwischen ist es dunkel, und die Gäste machen sich nacheinander in kleinen Grüppchen auf den Heimweg. Der Hausherr begleitet sie jeweils noch ein kurzes oder längeres Stück und begibt sich, nachdem alle gegangen sind, müde und stolz zu den Frauen. Sie haben ihm, der während des Mahles nichts gegessen hat, Leckerbissen zur Seite gelegt. Man ißt und schweigt. Während der Abendtee kocht, entschließt sich der Hausherr zu der letzten großzügigen Geste des Tages. Er nimmt die Reste, lockt die Hühner seiner Frau und läßt auch diese am Festmahl teilnehmen. Ein Opfermahl hebt man nicht auf.

Bauen in Schilf

Im Süden des klassischen Lehmbaugebietes erstreckt sich am Zusammen-
fluß von Euphrat und Tigris auf 30.000 km^2 eines der größten Sumpfgebie-
te der Erde (Abb. 23, 24). Seit Jahrtausenden bauen seine Bewohner ihre
Häuser aus Schilf, dem einzig verfügbaren Material, das im wahrsten Sinne
des Wortes die Grundlage ihrer Lebensweise ist: Gelegentlich wird ein
künstlicher Untergrund im Wasser aus Schilf gestampft, um darauf ein
Haus zu bauen. Schilf dient auch zur Herstellung vieler Geräte und als
Futter für die Tiere. Die einzigartigen Umweltbedingungen prägen die Lebensweise der Sumpfbewohner, die zwar nicht in ihrer materiellen Kultur
wohl aber soziologisch viel mit den Bewohnern der angrenzenden Wüsten-
und Steppenregionen gemeinsam haben.

   Die Bewohner der Sümpfe halten Büffelherden, pflanzen auf kleinen
Flächen Reis und an den eher trockenen Flußufern Dattelpalmen oder
fangen Fische. Einige sind seßhaft, andere ziehen umher, doch fast alle
wechseln im Sommer und Winter ihren Siedlungsplatz. Von dem überall
anstehenden Schilf verwenden sie besonders drei Arten: Das bis zu sechs
Metern lange *qaṣab* aus tiefen Gewässern, das kürzere, drei bis vier Meter
hohe *bardī-Papyrus* aus seichten Gewässern und ein binsenartiges, nicht
einmal mannshohes Gras. Das längste Schilf dient hauptsächlich zur Herstellung der Hauspfeiler und Matten, das mittlere zur Herstellung von Sei-
len und das kurze als Viehfutter.

   Über das Leben im Hor, wie der große Sumpf genannt wird, wußten die
arabischen Geographen noch weniger als über die innersten Wüsten Südarabiens zu berichten. Lange Zeit galten die unwirtlichen Sümpfe als reines
Rückzugsgebiet für Ausgestoßene und Flüchtlinge, die durch eine mächtige
Zentralmacht dorthin vertrieben wurden oder sich dort vor ihr versteckten,
wie im 8. Jahrhundert die Zott, „Zigeuner" aus Indien, die vermutlich die
Wasserbüffel wieder mit nach Mesopotamien brachten,[27] die Zanǧ, die
Verlierer eines Sklavenaufstandes Ende des 9. Jahrhunderts[28] oder häreti-
sche Sekten und ethnische Minderheiten. Aufgrund dieser fragwürdigen
Herkunft und einer Abstammung von Außenseitern hatten die Bewohner
der Sümpfe von jeher den Ruf, besonders gefährlich zu sein, was dadurch
bestätigt zu sein schien, daß sie in einer dem Menschen feindlichen Umwelt
lebten, in einer Region, in die niemand freiwillig reiste.

   Auch die europäische Reisenden des 19. Jahrhunderts fanden auf ihrer
Suche nach dem Exotischen nur selten den Weg in dieses Gebiet. Erst
während der englischen Mandatszeit im Irak häuften sich Informationen,

23. *Ein Dorf im Hor*

die im Interesse der Staatsbürokratie gesammelt wurden. Auf den verwaltungsorientierten Erkundungsfahrten entdeckten Einzelne die wilde Romantik der abgelegenen, hinter Schilfwäldern verborgenen Welt, und durchstreiften dann allein oder mit einem einheimischen Führer die unübersichtlichen Wasserwege. Bald darauf, 1927, wurden die südirakischen Sümpfe durch einen Roman zumindest in England bekannt: Zwei englische Kolonialbeamte[29] beschreiben das harte Leben der Marschbewohner und erzählen ihre packenden Geschichten nach. Auch die späteren Reisenden nennen die Marsch-Bewohner begabte Erzähler, die, um die harten Regeln ihrer Gesellschaft zu erklären, auf Geschichten zurückgreifen. Diese sind nach einem durchgehend gleichen Schema aufgebaut und beschreiben die Welt der Marsch-Bewohner so, wie sie sein sollte. Jede Geschichte beginnt mit einer gesellschaftlichen Regel, wie *„du sollst deine bint ʿamm, die Tochter deines väterlichen Onkels heiraten"*, dann folgen Regelbrüche und Fehlverhalten, *„ein anderer hat meine bint ʿamm geheiratet"*, die am Ende zu harten Strafen führen *„die beiden müssen sterben"*. Die Heirat mit der patrilateralen Parallelkusine, die Blutfehde, die Ehre des Stammes und die Abstammung sind die beliebtesten Themen jener Erzählungen.

Nur wenige Fremde konnten länger bei den Marsch-Bewohnern leben und die Wirklichkeit, die zu den Geschichten gehört, beobachten. Wilfred Thesiger verbrachte zwischen 1951 und 1958 jährlich mehrere Monate in den Sümpfen;[30] 1953 hielt sich S. M. Salim, ein irakischer Student der Sozialanthropologie von der London School of Economics dort auf,[31] und von März 1955 bis März 1956 die Ethnologin Sigrid Westphal-Hellbusch

24. Wege im Schilf

und ihr Mann Heinz Westphal. Ihre Arbeiten ergeben zusammen ein umfangreiches Bild dieser Gesellschaft; spätere Bildberichte liefern nichts weiter als sentimental- oder journalistisch-exotische Kulissen.[32]

Wie man die Bewohner der Sümpfe genau benennen soll, bleibt unklar: Thesiger spricht von Marsch-Arabern, Salim von Marsch-Bewohnern des Euphratdeltas und Westphal-Hellbusch von Ma'dan. Frau Westphal-Hellbusch legt Wert darauf, daß eine ethnische Bezeichnung von bestimmten Aspekten abhängt, und beobachtet, „daß Gruppen, die von ihren Nachbarn als Ma'dan bezeichnet wurden, diese Benennung mit einer gewissen Empörung ablehnten: sie seien Araber. Andere gaben nur zu, wie Ma'dan zu leben, der Abstammung nach seien aber auch sie Araber. Andere wieder konnten nicht abstreiten, Ma'dan zu sein, hörten sich aber nicht gerne so nennen."[33] Das Wort Ma'dan ist etymologisch und historisch nicht geklärt und in erster Linie wohl eine Fremdbezeichnung. Da dieser Name bei ihren Nachbarn, besonders bei Städtern ein abwertendes Urteil enthält, entschloß sich S. M. Salim von Marsch-Bewohnern zu reden. W. Thesiger, der Jahre zuvor eng mit den Beduinen Südarabiens zusammengelebt hatte, nennt sie wie selbstverständlich Araber, denn sie sprechen Arabisch und teilen mit anderen arabischen Gemeinschaften viele Bräuche der sozialen Ordnung, wie „die Organisation in Stämme, Abstammungsgruppen und Familien, die körperschaftliche Verantwortung bei Straftaten eines Einzelnen, endogame Heiraten, Verachtung des Handels und die Leidenschaft der Gastfreundschaft."[34] Auch die Betonung einer Geschlechtertrennung bei zahlreichen Alltagshandlungen ist ihnen gemeinsam.

25. Rohbau aus der Ferne

Arbeiten am Wohnhaus

Die zeitaufwendigen Vorbereitungen beim Bau eines Hauses werden in der Familie unter die Geschlechter aufgeteilt, der eigentliche Aufbau wird von den Männern eines Familienverbandes, einer Lineage, durchgeführt. Im wesentlichen besteht ein Haus aus drei wichtigen Elementen: dicken Pfosten, schmaleren Querstreben und zahlreichen Matten, alle aus Schilf gefertigt und mit Binsenschnüren zusammengebunden (Abb. 25). Die Matten sind außerdem ein wichtiges Handelsgut, das gegen Bargeld auf ferner liegenden Märkten verkauft wird. An ihrer Herstellung läßt sich stellvertretend für andere Produktionszusammenhänge das Prinzip geschlechtlicher Arbeitsteilung beschreiben.

Männer und Jungen fahren mit ihren Booten an die entfernten Plätze, um das lange Schilf zu schneiden und zu bündeln. Dann wird es auf den Booten oder auf dem Kopf balanciert zum Wohnhaus transportiert, eine Arbeit der Männer, bei welcher Frauen und Kinder helfen können. Vor dem Haus ausgebreitet, müssen die Schilfstengel aus den Hüllblättern geschält werden, eine Arbeit der Frauen, bei welcher Kinder und Männer helfen können. Zum Aufschlitzen der Stengel bedarf es eines Messers, und so ist dies eine Arbeit der Männer, die allein Messer besitzen. Danach wird das Schilf mit Wasser befeuchtet und mit einem Holzklopfer platt gestampft – eine Arbeit der Frauen und Mädchen, die auch im Hor für das Wasser zuständig sind, und die in diesem Arbeitsabschnitt die Besitzerinnen des Werkzeuges, eigentlich ein Küchengerät zum Reisstampfen, sind (Abb. 26). Das Flechten ist die Arbeit der Männer, wenn ihre Frauen mit anderen Dingen im Haus beschäftigt sind; doch oft sitzt die ganze Familie vor dem Haus und arbeitet an den Matten.[35] Das ist der Sinn der geschlechtlichen Arbeitsteilung: Einem männlichen folgt ein weiblicher Arbeitsschritt und zusammen ergeben sie, ineinander geflochten, das gemeinsame Endprodukt.

Ehe ein Haus gebaut wird, müssen alle Einzelteile fertig sein. Der eigent-

liche Hausbau geht relativ schnell, wenn nicht, wie in manchen sehr wasser-
reichen Gebieten, der Untergrund eigens aufgeschichtet werden muß. Dazu
wird ein das spätere Haus und Hof umfassende Areal mit einem Riedzaun
im Seegrund abgesteckt, in welchem Schilf und Binsen bis über den Wasser-
spiegel gestapelt werden. Der überstehende Zaun wird umgeknickt, das
Ganze getreten und mit weiterem Schilf belegt, bis man mit dem Ergebnis
zufrieden ist, und die Plattform, die mit Zwischenschichten aus Lehm verfe-
stigt wird, fertig ist. Im Hor Hammar, einem sehr tiefen Seengebiet, können die künstlichen Inseln nicht auf dem Grund verankert werden, so daß
die Häuser auf schwimmenden Inseln stehen. Wie eine assyrische Darstellung aus dem 7. Jahrhundert v. Chr. vermuten läßt, ist auch diese Siedlungs-
form sehr alt (Abb. 27).

Da viele Marsch-Bewohner ihren Wohnsitz häufig wechseln, konstruieren sie ihr Haus so, daß es wie ein Zelt in seine Einzelteile zerlegt,
transportiert und schnell wieder aufgebaut werden kann. Soll ein Haus
vollkommen neu gebaut werden, dauern die Vorbereitungen mehrere Wochen, der eigentliche Bau ist in nicht einmal zwei Tagen erledigt.

Am ersten Tag treffen sich einige Männer und graben die vom Hausherrn
auf der Erde markierten Pfostenlöcher. Meist sind es drei, fünf oder seltener sieben Paar Löcher in zwei Reihen. Haben die Männer die schweren
Schilfbündel hineingehievt, biegen sie sie nach außen und stampfen sie mit

26. *Herstellung von Schilfmatten*

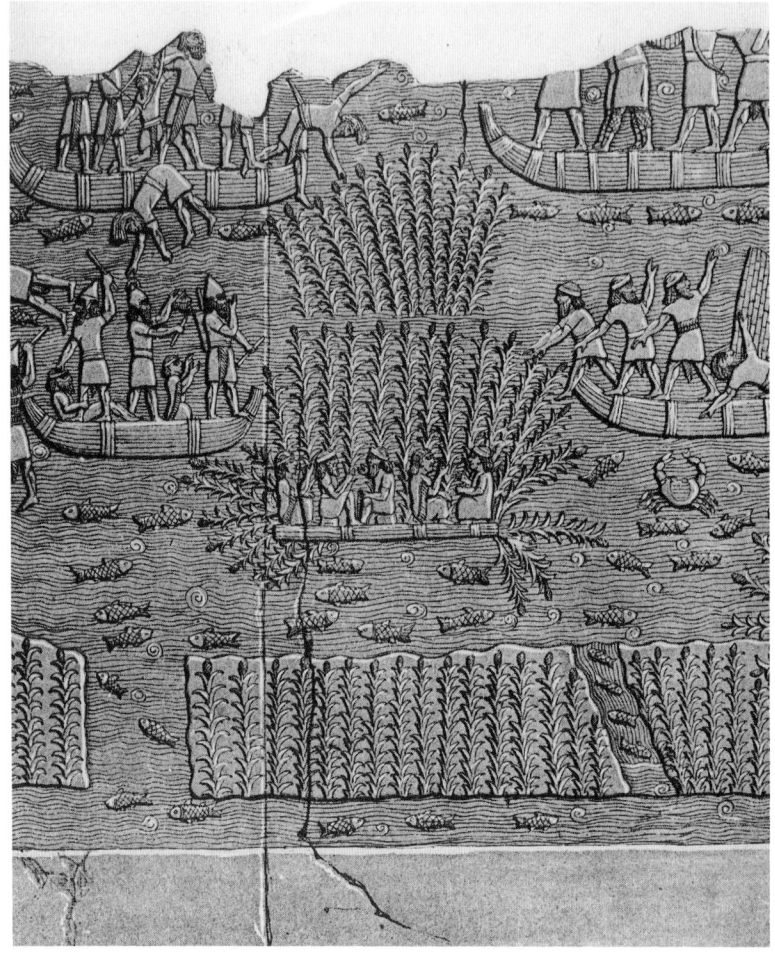

27. *Assyrische Krieger im Hor*

aufgeweichtem Lehm in der Grube fest. Über Nacht trocknet der Lehm, und die Pfosten stehen sicher in der Erde (Abb. 28–30).

Für die Arbeit des zweiten Tages werden mindestens neun Männer gebraucht, zweimal vier Männer an jedem der sich gegenüberstehenden Pfosten und einer in der Mitte, der die beiden Pfosten zu einem Bogen zusammenbindet. Er steht auf einem hohen Dreibein aus Schilf zwischen zwei gegenüberstehenden Pfosten und wartet, daß sie ihm engegengebogen werden. Jeweils ein Mann stemmt sich von außen gegen die beiden Pfosten, je zwei Männer ziehen mit einem Seil, das sie über einen Pfosten geworfen haben, diesen in die Mitte und nach unten, und ein Mann beobachtet das Pfostenloch, denn sobald der Lehm reißt, muß er ihn befeuchten und wieder feststampfen.

Sind die Bögen auf diese Weise geschlossen, legt der Hausherr ein langes Schilfrohr darüber und prüft, ob alle die gleiche Höhe haben.

Nach einem gemeinsamen Frühstück werden die vorgefertigten Querbalken an den Pfosten vertäut. Auch hier werden wieder mindestens neun Männer benötigt, für jeden Pfosten einer Seite drei. Einer hält den Querbalken, einer reicht die Schnüre und einer bindet den Balken an dem Pfosten fest. Diese erste Querreihe wird in Hüfthöhe angebracht und dient als Tritt, auf dem die Männer hochsteigen, um den nächsten Querbalken festzubinden, der als nächste Stufe dient und so fort – bis zum Scheitelpunkt des Bogens. Dasselbe wiederholt sich auf der gegenüberliegenden Seite. Danach werden die Zwischenräume möglichst dicht mit weiteren Querverstrebungen ausgefüllt. Am Schluß wird das gesamte Haus schuppenförmig mit Matten belegt.

Vor die noch offenen Stirnfronten werden relativ dünne Schilfbündel im Halbkreis in die Erde gesteckt, zu den Hauspfosten gebogen und daran festgebunden. Im Winter wird die Eingangsöffnung nach Süden und im Sommer nach Norden offen gelassen.

Noch am selben Tag ist das Haus fertig, und die Familie kann einziehen.

Die Einzelteile eines Hauses halten unterschiedlich lange und können während der Umzüge leicht ausgewechselt werden. Da oft mehrere oder alle Familien eines Dorfes gemeinsam einen neuen Siedlungsplatz suchen, müssen mehrere Häuser in kurzer Zeit aufgebaut werden, so daß die gegenseitige Hilfe in einem völlig überschaubaren Zeitraum ausgeglichen wird, und komplizierte Verhandlungen entfallen, denn eine andere Gegengabe als die gleich anschließende Mitarbeit beim Aufbau des Nachbarhauses wird nicht erwartet.

Neben diesem langgestreckten, bogenüberwölbten Wohnhaus, auch hier *al-bait* genannt, bauen die Marsch-Bewohner Häuser mit anderen Formen, Namen und Funktionen. Aus Bündeln und Mattenresten werden Ställe aufgerichtet; in giebelförmigen Hütten ohne Balkenkonstruktion, die zu zweit leicht ab- und aufzubauen und zu transportieren sind, leben sie, wenn sie mit ihren Herden unterwegs sind und jeweils nur für kurze Zeit Station machen, oder wenn sie in die weit entfernt liegenden Dattelplantagen als Erntearbeiter ziehen. Ein etwas fester gebautes, ebenfalls spitzgiebeliges Schilfhaus mit geraden Wänden beherbergt fast immer einen der im Hor verstreut liegenden Läden. Diese auch für persönlich geführte Gästehäuser verwendete Form, die mit ihrer getrennten Wand- und Dachkonstruktion am stärksten an die Häuser des Festlandes und der Städte erinnert, signalisiert jedem, der auf den Kanälen unterwegs ist, daß er hier absteigen kann. Die „fremde" Form entspricht der Funktion der Häuser: Hier werden

28. 29. 30. Beim Hausbau

Fremde wie Fremde behandelt und nicht wie ein Gast als assoziertes Mitglied der Familie.

Die allgemeinen Versammlungshäuser sind wie die Wohnhäuser gebaut, aber wesentlich größer. Sie stellen die vollkommenste Form der Schilfarchitektur dar.

Das Versammlungshaus

So wie zu jedem Haushalt ein Familienhaus, *bait*, gehört, besitzt jede Abstammungsgruppe ein Versammlungshaus, *muḍīf*, für dessen Errichtung und Unterhalt ihr Oberhaupt, ein *šaiḫ*, zuständig ist. Es ist der repräsentative Ort einer Gemeinschaft und gehört formal ihrem Repräsentanten. Ein *muḍīf* ist so groß, daß alle erwachsenen Männer der Gruppe darin einen Platz finden; er garantiert praktisch und symbolisch die Einheit dieser Gruppe (Abb. 31–33).

Ist ein Versammlungshaus nicht mehr zu reparieren, was etwa alle zehn bis fünfzehn Jahre der Fall ist, ordnet der Scheich den Neubau an. Alle Männer der Abstammungsgruppe beteiligen sich an der Arbeit, und idealerweise hat ein Versammlungshaus so viele Pfostenpaare wie die Abstammungsgruppe Unterabteilungen, welche alle zur Lieferung der Pfostenpaare und anderer Bauelemente verpflichtet sind. Auch an der Anzahl der kleinen Kaffeekannen in der Mitte des *muḍīf* sollte sich die Zahl der Unterabteilungen ablesen lassen.

31. *Versammlungshaus – muḍif*

Die Familienältesten, die als Repräsentanten einer der Unterabteilungen
für die Ablieferung der Bauteile – Pfosten, Querstreben und Matten –
verantwortlich sind, achten auf eine sorgfältige Ausführung, da alle Teile in
einem Wettstreit um die schönste Arbeit begutachtet werden. Beim Arbeiten singen die Männer die Kriegslieder ihres Stammes oder Loblieder auf
den Scheich, beides akustische Proklamationen ihrer Einheit, die die Wett-
streitenden zusammenhalten. Obwohl die Arbeit und die Materialbeschaffung durch die Männer der Abstammungsgruppe gewährleistet sind, kostet
der Bau eines *muḍīf* den Scheich viel; denn an jedem Arbeitstag erhalten
die Männer – oft sind es an die hundert – ein Essen mit Fleisch. Ferner
bezahlt der Scheich einen Meister, unter dessen Anleitung das große Haus
gebaut wird.

Die eigentliche Könnerschaft der sogenannten Meister liegt in der Konstruktion geometrisch gemusterter Gitterwerke, die den großen Bau an den

Seiten und an den Fronten wie Fenster schmücken. Es sind Spezialisten aber keine berufsmäßigen Handwerker. Wenngleich sie gut entlohnt werden und in einem Monat etwa viermal soviel wie eine kleine Familie mit Mattenflechten verdienen, können sie nicht davon leben. Für gewöhnlich hat ein Meister nicht häufiger als zweimal im Jahr die Gelegenheit zu dieser Arbeit, die selten länger als einen Monat dauert. Daher halten die Meister wie die anderen Marsch-Bewohner Wasserbüffel, flechten Matten, pflanzen Reis und sind beim normalen Wohnhausbau wie alle Angehörigen der erweiterten Familie zur Mitarbeit ohne Lohn verpflichtet.

Es gilt als förderlich, wenn ein *sayyid,* ein Mann aus einer der über die ganze islamische Welt verstreuten Familien, die sich zu den Nachkommen des Propheten Mohammed zählen, den Bauvorgang begleitet, selbst wenn seine Mitarbeit nur aus symbolischen Handreichungen und frommen Segenssprüchen besteht.

Ist der Bau fertig, schlachtet der Scheich ein Büffelkalb und lädt zu einem großen Festessen. Zuvor legen alle Mitarbeiter noch einmal letzte Hand an den Bau: Sie tunken ihre Hände in einen Hennabrei und bedrucken damit denjenigen Pfosten, der von ihrer eigenen Gruppe geliefert wurde. Diese Pfosten können dann mit dem Namen der Geberfamilie bezeichnet werden, so daß das kollektive Versammlungshaus praktisch wie metaphorisch von zahlreichen „Haus"-Pfosten getragen wird.

Wie für die Familienhäuser wird auch für das Versammlungshaus nur eine ungerade Zahl von Pfostenpaaren akzeptiert. Es gibt kleinere mit 7 Pfosten, während die größten nicht mehr als 19 haben sollten.[36] Tatsächlich sind Häuser mit 21 oder sogar 25 Pfosten bekannt, doch gelten diese den

32. *Männer vor ihren Pfosten im Versammlungshaus*

Marsch-Bewohnern als Ausnahme, die sie nicht erklären können. Stattdessen begründen einige die höchstzulässige Zahl mit einem Verweis auf das für viele Lebensbereiche gültige Vorbild, auf den Propheten Mohammed: Sein Haus in Medina habe auch nur 19 Pfosten gehabt, und aufwendiger als der Gesandte Gottes zu bauen, sei überheblich und gefährlich.

W. Thesiger überliefert die Geschichte eines Mannes, die nach dem oben genannten Schema, Regel – Bruch – Strafe, aufgebaut ist und die Haltung der Marsch-Bewohner zu „Haus und Familie" veranschaulicht. Ein Mann, der einer ärmeren und unbedeutenden Familie entstammte, war in der Stadt zu Geld gekommen, mit dem er nach seiner Rückkehr ein *muḍīf* baute. Doch die ersehnte Anerkennung blieb aus und sein Haus leer. Schlimmer noch, bald darauf starben seine Frau und sein Sohn. Im Dorf zeigte sich daraufhin niemand erstaunt, denn nach allgemeiner Meinung hatte er sich zweier Vergehen schuldig gemacht: der Anmaßung und der Unterlassung. Er hatte sich ein *muḍīf* gebaut, obwohl sein Vater noch nicht einmal ein einfaches Gästehaus besaß, und hatte außerdem gemeint, auf die Segnungen eines *sayyid* verzichten zu können.[37]

Geschichten wie diese und die Erinnerung an Mohammed, dessen Haus als Vorbild zitiert wird, deuten den unantastbaren sakralen Charakter dieser Versammlungshäuser an. Die Marsch-Bewohner nennen dieses Haus mit einem von *Gast* und *Gastgeber* abgeleiteten Wort *muḍīf*, da jedes Versammlungshaus das Gästehaus einer Lineage oder Abstammungsgruppe ist. Auch im arabischen Gastrecht wirkt eine Immunität verleihende Kraft: Das Gastrecht gilt als heilig. Hat ein Gast das Haus betreten, steht er unter dem Schutz des Hausherrn und ist auch im Falle einer Blutfehde zwischen seiner Familie und der des Hausherrn unantastbar, sowohl im Gästehaus einer Lineage als auch im Gästezimmer eines Wohnhauses.

Wohnhäuser

Jedes Wohnhaus in der arabischen Welt weist im Prinzip eine Dreiteilung auf: Es gibt den Ort der Familie (d. h. der Frauen, Kinder und des Hausherrn in seiner Position als Ehemann und Vater), den Ort des Hausherrn (in seiner Position als Repräsentant der Familie und Gastgeber) und den Ort der Produktion.

Nicht immer haben diese Bereiche eine eigene Bezeichnung und sichtbare Grenzen, doch sind sie durch eine gleichbleibende Nutzung allen als solche vertraut. Die Bereiche erhalten durch die anwesenden Personen ihre jeweilige Funktion. Es sind die Menschen und ihre Handlungen, die einem Raum einen bestimmten Charakter verleihen.

Der Ort der Familie wird je nach Dialekt mit einer Ableitung der Wortwurzel *ḥ-r-m* bezeichnet, was in die deutsche Sprache als Harem eingegan-

33.   *Versammlungshaus – muḍif*

gen ist und viel Verwirrung über die Vorstellung vom Leben einer durch-
schnittlichen Familie in arabischen Ländern gestiftet hat. *Ḥaram* oder *ḥarīm,* wie der Ort, an dem sich Frauen aufhalten, genannt wird, konnotiert
zwei Aspekte des Heiligen: Ein solcher Ort wird wie die Menschen, die sich
dort aufhalten, *verehrt* und ist *verboten.* So werden auch Mekka und Medina, deren gemeinsame Bezeichnung *haramān* der Dual von *haram* ist, von
den Mitgliedern der islamischen Gemeinschaft *verehrt* und sind für alle
Fremden *verboten.*

Geheiligt und verboten sind nahe beieinanderliegende Charakterisierungen ein und desselben Objektes. In dieser doppelten Konnotation scheidet der Begriff *ḥarīm* innen von außen, oder genauer gesagt, „dazugehörig" von „außenstehend". Manchmal überwiegt eine der beiden Bedeutungen: ein *ibn al-ḥarām* ist ein *Sohn der Sünde,* ein *illigitimer Sohn,* während das *bait al-ḥaram* keineswegs das „Haus der Sünde" ist, aus dem vielleicht die „Söhne der Sünde" stammen, sondern das *heilige, für Fremde verbotene Haus,* die Kaaba. Im Zusammenhang von Heirat und Verwandtschaft spielen weitere Ableitungen dieser Wortwurzel eine Rolle: *maḥram* sind alle Personen, die nicht heiratbar sind. Schließlich kann ein kleines Tuch, das zum Zeichen der Ehre einer Familie der jungfräulichen Braut unterlegt und nach vollzogener Ehe den Anwesenden unter lautem Jubel vorgeführt wird, *maḥrama* genannt werden.

Der *ḥarīm,* in welchem sich die Familie aufhält, ist nur für diese zugänglich und Gegenstand der Verehrung. Der Ort, an dem sich der Hausherr und jene Fremde aufhalten, denen der Zutritt zum *ḥarīm* verwehrt ist, kann als ein *Ort, an dem man sich niederläßt, maǧlis,* oder als *maḍāfa, ein Ort, an dem Gastfreundschaft praktiziert wird,* bezeichnet werden. Man muß allerdings berücksichtigen, daß Fremde im eigentlichen Sinne, also Leute, die man nicht kennt und über deren Herkunft man nichts weiß, ein Wohnhaus üblicherweise nicht betreten; für solche Besucher ist das Gästehaus der Lineage oder Abstammungsgruppe da. Im Gästezimmer eines Wohnhauses treffen sich Verwandte, Nachbarn oder andere Bekannte; es handelt sich bei diesen Gästen um Männer, die nicht *maḥram* sind und potentiell als Ehemänner der Frauen in Frage kämen. Enge Verwandte der Frauen, *maḥram*-Männer, haben freien Zutritt im *ḥarīm.*

In zahlreichen Arbeiten zu der Wohnhausarchitektur in arabischen Ländern ist diese Teilung des Hauses in einen – verkürzt gesagt – Harems- und einen Gästetrakt, oder – falsch gesagt – in einen Frauen- und einen Männerbereich immer wieder betont worden. Zum besseren Verständnis dieser oft mißverstandenen Trennung wenden wir uns wie die Marsch-Bewohner in anderen Zusammenhängen dem einen Vorbild der islamischen Gemeinde zu: dem Propheten Mohammed und seinem Haus in Medina, dessen genauen Plan wir ebenso wenig kennen wie jene, die sich mit der Gewißheit eines Gläubigen darauf berufen, daß das Haus des Propheten nicht mehr als 19 Stützpfeiler gehabt habe.[38]

Das Vorbild

Zur Rekonstruktion jenes Hauses steht uns die Sammlung von Überlieferungen des arabischen Historikers Ibn Saad aus dem 9. Jahrhundert zur Verfügung.[39]

Generell folgen die Überlieferungen dem Bedürfnis der Gläubigen, mehr über ihren Propheten zu erfahren, um seinen Vorstellungen vom richtigen Verhalten in alltäglichen und besonderen Lebenssituationen folgen zu können. In diesem Zusammenhang sind ausführliche Gegenstandsbeschreibungen relativ unwichtig, was zählt ist der moralische Gehalt am Ende einer jeden Geschichte. Die Absicht, die sich mit der Darstellung des Hauses von Mohammed in den Überlieferungen verknüpft, hat nichts mit dem Interesse eines Bauhistorikers zu tun, so daß wir den Bau nur vage aus den verstreuten Bemerkungen ergänzen können.

Ibn Saad sammelte zahlreiche Berichte verschiedener Gewährsleute, die zwar erst Jahre nach dem Tod Mohammeds in Medina waren, jedoch noch den alten Zustand seines Hauses gesehen hatten. Der Autor faßt die Überlieferungen nach Schwerpunkten geordnet zusammen, und die meisten der uns hier interessierenden Angaben finden sich in dem Kapitel über den *Bau der Moschee* und über *Die Häuser des Gesandten Gottes, Friede über ihn, und die Zimmer seiner Frauen.*[40]

Danach hatte die Anlage einen ca. 5.600 m^2 großen, wohl quadratischen Hof mit drei Eingängen; auf der Nordseite befand sich eine Halle mit doppelter Säulenstellung, in welcher der Prophet betete, und wo später ein zweistufiger *minbar*-Hochsitz errichtet wurde; auf der Südseite diente eine einfache Säulenhalle den ärmsten Gefolgsleuten und Besuchern als Unterkunft. Im Westen schien eine glatte Wand den Hof abzuschließen, während im Osten die Häuser der Ehefrauen lagen, die von einem Gewährsmann Ibn Saads genauer beschrieben worden sind; es waren *vier Häuser (buyūt) aus Lehmziegeln, deren Zimmer (ḥuǧur) aus Astwerk aufgebaut waren, und fünf nicht weiter unterteilte Häuser, deren Mauern aus Astwerk mit Lehm bestrichen waren. Die Türen waren mit einem Wolltuch verhängt; ich nahm Maß und fand, daß diese Vorhänge 1 × 3 ḍirāʿ* (75 × 225 cm) *groß waren.*

An dieser Stelle der Wohnhäuser der Prophetenfrauen wurde später der Betplatz der Frauen mit eigenem Eingang, dem *bāb an-nisāʾ*, eingerichtet.[41]

Es waren Häuser aus Lehmziegeln mit Zimmern aus Ästen und Holzpfeilern, die mit Lehm verschmiert waren, überliefert Ibn Saad weiter nach Abdallah ibn Yazid al-Hudali: *Ich zählte neun Häuser mit ihren Abteilungen ... und sah das Haus von Umm Salama, deren Raum aus Lehmziegeln war. Als ich mit dem Sohn ihres Sohnes sprach, erzählte jener, daß Umm Salama ihr Zimmer aus Lehmziegeln baute, während der Gesandte Gottes, Friede über ihn, den Feldzug nach Dūmat (al-Ǧandal) leitete. Als der Gesandte Gottes, Friede über ihn, zurückkam und die Lehmziegel sah, trat er bei ihr, seiner ersten Frau, ein und sagte: Was ist das für ein Bau? Sie antwortete: Ich wollte, oh Gesandter Gottes, verhindern, daß die Leute hereinsehen. Doch er antwortete: Oh, Umm Salama, das Übelste, in das das Vermögen der Muslime verschwendet wird, ist das Bauen.*

Ende (der Überlieferung).

Als Umar ibn Abd al-Aziz den Abriß jener Häuser für den Neubau der Moschee anordnete, fanden sich zahlreiche Gegner, die wünschten, die Häuser *so zu belassen, wie sie waren, damit die Nachfahren der Leute von Medina und alle, die von weit her kommen, sehen, womit sich der Gesandte Gottes in seinem Leben begnügt hat, auf daß sie sich aller Pracht und weltlicher Güter enthalten.* Die bescheidene Lebensweise des Propheten ist das Thema dieser Überlieferungen und nicht das Leben im Ostteil seines Hauses.

Das alltägliche Leben Mohammeds in Medina war durch Gespräche mit den Männern seiner Gefolgschaft und von Verhandlungen mit den Repräsentanten anderer Gemeinschaften bestimmt, wozu sie sich im Hof und in den angrenzenden Säulenhallen trafen. Die politischen wie religiösen Auseinandersetzungen wurden von Gebeten unterbrochen, und bereits früh legte der Prophet Wert darauf, daß alle Gläubigen gemeinsam sich derselben Richtung zuwandten und so ihre Gebete verrichteten. Anfangs war das Ziel der Gebetsrichtung Jerusalem, erst später die Kaaba in Mekka.

Wie wichtig auch immer für Mohammed die Häuser seiner Frauen gewesen sein mögen, für die Geschichte der islamischen Gemeinde waren Hof und Hallen, der Versammlungsort der Gläubigen, bedeutsamer. In einem von den islamischen Gelehrten der al-Azhar Universität in Kairo sorgfältig begleiteten und bis in alle Details gut geheißenen Film über die Anfänge des Islam, ist auch dem Bau dieses Hauses eine lange Passage gewidmet. Im zweiten Teil des Films dient das Haus als Kulisse für zahlreiche Ereignisse, doch der Ostteil des Hofes mit den Privatgemächern der Ehefrauen bleibt ausgeblendet. Der Film wie die Überlieferungen machen deutlich, daß das Haus Mohammeds nicht ein Vorbild für Wohnhäuser,[42] sondern für die Versammlungshäuser der islamischen Gemeinde, für die Moschee, wurde. Der Familientrakt bleibt im Dunkel einer auf das Allgemeine gerichteten Überlieferung, welche die persönlichen Belange eines Individuums für die offizielle Rede tabuisiert. Die Geschichten über Mohammed wurden erinnert, nicht weil er Ehemann und Vater war, sondern weil er als Prophet die Geschichte einer Gemeinde begründete.

Seine Frauen wurden in erster Linie in ihrer Position als Ehefrauen und Gefährtinnen des Propheten aufgesucht, um sie über Mohammeds Gewohnheiten und die frühen Bräuche zu befragen. Wenn die arabischen Historiker Ehen aus Mekka oder Medina erwähnen, geht es um den politischen Charakter von Allianzen zweier bedeutender Häuser. Nur der Zusammenschluß zweier Familien, nicht das Zusammensein zweier Personen wird in den erhaltenen Schriften erörtert. Zwar könnten wir uns mit Phantasie ein persönlicheres und farbigeres Bild zum medinensischen Alltag ausmalen, wenn wir hören, wie Aischa, die Lieblingsfrau des Propheten, diesen mit einer seiner Offenbarungen besänftigt, als er beim Flicken einer Ledersandale ungeduldig und wütend wird. Doch die Geschichte selbst wird überliefert, weil sie die besondere Nähe Aischas zum Propheten betonen soll, um alle auf sie zurückgehenden Überlieferungen in dem Licht der Wahrheit leuchten zu lassen.[43]

Ansonsten schauen weder die alten Überlieferungen noch der moderne Film in diesen persönlichen Bereich des Propheten, in seinem *ḥarīm*. Wie jede Ehe zwei Seiten hat, eine offizielle, über die man redet, und eine inoffizielle, über die man nur zu Hause spricht, hat das Haus zwei Bereiche: einen *maǧlis* oder *muḍīf* für die offizielle Rede und einen *ḥarīm* für das persönliche Gespräch.

Mit Bedacht vermeide ich es, diese Bereiche als private und öffentliche zu charakterisieren, oder sie den beiden Geschlechtern zuzuordnen. In derart einfachen Oppositionspaaren wird nicht gedacht und nicht gelebt, denn Mann und Frau haben sowohl Anteil am privaten als auch am öffentlichen Leben.

Allgemein scheidet jedes Wohnhaus die Familie von der Gemeinde, auch das Haus Mohammeds in Medina. Als Individuen erscheinen die Menschen „häuslich", als Personen in ihren verschiedenen Positionen „gemeinschaftlich". Die eine Seite des Lebens „bleibt in der Familie", die andere Seite wird in der Gemeinde besprochen, erinnert und überliefert. Der den Blikken entzogene Teil eines Hauses wird aus der offiziellen Rede ausgeklammert, der andere, allgemein zugängliche Teil dagegen wird zum Ort der Darstellung und Repräsentation, d. h., zum Ort der offiziellen Rede.

Im Haus Mohammeds waren dies Hof und Hallen, die das Vorbild für Moscheen lieferten. Man darf vermuten, daß diesem Areal bereits zur Zeit des Propheten etwas Sakrales anhaftete. Jedoch seine Gegenwart allein kann dafür nicht ausschlaggebend gewesen sein, da er ebenso im Ostteil des Hofes bei seinen Frauen weilte, und diese Häuser dennoch, wie wir erfahren haben, abgerissen und nicht in das Konzept einer Moschee aufgenommen wurden.

Offensichtlich waren die Mitglieder der Gemeinde ebenso wie ihr Oberhaupt an der Schaffung und Wahrung des sakralen Charakters des Ortes beteiligt. Im Hof und in den Hallen trafen sich *alle* Mitglieder zu *gemeinsamen* Beschlüssen und *kollektivem* Gebet: Der gleiche Satz, von allen Anwesenden zur gleichen Zeit mit denselben Bewegungen in dieselbe Richtung gesprochen, potenziert den Beschluß zur Einheit in ein dominantes Gefühl: Über der Vielfalt der Gläubigen steht die Einheit der Gemeinde.

M. Mauss[44] untersucht in einer vergleichenden Studie die Wirksamkeit von Ritualen und findet in der Wiederholung einer am selben Ort und zur selben Zeit von allen gemeinsam ausgeführten Handlung, die nicht praktische und offensichtlich zweckorientierte Ziele verfolgt, das entscheidende, Sakralität stiftende Moment. Diese aus einer Potenzierung erwachsene Sakralität wirkt fortan auch geteilt in den einzelnen Elementen weiter und verleiht dem Ort, der Zeit und der Handlung letztlich selbst sakralen Charakter. Genau das ereignete sich im Hof Mohammeds und ereignet sich nach wie vor in den Versammlungshäusern der Marsch-Bewohner.

Ein Beispiel

Gebaut von den Mitgliedern einer Gruppe, bezahlt von ihrem Repräsentanten, der wiederum auf Abgaben und Arbeitsleistungen seiner Gruppe zurückgreift, ist ein Versammlungshaus für alle geöffnet und stellt den repräsentativen Mittelpunkt des gemeinschaftlichen Lebens dar.

Man trifft sich morgens vor der Arbeit, am Nachmittag oder am Abend zum Kaffee und redet über das, was alle angeht: Reispreise, Tierkrankheiten, anstehende Heiraten, Fehden mit Nachbarn und Verbrechen. Hat ein Mitglied der Abstammungsgruppe einen Fremden verletzt oder gar getötet, trägt die Gemeinschaft die Verantwortung für die Regelung des Falles. Ein derartiges Ereignis wird nicht als ein Problem zweier Individuen, Täter und Opfer, angesehen, über das eine äußere Instanz, etwa der Staat, zu Gericht sitzt, sondern es wird wie die Heiraten zu einer Angelegenheit zweier Abstammungsgruppen. Zahlreiche Bestrebungen zielen darauf ab, die direkte Vergeltung für vergossenes Blut zu verhindern, denn jeder nahe Verwandte eines Getöteten hätte die Pflicht, einen nahen Verwandten des Täters zu töten, um den Ausgleich herzustellen. Vielmehr bemüht man sich, diese Form der Vergeltung mit Verhandlungen aufzuhalten und Ersatzkompensationen auszuhandeln, damit sich die beiden Gruppen nicht gegenseitig vernichten. Der Fall wird im eigenen Versammlungshaus beredet bis ein Konsens über das weitere Vorgehen erreicht ist. Die Abschlußverhandlungen zwischen beiden Parteien finden meist an einem neutralen, geschützten Ort statt, im *muḍif* eines von beiden akzeptierten Scheichs.

Nur gelegentlich einigt man sich auf einen Geldbetrag als Kompensation, denn, so argumentieren die meisten Marsch-Bewohner, da Leben ausgelöscht worden ist, soll mit Leben bezahlt werden: Junge Mädchen aus der Gruppe des Täters werden durch Los bestimmt und den Söhnen der geschädigten Familie als Frau überlassen. Haben sie dort Söhne geboren, und so den Verlust ausgeglichen, dürfen sie in ihre eigene Abstammungsgruppe zurückkehren.

Im Versammlungshaus werden gruppeninterne wie gruppenübergreifende Vergehen verhandelt und alle Beziehungen nach innen und außen geregelt. Dieser ordnungsschaffenden Funktion entspricht ein angemessenes Verhalten der Besucher. Hier darf weder laut gesprochen, noch gestritten und schon gar nicht gekämpft werden. Man ist ordentlich gekleidet und sitzt der sozialen Ordnung entsprechend. Die eigene Ehre und die Ehre der Abstammungsgruppe bestimmen das Verhalten und die Selbstdarstellung der Anwesenden.[45]

„Der Besitz eines Mudhif verleiht Prestige"[46] ist eine in dieser oder ähnlicher Weise betonte Schlußfolgerung europäischer Autoren. Genau genommen, erweist sich diese Aussage als falsch, denn wie bereits das Beispiel eines Neureichen bewies, der für den Versuch, mit dem Bau eines *muḍīf* aus Geld Prestige zu schlagen, bestraft wurde, ist Prestige die ausschlaggebende Bedingung, unter welcher ein *muḍīf* gebaut und benutzt werden darf, und nicht das Ergebnis.

Als eine wichtige Referenz zum Verständnis der arabischen Gesellschaft gilt Ibn Khaldun (1332–1406), und es empfiehlt sich, ihn gerade in ideologischen Angelegenheiten zu konsultieren. In zahlreichen Absätzen seiner sechsbändigen *Einleitung* zur Geschichte stellt er einige Thesen auf, die das System der Abstammungsgruppen, *al-bait*, betreffen: Für die gegenwärtige Bedeutung eines Hauses seien die Vorfahren ebenso wichtig wie ein wirksames Zusammengehörigkeitsgefühl, *al-ʿasabiya*, aller lebenden Mitglieder. Diese zum gemeinsamen Handeln antreibende Kraft sei ohne Vorfahren allerdings nicht vorhanden. Wann immer Leute, die sich zwar auf eine Reihe von gemeinsamen Vorfahren berufen können, aber keine *ʿasabiya* praktizieren, behaupten, sie hätten ein *Haus*, nennt Ibn Khaldun das *dummes Geschwätz, haḍayān*. Und so kann nach Ibn Khaldun nur derjenige über Prestige verfügen, der in dem von ihm beschriebenen Sinne zu einem Haus gehört. *Prestige, ḥisb, ist in seiner eigentlichen Bedeutung an Abstammung gebunden.* Er attackiert alle, die schon vor oder zu seiner Zeit lockerer mit dem Begriff *ḥisb*, Prestige, umgehen.[47] Seine These findet sich als Moral in der Geschichte vom neureichen Marsch-Bewohner wieder: ohne Abstammung kein Prestige – ohne Prestige kein *muḍīf*.

Ein Scheich, dessen Prestige durch Abstammung gesichert und durch den Zusammenhalt seiner Gruppe gestärkt ist, unterhält mit Fug und Recht ein *muḍīf;* sollte er aber aufgrund besonderer Vorkommnisse seine Ehre in Frage gestellt sehen, schließt er sein Versammlungshaus. Erst nachdem seine Ehre wieder hergestellt ist, werden die zum Zeichen des Ehrverlustes auf den Kopf gestellten Kaffeekannen wieder umgedreht, und die Besucher kehren zurück. Einem Scheich, der von den Mitgliedern seiner Gruppe, aus welchem Grund auch immer, nicht länger anerkannt wird, nützt das prächtigste *muḍīf* nichts, denn die Leute bleiben weg und treffen sich an einem anderen Ort. Sein Versammlungshaus wird sinnlos, da er die Unterstützung seiner Gruppe verloren hat und damit, nach Ibn Khaldun, einen der beiden Grundpfeiler eines wirksamen Hauses.

Das Versammlungshaus ist also nicht die Ursache von Prestige, sondern dessen Wirkung. Prestige kann man nicht erwerben, wohl aber erben, und wie jedes Erbgut vermehren oder verlieren. Für den Bau eines *muḍīf* bedarf es eines besonderen Reichtums, der die notwendige Grundlage dazu verschafft: Eines genealogischen Reichtums, d. h. einer Anzahl bekannter Vorfahren. Auch mit der Ausübung von Gastfreundschaft ist kein Prestige zu gewinnen, denn einerseits erfüllt man damit nur eine Pflicht, und andererseits kommen die Gäste nur zu dem, der ein *muḍīf* hat und damit bereits über Prestige verfügt. Ein *muḍīf* zu bauen, zu unterhalten und zu besuchen, sind Handlungen der Ehre, denn die unterliegt tatsächlich der eigenen Anstrengung.

Hat jemand seine Ehre durch Handlungen dritter verloren, oder ist sie verletzt, geht er in das *muḍīf* und bittet an diesem Ort, der mit der Kraft des Kollektivs aufgeladen ist und die Immunität der Person garantiert, um Beistand.

Wenn jemand entgegen der vorgeschriebenen Etikette barhäuptig in das Versammlungshaus kommt, wird dies von allen Anwesenden als ein Zeichen sozialer Unordnung verstanden. Offensichtlich ist die Ehre dieses Mannes in Gefahr. Da die Ehrbeschneidung eines Mitgliedes auch die Ehre seines Kollektivs berührt, gehört sein Problem in die Kompetenz seiner Abstammungsgruppe.

Hilflosigkeit in persönlichen Angelegenheiten kann zwar nicht von den anderen behoben werden, doch sollten sie darum wissen. In diesem Fall wendet sich der Hilfesuchende an die Vorfahren der Abstammungsgruppe, er legt die Hand an den zu seiner Familie gehörenden Pfosten, nimmt sein Kopftuch ab und bittet still, doch für alle sichtbar, um die Erfüllung seines persönlichen Wunsches. In beiden Fällen zeigt der barhäuptig Eingetretene seine Schwäche in der Hoffnung auf die Kraft des gegenwärtigen wie vergangenen Kollektivs.

Über viele Jahrhunderte trafen sich die Männer in ihren Versammlungshäusern; alle für die Marsch-Bewohner existentiellen Fragen wurden dort besprochen und beschlossen. Doch eines Tages erreichte sie das Grauen eines Krieges. Das traditionelle Rückzugsgebiet der Sümpfe wurde zu einer tödlichen Sackgasse. Ihre Bewohner, seit Jahrhunderten daran gewöhnt, an der Peripherie großer Staaten unter härtesten Bedingungen um das tägliche Überleben zu kämpfen, standen wie zufällig im Zentrum des Kriegsschauplatzes zweier Länder. Die sinnlose Aggressivität der Politiker zerstörte ihre Hütten, verbrannte ihr Schilf, vergiftete ihr Wasser und tötete ihre Gemeinschaft.

Bauen in Stein

Ist das Zweistromland das klassische Lehmbaugebiet und sind die südirakischen Sümpfe das einzig großflächige Schilfbaugebiet, so finden sich reine
Steinbauten mehr im Westen der arabischen Halbinsel, in den Bergen und
in den an natürliche Steinvorkommen angrenzenden Gebiete. Anders als
Holz wurde Stein als Baumaterial nur selten in größerem Umfang und über
weite Distanzen transportiert. An vielen Orten werden alle drei Werkstoffe
– Stein, Erde und Holz – in unterschiedlichen Kombinationen verwendet.

Auf dem Land

Ursprünglich waren die großzügigen Häuser wohlhabender Landbesitzer in
den Bergen des Libanon aus Kalkstein und hatten ein Flachdach aus Lehm.
Erst Anfang des 19. Jahrhunderts wurden pyramidenförmige Dächer aufge-
stockt, die mit roten, aus Marseille importierten Ziegeln gedeckt waren.
Diese Dachform, die später als typisch libanesisch gelten sollte, entstand in
der Folge der um 1800 zunehmenden Handelsbeziehungen zwischen der
Levante und anderen Mittelmeerländern.[48] Vermutlich richteten sich zuerst
die Händler der Küstenebene nach dem europäischen Vorbild, was dann
von den Bewohnern der Berge kopiert wurde.

In der Küstenebene waren die Stadthäuser und Landsitze der wohlhabenden Bürger reine Wohnhäuser, für die eine zentrale, repräsentative Halle
charakteristisch ist. Selbst wenn im unteren Geschoß Läden mit eigenen
Zugängen benutzt wurden, tangierte dies die Hauptfunktion der Häuser
nur unwesentlich. Die Herrenhäuser in den Bergen unterscheiden sich von
den Stadthäusern nicht unbedingt formal; auch hier finden sich Zentralhal-
lenhäuser neben solchen mit einem offenen Innenhof und luftigen Iwanen
und Häusern mit einer nach außen geöffneten Galerie und hohen dunklen
Räumen zu ebener Erde. Jedoch haben sie eine andere Funktion: Sie werden als Wohnhaus einer Familie, als repräsentativer Ort des Hausherrn und
darüber hinaus auch im Rahmen der Landwirtschaft genutzt (Abb. 34.1
und 2).

Auch außerhalb des Libanon belegen zahllose Beispiele die Abhängigkeit
der gewählten Hausform von der Wirtschaftsweise ihrer Bewohner, die
Übernahme fremder Einflüsse und das Vorhandensein unterschiedlicher
Typen auf relativ engem Raum, ein Phänomen, welches in bergigen Regio-

nen häufiger anzutreffen ist als in den Ebenen und Flußtälern. Zur Erklärung der Unterschiede genügt es nicht, auf die oft zitierten Faktoren –
Klima, Baumaterial und Wirtschaftsweise – hinzuweisen, denen die Häuser
ohne Frage angepaßt sind; „ein solcher Zusammenhang ist so selbstverständlich, daß er für die Wissenschaft irgendwie uninteressant wird", formuliert E. Wirth 1955 etwas überspitzt. Seine am ländlichen Haus im Irak
gemachte Beobachtung, daß trotz der Anpassung aller Häuser an äußere
Bedingungen genügend Spielraum für auffallende Stileigenheiten bleibt,[49]
läßt sich jedoch verallgemeinern. Die Kreation eigenständiger Typen entspricht in den einzelnen Regionen ebenso dem Wunsch nach identifizierba-
rer Abgrenzung wie der Wahrung einer zuweilen von Tal zu Tal eigenstän-
digen Tradition.

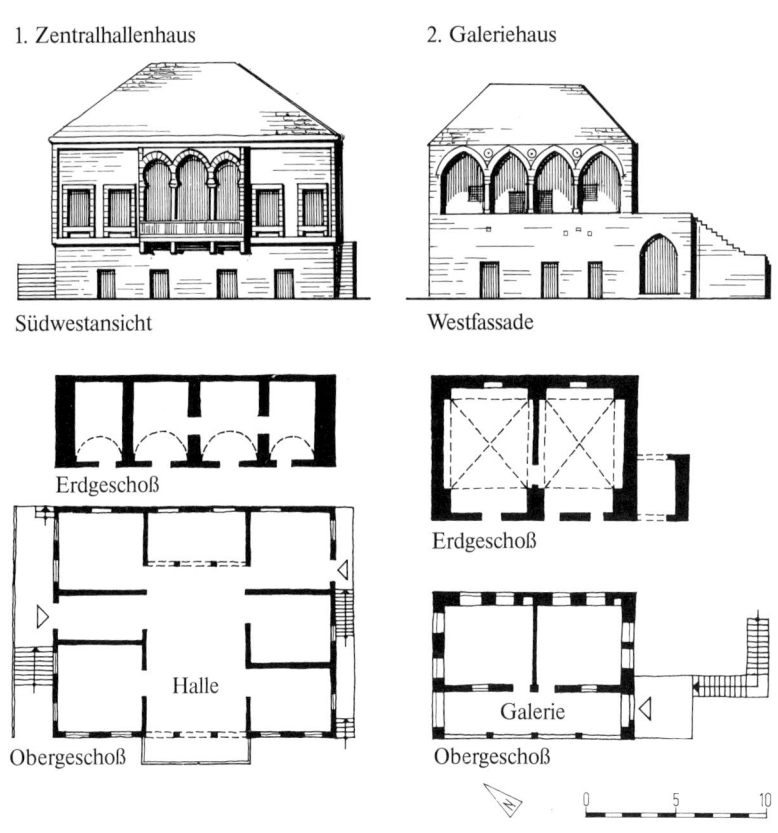

1. Zentralhallenhaus   2. Galeriehaus

Südwestansicht   Westfassade

Erdgeschoß   Erdgeschoß

Halle   Galerie

Obergeschoß   Obergeschoß

34. Typische Häuser im Libanon

Im Hinterland der nord-yemenitischen Provinzhauptstadt Saada existieren fast ebenso viele Lokaltraditionen wie abgeschlossene Bergregionen, die nicht selten dieselben Namen tragen wie die dort ansässigen Stämme.[50] Die Bewohner dieser Täler und Abhänge gehen mehr oder weniger derselben Arbeit nach; sie pflanzen auf Bergterrassen Kaffee, manchmal Getreide, Bananen, die im Yemen von vielen konsumierte Droge Qat und Obst; sie legen ihre Siedlungen nach einem ähnlichen Muster an und teilen alle wesentlichen sozialen Bräuche. Dennoch hat sich wie in den beiden benachbarten Regionen, am Munabbih- und am Razih-Berg, ein jeweils eigener Wohnhaustyp herausgebildet (Abb. 35.1 und 2).

Das Haus am abgelegenen und kaum zu erreichenden Munabbih-Berg ist aus trocken verlegtem, roh behauenem Schiefer gebaut und mit weißen Ziersteinen geschmückt, während etwas weiter südlich am Razih-Berg mit einem hellgrauen, granitartigen Stein gebaut wird. Doch die Verwendung verschiedener Steinarten vermag bestenfalls einen ästhetischen nicht aber den formalen Unterschied zu begründen.

Bis vor kurzem war bei fast allen Häusern im yemenitischen Hochland die Möglichkeit zur Verteidigung eine wichtige Bauaufgabe. Daher liegen die Fenster nur in den oberen Geschossen, und die unteren Öffnungen der Luftlöcher und Schießscharten sind nichts mehr als schmale Schlitze. Daß die Häuser der Munabbih wehrhafter sind, oder zumindest so aussehen, hängt nicht von einer tatsächlich stärkeren Bedrohung ab, sondern eher von ihrer subjektiven Einschätzung, denn auch die Siedlungen am Razih-Berg mußten sich ebenso wie die anderen Orte des yemenitischen Hochlandes gegen die immer wieder ausbrechenden Stammesfehden schützen, und gerade das Gebiet der Razih war „sowohl in der Türkenzeit als auch während des Bürgerkrieges heftig umkämpft".[51] Dennoch sind ihre Häuser weniger trutzig als die der Munabbih.

Die Leute am Munabbih-Berg, die mehr für Subsistenz und eigene Vorratshaltung als für den Warentausch wirtschaften, bauen ihre Häuser hauptsächlich mit Hilfe ihrer Verwandten. Nur für die Holzarbeiten an Fenstern, Türen und Decken beschäftigen sie Spezialisten im Dorf, die „alle Holzelemente für das Haus herstellen und zusammensetzen. Das dazu benötigte Holz muß vom Auftraggeber bereitgestellt werden. Der Tischler ist Stammesmitglied, immer auch Bauer",[52] und unterscheidet sich von den sogenannten Meistern in den Dörfern des Euphrattales dadurch, daß er mehr Werkzeuge benötigt und ein größeres technisches Wissen hat.

Die Razih hingegen, die mit ihren landwirtschaftlichen Produkten stärker markt- und damit tauschorientiert sind, praktizieren auch beim Hausbau eine entwickeltere Arbeitsteilung. Neben den Holzarbeiten überlassen sie die Arbeiten im Steinbruch, den Transport des Materials und die Überwachung des Bauens jeweiligen Spezialisten, die, anders als die mithelfenden Verwandten, entlohnt werden müssen.

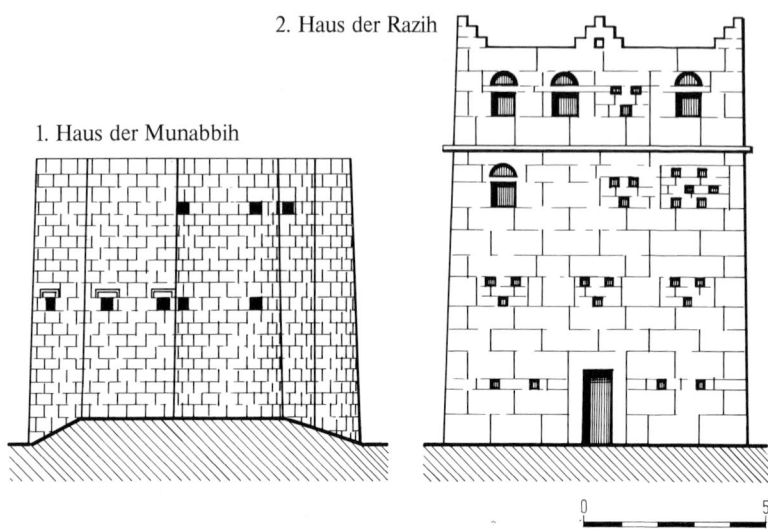

2. Haus der Razih

1. Haus der Munabbih

0   5

35. *Typische Häuser in Nordyemen*

Die Munabbih-Berge sind schwerer zugänglich als die Razih-Berge, sie sind geschützter aber auch abgeschlossener, und die Munabbih bleiben eher unter sich. Die Razih-Berge waren schon früh ein Durchgangsgebiet, weniger geschützt aber offen, und die Razih pflegen Marktbeziehungen mit denen, die zu ihnen kommen, und mit jenen, die in anderen Tälern leben. Die Tatsache, daß die Munabbih mehr zur familialen Autonomie neigen und die Razih zu erweitertem Austausch, findet in der stärkeren oder schwächeren Wehrhaftigkeit ihrer Häuser einen formalen Ausdruck.

Bisher sind zwei Formen der Arbeitsteilung, die auch beim Hausbau wirken, genauer beschrieben worden: Die eine betrifft die Aufteilung der Arbeiten unter den Geschlechtern, die andere unter den Mitgliedern einer überschaubaren, kleinen Gemeinschaft. Der soziale Rahmen, in welchem die Arbeiten verteilt und die Mitarbeit anderer verlangt werden können, ist die patrilaterale Familie. Freunde und durch eigene Dienste zur Gegenleistung verpflichtete Bekannte kommen hinzu. Die Gewißheit, daß jeder Dienst zurückerstattet wird, hält die Bereitschaft zu gegenseitiger Hilfe wach.

Die kollektive Arbeitsteilung, wie wir sie am Bau des Versammlungshauses der Marsch-Bewohner sahen, ist eine Spielart der verwandtschaftlichen Arbeitsteilung. Auf dem Dorf gehören die Spezialisten nicht unbedingt zu derselben Abstammungsgruppe wie ihre Auftraggeber, doch gehen sie für gewöhnlich derselben Tätigkeit wie die anderen Dorfbewohner nach.

In der Stadt

Anders verhält es sich in der Stadt, wo die Spezialisierungen zu Berufen geworden sind. Mit der folgenden Beschreibung eines Bauvorgangs in der Stadt sind dann alle Möglichkeiten des traditionellen Bauens, d. h. der Eigenbau, Bauen mit verwandtschaftlicher Hilfe und mit Gelegenheitsspezialisten sowie das Bauhandwerk als Beruf, systematisch erfaßt.

Die gesellschaftliche „Arbeitsteilung ist in ganz direktem Sinn Voraussetzung und Grundlage einer städtischen Wirklichkeit".[53] Mit den verschiedenen Berufszugehörigkeiten gehen oft auch Unterschiede in Vermögen, Status und Alltagsgewohnheiten einher. Unterschiedliche Herkunft kann die Bewohner ebenso voneinander trennen, wie ihre Religionszugehörigkeit, während Nachbarschaft derart verpflichtend sein kann, daß über zwei, drei Generationen Gruppen mit einer eigenen Identität entstehen, so daß man sich fragen muß, auf welchem Wege sich jene Gemeinsamkeiten einstellen, die eine Stadt von der anderen unterscheiden. Die Darstellung eines Hausbaus veranschaulicht einen dieser Vorgänge, bei welchem Mitglieder der verschiedenen städtischen Gruppen in unterschiedlichem Maße gemeinsam handeln.

Praktisch hat die Familie des Bauherrn nur noch geringen Anteil am Bauprozess selbst; sie sorgt für Geld- und Materialbeschaffung, wobei persönliche Beziehungen der einzelnen Familienmitglieder allerdings eine entscheidende Rolle spielen.

In den meisten Fällen überträgt der Bauherr die Bauleitung einem Meister, der jetzt ein wirklicher Baumeister ist: Es ist seit langem sein Beruf, und oft ist er sogar Vorsteher einer gildenähnlichen Organisation der Bauleute.

Nachdem der Bauherr seinen Meister, *mu'allim,* gefunden hat, gehen die beiden zum Bauplatz. Der Meister zeichnet eine Variation des vorherrschenden Haustyps in kleinem Maßstab auf den Boden, und beide legen Größe, Eingänge, Anzahl der Räume und Stockwerke fest, was sich in erster Linie nach den finanziellen Möglichkeiten des Hausherrn bemißt. Das Anwerben und spätere Auszahlen der Arbeiter übernimmt der *mu'allim,* sobald der Bauherr den Kostenvoranschlag gebilligt hat. Bei größeren Vorhaben wird unter Zeugen ein Vertrag zwischen den beiden Parteien aufgesetzt.

Meister und Handwerker sichern sich gegen frühzeitige Entlassung und ungerechte Behandlung auf verschiedene Weise ab: In Gilden zusammengeschlossene Handwerker im Hadramaut übernehmen keine von einem Kollegen begonnene Arbeit, wenn dieser nicht ordentlich entlohnt und eine Extra-Gabe, eine Art Ausfallshonorar, vom Bauherrn erhalten hat.[54] Meister können nicht einfach ersetzt werden, da sie allein den Entwurf kennen, und es keine gezeichneten Baupläne gibt. Ein großes Geheimnis bleibt zuweilen die Anlage der Treppenhäuser: „Man sagt, daß ein Meister die Anordnung der Treppen, die mal hier, mal da auf den verschiedenen Etagen verteilt sein konnten, unter keinen Umständen preisgab, damit er nicht vor Fertigstellung des Hauses entlassen werden konnte. Um sicher zu stellen, daß das Haus von niemandem in seiner Abwesenheit weitergebaut werde, bemühte er sich um unerwartete Plazierung der einzelnen Treppen, die aus demselben Grunde zuletzt eingebaut wurden."[55]

Zwar hat jeder Bauherr die Möglichkeit, seine Beschwerden dem Marktaufseher, *muḥtasib,*[56] vorzutragen, der auf die Einhaltung geltender Bauschriften achtet und im Streitfall zwischen den Parteien entscheiden muß, doch zeigt eine ehemals in Jerusalem populäre Anekdote, daß die Bauherrn sich den Baumeistern letztlich ausgeliefert fühlen:

Einst stellte ein qāḍī, ein Richter, für den Bau seines Hauses einen Baumeister ein. Tag für Tag wuchsen die Ausgaben, bis die vereinbarte Summe um ein Erkleckliches überschritten war. Jeden Tag kam der muʿallim und stellte beim qāḍī neue Forderungen wegen unvorhergesehener Ausgaben. Nachdem die Arbeit beendet war, nahm der Richter die Werkzeuge des Meisters mit in das Gericht und wickelte sie in ein Tuch. Jeder, der einen Fall vorzutragen hatte, mußte nun zunächst auf den Koran und dann mit folgender Formel auf die verdeckten Werkzeuge schwören: „Bei Gott, mögen diese Dinge mein Haus betreten, wenn ich nicht die Wahrheit spreche!" Und bitter fügte der Richter hinzu: „Sieh dich vor! Unter dem Tuch lauert der Untergang deines Hauses."[57]

Vom Fundament bis zum Dach, von den festeingebauten Einrichtungen, über Türen und Fenster bis hin zur Dekoration, arbeiten spezielle Handwerker am Bau. Von regionalen Besonderheiten abgesehen, gilt ganz allgemein die Regel, daß Handwerker nur auf jeweils eine Arbeit spezialisiert sein sollten: *Wer zwei Handwerke betreibt, der lügt!* sagen die Handwerker aus Sanaa.[58] Tatsächlich können die Spezialisierungen soweit getrieben werden, daß es nicht nur Maurer und Putzer gibt, sondern für das Verputzen der Außenwände andere Arbeiter eingestellt werden als für die Innenwände.

Viele Handwerker haben sich gildenartig zusammengeschlossen; bilden eigene Nachbarschaften, sind miteinander verwandt oder gehören zu einer gesonderten Religionsgemeinschaft. Einer historischen Untersuchung über syrische Städte zufolge[59] waren Maurer in Damaskus und Aleppo Christen, in Hama Juden; Steinmetze in Damaskus waren Christen aus dem nahegelegenen Hauran-Gebirge, wo die Steine für die Bauten von Damaskus gebrochen wurden. Juden waren im yemenitischen Hochland die berühmtesten Baumeister, und im Hadramaut waren bestimmte Arbeiten das Monopol von Angehörigen einzelner Abstammungsgruppen.

36. *In den Steinbrüchen an der Südküste Omans*

Berücksichtigt man, daß selbst Männer, die keinem Handwerk nachgehen, wie die *sāda* (pl. von *sayyid*), Mitglieder der großen Familie von Prophetennachfahren, am Bauprozeß beteiligt sind, indem sie bei verschiedenen Hausopfern ihren Segen geben, ergibt die soziologische Analyse eine überraschende Situation: Unter der Voraussetzung, daß der einzelne Handwerker stets als Angehöriger seiner sozialen Gruppe gesehen wird, sind von der Materialbeschaffung über die Ausfertigung bis hin zum letzten Segen fast alle Gruppen der Stadt durch eines ihrer Mitglieder beim Bau eines Hauses vertreten. Das Zusammenwirken aller bestimmt auf diese Weise den Stil ihrer Stadt.

Wie die oben angeführten Beispiele aus Libanon, Syrien und Yemen zeigen, läßt sich „Bauen in Stein" in Hinblick auf die Bautechnologie nicht allgemein darstellen. Zur Veranschaulichung der verschiedenen Themen wird daher ein Beispiel ausgewählt, für das nicht mehr als eine persönliche Vorliebe spricht:

In Salala, einem kleinen Ort an der Südküste Omans, lebten Weihrauchhändler, Plantagenbesitzer und Fischer. Der Kontakt zum Hinterland, aus dem der Weihrauch kam, beruhte weitgehend auf einer gemeinsamen Stammeszugehörigkeit. Außerdem waren diese Händler in das weitreichende Handelsnetz der Orte am Indischen Ozean eingebunden. Ihre Häuser bauten sie aus Kalkgestein, Holz und Lehm, wobei für jedes Material wie für jedes Bauelement eigene Spezialisten zuständig waren.

Die Steinhauer, die entlang der Küste Gruben in den weichen Muschelkalk schlugen, waren freigelassene Sklaven oder ihre Nachfahren[60] (Abb. 36). Sie arbeiteten einzeln oder in Gruppen, doch verkaufte jeder die Produkte seiner Tagesarbeit auf eigene Rechnung an einen Bauherrn, der die gewünschte Menge an behauenen und rohen Steinen in Auftrag gegeben hatte. Für den Bau eines Hauses wurden mehrere Hundert langrechteckiger Steine benötigt, jedoch konnte ein Mann mit seinen relativ einfachen Werkzeugen – Brechstange, Meißel und Hammer – kaum mehr als dreißig Quader an einem Tag herstellen. Hatten die Arbeiter ausreichend Quader auf Vorrat geschichtet und lagen keine weiteren Aufträge vor, gingen sie fischen, um ihren Lebensunterhalt zu verdienen. Sie selbst wohnten in luftigen Häusern, die aus Palmstämmen, Ästen und Zweigen errichtet waren.

Der gewachsene Boden steht in diesem Küstenstreifen dicht unter der Erdoberfläche an, so daß die Fundamentgräben flach bleiben. Im Erdgeschoß sind die Mauern fast 1 m dick und verjüngen sich nach oben um etwa ein Drittel auf 60 cm. Rechtwinklig behauene Steine verstärken den Sockel, die Ecken und Laibungen von Maueröffnungen und dienen, in bestimmten Höhenabständen in das aufsteigende Mauerwerk eingefügt, dazu, die Mauerfluchten einzuhalten. Um die Lagen des Füllmaterials aus groben, unregelmäßigen Steinen im Lehmmörtel auszugleichen und zu festigen, wurden in großen Abständen Ringanker aus aneinandergeschnürten Harthölzern aufgelegt (Abb. 37).

Als Balken der Zwischenböden und des Daches wurden importierte Hölzer oder Palmstämme aus den Küstenoasen verwendet, von denen einige in den ehemaligen Steingruben gewachsen waren, nachdem diese mit Abfall und Erde zugeschüttet und anschließend mit Palmsetzlingen bepflanzt worden waren.[61] Dieses Vorgehen kennzeichnet einen häufig zu beobachtenden ökologischen Zyklus im traditionellen Produktionsprozeß: Geleitet

vom Gedanken an die Familie, der von einer weit zurückreichenden Genealogie ausgehend auf eine ebenso weit in die Zukunft reichende Linie von
Nachfahren hofft, wird auch beim Abbau der Ressourcen langfristig geplant. Der Wunsch Söhne zu haben, die wieder Söhne mit demselben Familiennamen haben werden, ist eine Verpflichtung: Man denkt an die Bedürfnisse der Nachkommen und sorgt vor.

Dieser Kreislauf vom Abbau eines Baumaterials und dem Anbau eines
anderen an seiner Stelle war räumlich begrenzt und zeitlich ausgedehnt, da
Palmen viele Jahre brauchen, ehe sie die für Balken passende Höhe erreicht
haben. Doch auch der Rhythmus, in dem Häuser gebaut wurden, war lang-
sam, und ein nie abgeschlossener städtischer Bauprozeß, immerwährender
Verfall und Neubau prägte das Bild dieser Orte. Hatte ein Mann sein Haus
gebaut und die Grube, aus der die Steine gebrochen worden waren, in einen
Palmengarten verwandelt, waren frühestens seine Söhne die nächsten Bauherren – und dann waren auch die Palmen hoch genug. Außerdem wurden
Balken und Steine von verfallenen Häusern weiter verwendet, so daß sich
der Bedarf an den beiden wertvollsten Baumaterialien in Grenzen hielt.

Heute, da es aufgrund politischer Ereignisse einen enormen Zuzug von
neuen Bewohnern in Salala gibt, herrscht großer Mangel an Baumaterial,

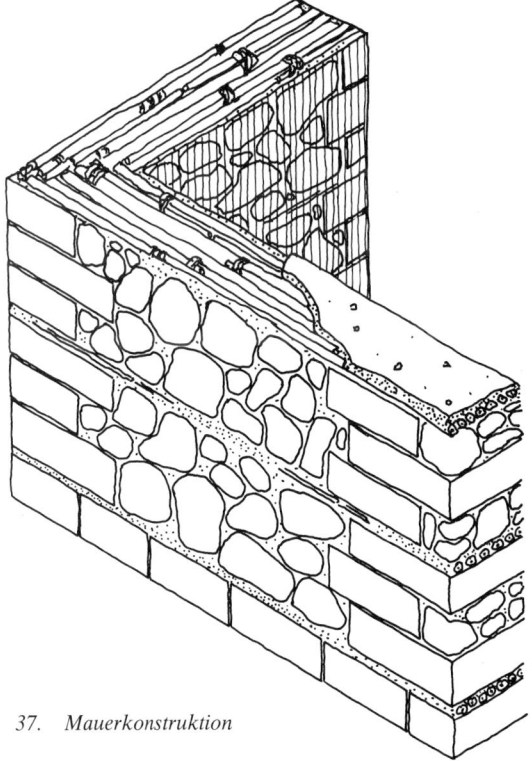

37. *Mauerkonstruktion*

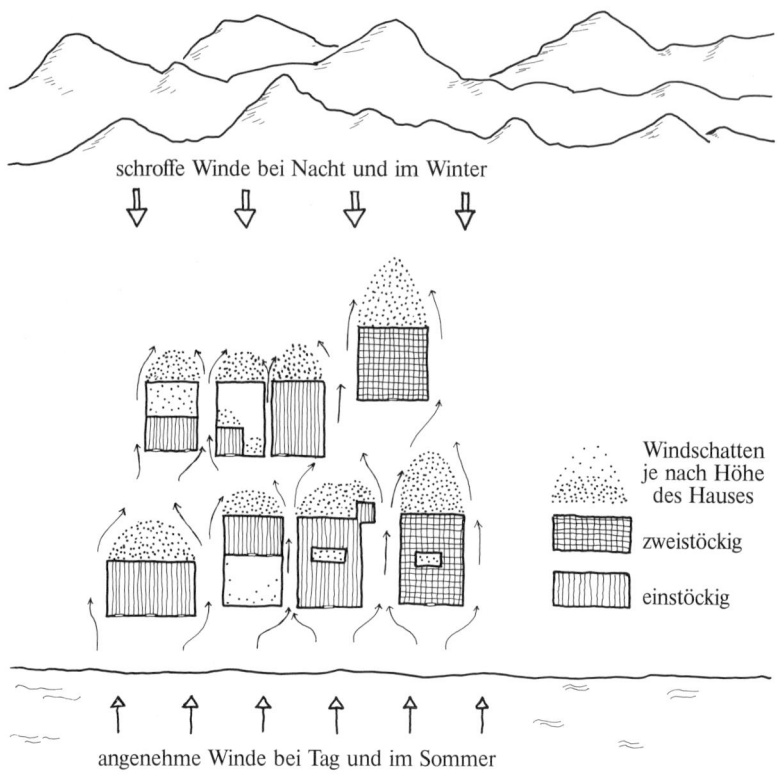

schroffe Winde bei Nacht und im Winter

Windschatten
je nach Höhe
des Hauses

zweistöckig

einstöckig

angenehme Winde bei Tag und im Sommer

38. *Die Richtung der Häuser und der Winde*

der offensichtlich nicht länger auf traditionelle Art gedeckt werden kann und mit modernen, zum Teil importierten Materialien kompensiert wird. Das führt zu zahlreichen Experimenten, die neue Hausformen hervorbringen. Da die Neusiedler, die zum großen Teil Stammesmitglieder und Viehzüchter aus dem Hinterland sind, nicht wissen, ob ihr neuer Wohnort vorübergehend oder endgültig sein wird, vermeiden sie es, ihre geringen Geldeinkünfte in teure Baumaterialien und den Bau eines soliden Hauses zu investieren. Und so besteht der Hauptmangel ihrer flüchtig gebauten Häuser in der schlechten Isolation der dünnen Hauswände.[62] Die ehemaligen Bewohner der Stadt, deren Väter schon Bürger des Ortes waren und deren Kinder es bleiben sollten, bauten feste Häuser mit dicken Mauern.

Die dicken Wände aus porösem Muschelkalk garantieren eine gute Isolation, die zusammen mit technologischen Kunstgriffen die Beschwernisse des extremen Küstenklimas lindern. Es ist heiß und feucht, und die Luft ist salzhaltig. Tagsüber kommt der Wind vom Meer, nachts von den Bergen. Im Mai setzen die Monsumwinde ein und wühlen das Meer auf: die Luft

39. Ein Haus in Salala, Oman

kühlt dabei ein wenig ab, und eine angenehme Brise, die es einzufangen gilt, kommt auf. Im Winter treiben starke Winde, die es dagegen abzuhalten gilt, Kälte und Staub von den Bergen in die Ebene. Diesen beiden entgegengesetzten Richtungen angenehmer und unangenehmer Winde entspricht die Lage der Häuser, deren Fronten sich gegen die Berge schließen und nach Süden öffnen (Abb. 38).

Ein ummauerter Hof vor der Eingangsseite bricht den Wind und verteilt ihn gleichmäßig über die breite Front. Damit jedes Haus im Ort von den Südwinden profitiert, stehen sie in einigem Abstand voneinander und lassen eine Art Windpassage zwischen sich frei. Aus demselben Grund sollte hinter jedem Haus genügend Raum bleiben, damit die Winde abfallen und erneut abkühlen können.

Viele Hausherrn Salalas waren Weihrauchhändler. Weihrauch, ein empfindliches Gut aus den Bergen, mußte kühl, trocken und wie alle Gewürze dunkel gelagert werden, bis die Monsunwinde für die Schiffahrt günstig waren. Die hohen Lagerräume befanden sich im unteren Stock der Wohnhäuser und wurden nur durch kleine Schlitze unter der Decke, die nur Luft, aber keine Sonne hereinließen, derart belüftet, daß der eintretende kühlere Luftstrom nach unten sackte und die warme Luft nach oben verdrängte (Abb. 39, 40).

40.   Im Empfangsraum eines Hauses von Salala, Oman

Haus und Natur

Nicht nur in Salala, sondern an den meisten Orten ist die Richtung, aus der
die Winde wehen, für die Ausrichtung der Wohnhäuser entscheidend und
nicht Mekka, das eher für die Versammlungshäuser der Gemeinde rich-
tungsweisend ist. Die Natur, genauer gesagt das Verhältnis zur Natur bestimmt also die Anlage der Häuser.

In heißen Gebieten empfiehlt es sich, die Hauptfront so anzulegen, daß
sie den Sonnenstrahlen möglichst gering und den angenehmen Winden
möglichst gut ausgesetzt ist. Doch kommen auch letztere oft aus dem Süden, so daß nach anderen technischen Lösungen gesucht wird. Hassan Fathy, der bekannte ägyptische Architekt, hat zahlreiche Möglichkeiten des
traditionellen Bauens als Anregung für den modernen Architekten in heißen Regionen zusammengetragen.[63] Anders als die Winde, die mit Hilfe
von Windtürmen und Luftschächten und durch ein System verschiedener
Maueröffnungen, wie Fathy sagt, manipulierbar sind und auf diese Weise
gezielt durch große Teile des Hauses gelenkt werden können, lassen sich die
Sonnenstrahlen nicht lenken, ihnen muß man ausweichen. Kleingittrige,
durchbrochene Läden vor den Fensteröffnungen sorgen für eine gleichmä-
ßige Belüftung und Beleuchtung. Die abgekanteten Holzstäbe der ägyptischen *mušrabiyya*-Fenster brechen die Sonnenstrahlen so, daß man beim
Hinausblicken nicht geblendet wird, während scharfkantige in Gips ge-
schnittene Claustren das Licht in härteren Strahlenbündeln einfallen lassen.

Sie werden weit über Augenhöhe am oberen Teil der Wand angebracht werden, so daß niemand geblendet wird, und der Luftzug beim Abfallen weiter abkühlen kann.

Die Fensternischen in den Häusern an der südarabischen Küste bleiben den ganzen Tag über geschlossen und werden nur frühmorgens geöffnet, um den Raum bei hellem Licht zu putzen, und abends, um den Blick über das Meer und den aufkommenden kühlen Wind zu genießen.

In weiter nördlich gelegenen Gebieten unterscheiden sich die beiden Hauptjahreszeiten stärker als im Süden. In Syrien ist es im Winter empfindlich kalt, so daß eine sonnenbeschienene, nach Süden gerichtete Winterfront und eine kühle Sommerfront nach Norden vernünftig ist. Genau darauf sind die großen Stadthäuser und ihre Bewohner, die mit den Jahreszeiten von einem Teil des Hauses in den anderen umziehen, eingestellt. Im traditionellen Aleppiner Haus, zum Beispiel, verbringt man den Sommer in *īwān,* eine nach Norden zum Hof geöffnete hohe Halle, die meist mit kühlenden Steinplatten ausgelegt ist (Abb. 41, 42). Im Winter bevorzugt man einen dem *īwān* gegenüberliegenden, oft mit Holz getäfelten und mit Teppichen ausgelegten Raum. Die Fenster zum Hof sind verschlossen, und erst über Mittag, sobald die Sonne auf die Wand fällt, werden die Fensterläden aufgeschlagen.

41. Die nach Norden geöffnete Hoffassade, Aleppo

42. *Die nach Süden geöffnete Hoffassade, Aleppo*

Auch in Bagdad bestimmen stärkere Klimaunterschiede zwischen Sommer und Winter die Nutzung der Häuser. Hier ziehen die Bewohner nicht
vom Nord- in den Südteil des Hauses, sondern von oben nach unten. Im
Sommer halten sie sich tagsüber unten auf, nachts schlafen sie bevorzugt
auf dem Dach. Als Schattendach spannt man große Tücher über den Hof
und befeuchtet sie mehrmals am Tag, damit sich die Luft aufgrund der
Verdunstung ein wenig abkühlt. Zwischen den Hofräumen und den Räumen im oberen Geschoß besteht selbst bei Sonnenuntergang noch eine

Differenz von 10 bis 15°.[64] Im Winter wohnt und schläft man gewöhnlich in den mehr der Sonne ausgesetzten oberen Geschossen.

Das Aleppiner und das Bagdader Wohnhaus veranschaulichen stellvertretend für andere Beispiele die beiden wesentlichen Lösungen des mit den Jahreszeiten sich verändernden Problems, wie man einmal der Hitze ausweichen und später der Wärme folgen kann.

Jedem Haustyp ist eine spezifische Art eigen, mit den jeweiligen Unbillen der Umwelt umzugehen. Diese technologischen Lösungen bestimmen den Typ ebenso wie formale Elemente und Nutzungsmuster. Für jeden, der sich mehr als nur „ein Dach über dem Kopf" leisten kann, ist die zentrale Anforderung an ein gelungenes Haus, daß es auf optimale Weise den Unterschied zwischen Drinnen und Draußen deutlich werden läßt: Hier kühl – dort heiß; hier angenehmes Halbdunkel – dort gleißende Helligkeit; hier windgeschützt – dort tobende Stürme.

Abd al-Qadr Ayyasch, ein syrischer Heimatkundler dieses Jahrhunderts, zitiert in seiner Schrift *Das Haus im Leben der Araber*, einer Zusammenstellung verstreuter Beobachtungen, Gedanken und Bemerkungen, *eine alte Spruchweisheit: Das Paradies des Menschen auf Erden ist sein Haus.*[65] Neben all dem Überfluß an schönen Dingen, die dem Gläubigen im Paradies verheißen sind, zählt zu den charakteristischen Merkmalen des Paradieses, des immergrünen Gartens, das Ende aller Mängel der Natur: *Und sehen darin weder Sonne noch Kälte.*[66] Im Islam wird jedes Wunder als Negierung der in der Natur waltenden Regeln betrachtet, so daß die Natur mit ihren regelhaft zu erfassenden Abläufen keinen Platz im Paradies hat, das ein einziges Wunder ist.

Im Diesseits ist der Mensch der Natur ausgeliefert und kann nur versuchen, sich in seinem Haus ein Refugium zu schaffen, ein kleines, abgegrenztes Paradies, in welchem die Wirkungen der Natur gemildert werden.

Unter diesem Aspekt können sogar vollklimatisierte, künstlich beleuchtete und mit Plastikmöbeln eingerichtete Wohnungen aus Zement begehrenswert erscheinen.

Nach dem arabischen Historiker und Soziologen Ibn Khaldun gehört das Bauhandwerk mit zu den ersten Techniken der zivilen Gesellschaft.[67] Es beginne, so sagt er, aufgrund eines *natürlichen Bedürfnisses, sich gegen Hitze und Kälte zu schützen* und führe mit der Seßhaftwerdung in einem von Region zu Region verschiedenem Ausmaß dazu, *daß die Menschen einander fremd werden und sich nicht länger kennen.* Je fortgeschrittener der Prozeß der Zivilisation sei, umso entfernter sei eine Gesellschaft von der ursprünglichen Kraft der Natur, deren Reich außerhalb von Städten, Siedlungen und festen Häusern liege. Mit diesem Gedanken erläutert Ibn Khaldun die Geschichte, deren Erneuerung er jeweils in der Eroberung einer seßhaften Kultur durch einen Wüstenstamm begründet sieht. Da die Beduinen außerhalb fester Siedlungen leben, bewahren sie sich aus dieser Nähe zur Natur eine eruptive, aber auch zerstörerische Kraft.

Mit unzähligen geschichtlichen Ereignissen belegt Ibn Khaldun, daß ohne die Einbrüche der Beduinen die Zivilisation der Städte vollends degeneriere, verkäme und verfiele. Die Kraft der Natur ist die Lebensgrundlage und zugleich die Gefährdung der Zivilisation. Und zum Schutz vor der Natur und den Beduinen wurden die Mauern der Häuser und Stadtwälle errichtet.

Dieselbe fragwürdige Nähe zur Natur wird auch den Frauen zugesprochen. Nur liegt in diesem Fall die Analogie im weiblichen Körper begründet, der wie Natur Leben hervorbringt. Allerdings ist damit nicht gesagt, daß die Frau wie die Natur sei, nur daß sie wie diese lebensspendende und zugleich die Gesellschaft bedrohende Eigenschaften habe.

Frauen, ohne die die Fortsetzung der Gemeinschaft nicht denkbar wäre, erscheinen gefährlich und könnten ohne die Kontrolle der Männer an die unberechenbare und wilde Natur zurückfallen, insofern sind sie auch selbst gefährdet. Eingrenzen und beschützen, ausgrenzen und sich vor ihrer Unberechenbarkeit schützen sind die beiden daraus resultierenden Haltungen gegenüber Frauen. Mütter, die Kinder zur Welt gebracht haben, werden verehrt, gebärfähige Frauen gefürchtet. Je weiter eine Frau vom Stand der Fruchtbarkeit entfernt ist, d. h. vor der Pubertät und nach der Menopause, um so weniger scheint sie gefährdet, um so größer ist ihre Bewegungsfreiheit außerhalb des Hauses.

So wie jeder Mensch Anteil an Natur und Zivilisation hat, haben auch die Geschlechter Anteil am jeweils anderen. Durch seine Geburt ist jeder ein Teil von Vater und Mutter. In Hinblick auf seinen Vater ist ein Sohn sozusagen doppelt männlich, im Hinblick auf seine Mutter männlich-weiblich. Heiratet ein junger Mann seine väterliche Kusine, seine *bint 'amm, die Tochter* ♀ *des Bruders* ♂ *seines Vaters* ♂, so hat er quasi die männlichste aller möglichen Frauen geheiratet.

Die entsprechende Kusine mütterlicherseits, *die Tochter* ♀ *der Schwester* ♀ *seiner Mutter* ♀, ist die weiblichste aller denkbaren Frauen, die er heiraten könnte. Vulgärsprachlich kann in Nordsyrien mit diesem eigentlich neutralen Terminus, *bint ḫāla*, eine Hure, die weiblichste aller Frauen, bezeichnet werden.[68] Mit ihrem Gewerbe repräsentiert die Prostituierte das Gefährliche im Weiblichen: eine „natürliche" Sexualität, die nicht im Zusammenhang von Familie und Abstammung domestiziert und nicht an Haus und Familie gebunden ist.

Zwar bietet das Haus Schutz nach außen – vor einer feindlichen Natur – und vor den Feinden in der eigenen Gesellschaft, doch erscheint es auf einer metaphysischen Ebene selbst als schutzbedürftig: Zum Schutz des Hauses jedoch werden statt technologischer rituelle Maßnahmen ergriffen.

Wie auf dem Land wird auch in der Stadt der Bau eines Hauses traditionell mit Opfern und größeren Essen begleitet oder mit einem Richtfest abgeschlossen (Abb. 43). 1947 konnte R. B. Serjeant den signifikanten Ablauf der Opfer, Essen und Gaben in Tarim, der Hauptstadt des Hadramaut, beobachten, die seiner Kenntnis nach für ganz Südwest-Arabien gelten.[69] Im Vergleich mit den Hausopfern aus anderen Regionen der arabischen Welt ergibt sich ein allen gemeinsamer Grundzug: Das geopferte Tier besteht aus zwei Elementen: aus Fleisch (Leib) und Blut. Letzteres wird als eigentliches Opfer vergossen, das Fleisch wird als Gabe verteilt und in einem gemeinsamen Mahl verzehrt.

Die zusammengesetzte arabische Bezeichnung dieser Akte betont mit dem ersten Wort, *ḍiyāfa* oder *ġadā',* den Gastmahlcharakter und verweist mit dem jeweils folgenden Begriff auf den Moment im Bauprozeß, an dem ein Tier geschlachtet wird. Der Ritualcharakter ist nicht in der Bezeichnung, sondern nur in den Handlungen selbst zu finden.

Beim Bau der mehrstöckigen Häuser in Tarim beobachtete Serjeant drei Schlachtungen. Die erste wird vollzogen, nachdem das Fundament aus Steinen aufgeschichtet ist und bevor man mit der Ziegelmauer beginnt. Alle Bauarbeiter, Fundamentleger wie Maurer, sind anwesend; außer dem Hausherrn noch der Baumeister und ein frommer Mann, ein *sayyid.* Dieser segnet den Bau, indem er den ersten Ziegel, *al-madra,* auf eine der Ecken legt. Nach diesem Eckstein wird die Zeremonie *ḍiyāfa ṭarḥ al-madra* genannt. Dazu schlachtet der Hausherr eines oder mehrere Schafe. Den Kopf läßt er auf allen vier Ecken des Hauses ausbluten, damit die in den Steinen und im Lehm hausenden Geister *ihren Durst löschen können.*

Nach dieser entscheidenden Handlung tritt ein Vorarbeiter vor, stellt sich auf das Fundament und ruft ein lautes Hallo in die Runde. Die restlichen Arbeiter fallen ein, und zusammen singen sie Glückwünsche an den Hausherrn: *Gelobt sei Mohammed, lang lebe* ... (der Name des Hausherrn wird genannt), *Gott gewähre ihm ein Auskommen und versorge ihn mit Gütern.*

Unterdessen ist der Körper des Tieres in einem benachbarten Haus zerlegt und der gesamte Fleischhaufen in vier gleiche Teile geteilt worden. Ein Teil geht in das Haus des Bauherrn, der das Fleisch nicht selbst verzehren, sondern an Bedürftige weiterverteilen wird. Die restlichen drei Teile werden erneut zusammengehäuft und dann in fünf gleiche Teile geteilt. Einen Teil erhält das Stadtoberhaupt, der Sultan, und von den vier verbleibenden Fünfteln gehen je zwei an die Fundamentleger und Maurer, die das Fleisch gemeinsam verzehren oder die Menge wieder unterteilen, damit jeder seinen Anteil in das eigene Haus tragen kann.

Der zweite mit einem Opfer verbundene Bauabschnitt ist erreicht, wenn im Erdgeschoß alle Balken für Ein- und Ausgänge und die Wandgestelle angebracht sind. Diese ebenfalls mit einem Mahl gefeierte Zeremonie wird *ġadā' at-tayāsīr* nach den Schwellhölzern *tayāsīr* genannt. Das Tier, meist ein Schaf, wird neben einem der Balken geschlachtet, damit das Blut ins

Holz dringen kann. Denn auch hier werden Geister vermutet, die *das Blut trinken* und sich für diese Gabe erkenntlich zeigen werden: Gesättigte Geister wehren fremde, von außen kommende Geister ab.

Am letzten Opfer, *ġadā' tarkūb išum*, durch das die *Deckenbalken, išum,* besonders geschützt werden sollen, nehmen alle Handwerker, der Baumeister und ein *sayyid* teil. Die Zimmerleute und der Baumeister erhalten zum Abschluß der Arbeiten einen zusätzlichen Geldbetrag als Abschiedsgeschenk.

Nach den Vorstellungen der Bewohner gilt die Blutgabe den Geistern, die besonders in der unbewohnten Natur vorkommen. Diese Vorstellung teilt auch Amr, ein vorislamischer Dichter, für den die Ödnis der Wüsten, die er sich rühmte, durchquert zu haben, von Geistern belebt ist: *gar manches offene Land, in dessen wasserlosen Ebenen die heißen Winde tönen, in dem die ġinnen-Geister pfeifen ...*[70] Alle wichtigen Baumaterialien – Stein, Lehm und Holz – stammen aus der Natur, dem Aufenthaltsort der *ġinn-Geister,* so daß der Gedanke naheliegt, sie hausten auch in den natürlichen Materialien. Mit den Opfern werden die Baustoffe für die zivile Welt zugerichtet, sie werden sozusagen domestiziert. Der Hausherr bereitet den Geistern ein Mahl aus Blut, welches für die Menschen tabu ist; diese essen nur das Fleisch. So gibt es zwei getrennte Festmahle: eines für die Geister und eines für die Menschen. Damit die Geister den Menschen nicht lästig werden, erhalten sie Blut gegen ihren Durst. Auf diese Weise werden sie von den Feiern der Menschen ausgegrenzt und sollen ihrerseits, gesättigt und freundlich gestimmt, wiederum fremde Geister ausgrenzen. Gut genährt und damit an die Hausgrenzen gebunden verstärken sie auf metaphysische Weise die Schutzfunktion der Mauern gegen außen.

Gaben zu geben, ist in der arabischen Gesellschaft selten Folge eines spontanen Einfalls oder einer freundlichen Geste, sondern unterliegt festen Regeln. Mit jeder Gabe ist die Absicht verbunden, den Beschenkten – Menschen wie Geister – in die Pflicht zu nehmen. In diesem Sinne mischen sich auch die Nachbarn früh in das Geschehen beim Hausbau. Bereits nach der Fertigstellung der ersten Etappe, des Fundamentes, erweisen sie mit Kaffee für die Arbeiter dem Hausherrn ihre Aufmerksamkeit. Bezeichnenderweise singen die Arbeiter ein Loblied auf den Hausherrn und nicht auf die Nachbarn, die den Kaffee an seiner Statt zubereitet haben und damit zeigen, daß sie sich für seine Belange zuständig fühlen, und daß sie nicht neidisch, sondern ihm wohlgesonnen sind. Ähnliche nachbarschaftliche Aktionen begleiten den Bauprozeß, immer unterbrochen vom Chor der Arbeiter mit ihren Segensliedern für den Hausherrn.

All die Gaben – Blut, Fleisch, Kaffee und Segenswünsche – dienen dazu, den Frieden mit den gefährlichen Kräften der Natur und mit den gefährlichen Kräften der menschlichen Gemeinschaft zu sichern.

43. Opferblut. Beim Bau eines Hauses in Doan, Hadramaut

Leben im Zeltlager

Breitet das Haus aus, yā ʿaiyāl, ruft ein Mann seiner Familie zu, sobald sie mit ihren Herden einen Rastplatz gefunden haben.[71]

Zu bestimmten Jahreszeiten verweilen die Beduinen für Tage oder sogar Wochen an einem Ort, zu anderen nur eine Nacht. Ist die Weide abgegrast, wird am Morgen, nachdem die ersten Sonnenstrahlen von außen und der Rauch des Herdfeuers von innen die Zeltplanen vom Tau getrocknet haben, das Zelt abgebaut und zusammengerollt. Mit geübten Griffen wird alles verschnürt, in Säcke verpackt und auf ein Lasttier getürmt. Die Nomaden ziehen einige Kilometer weiter.[72]

Vom Namen her sind die Beduinen Zentralarabiens die einzig wahren Araber. Bereits im 1. Jahrtausend v. Chr. wurden Kamelnomaden auf der nördlichen Halbinsel in neuassyrischen Texten *aribi* oder *arubu* genannt. Die Griechen übertrugen die Bezeichnungen auf alle Bewohner der Arabischen Halbinsel.[73] Heute nennen sich die Beduinen selber *ʿarab* und werden auch von Seßhaften so genannt. Die Bezeichnung Beduinen geht auf *bādiya,* die Wüste, zurück und weist sie als Wüstenbewohner aus (Abb. 44).

Fast 90% des Mittleren Ostens besteht aus ariden, landwirtschaftlich kaum nutzbaren Flächen. Hier, in den Wüsten, Steppen und in den bergigen Regionen finden Viehzüchter ihre Weideplätze. Je wasserreicher die Gegend ist, um so eher läßt sich Kleinvieh halten; Ziegen werden in hügeligen und bergigen Gegenden bevorzugt, in der Ebene sind Schafe verbreiteter. Für die Weite der innerarabischen Wüsten eignet sich allein das Kamel, das über lange Strecken ohne Wasser und mit wenig Nahrung auskommt und dennoch schwere Lasten tragen kann.

Trotz vielfältiger Unterschiede der wandernden Viehzüchter haben sie alle im Vergleich zu seßhaften Bauern einiges gemeinsam: Anders als Bauern, die sich mit Pflügen und Säen auf die Regenzeit vorbereiten, sind Beduinen nicht auf eine ausgefeilte Kenntnis der Jahreszeiten angewiesen. Ihre Kenntnis kalendarischer Abläufe ist ebenso schwach ausgebildet wie die der Sternkunde: Wenige Fixsterne und der Sonnenstand genügen zur Orientierung. Beduinen reagieren sozusagen spontan auf den Ablauf der Zeit. Ist die Regenzeit lang, bleiben sie in der Wüste; fällt weniger Regen, wenden sie sich den Wassern zu: Reservoiren, Oasen oder Flußläufen. Anhaltenden Dürren sind sie hilflos ausgeliefert, denn sie kennen keine Vorratswirtschaft,[74] die einer Lagerhaltung der Bauern gleichkäme.

Während die Größe eines Dorfes relativ konstant bleibt, seine Häuser über mehr als zwei Generationen an Ort und Stelle feststehen, so daß auch die Nachbarschaft konstant bleibt, verändert sich die Zusammensetzung eines Nomadenlagers von Jahreszeit zu Jahreszeit. Nur die einzelne Zeltgruppe mit Mann, Frau und nicht verheirateten Kindern oder alleinstehenden Angehörigen bleibt sich gleich. Doch selbst diese kleine Gemeinschaft ist nicht sonderlich stabil: Die Scheidungsrate bei Beduinen ist relativ hoch.[75] Geschiedene Männer und Frauen bleiben selten lange allein und heiraten in Kürze wieder. Ehen mit mehreren Frauen zur gleichen Zeit gehen meist nur die einflußreichen Männer eines Stammes aus allianzpolitischen Gründen ein. Dann pendeln sie im festgelegten Rhythmus von Frau zu Frau, von Zelt zu Zelt. Männer leben im Zelt ihrer Frauen und haben bis auf das kollektive Gastzelt eines Scheichs keinen eigenen Raum. Für sich selber kann ein Mann nie sein; entweder sitzt er mit anderen Männern im Gästeteil oder mit seiner Familie im *ḥarīm*. Allein ist er nur auf seinem Reittier.

Die Verbundenheit des Stammes ist besonders bei Beduinen ausgeprägt und wird in erster Linie durch den gemeinsamen Besitz an Weideland bestärkt, aber auch in jeder Heirat neu bekräftigt. Für gewöhnlich werden Ehen unter Stammesangehörigen geschlossen; eine besondere Form der Heirat innerhalb eines Stammes stellt die hausinterne Heirat mit der Parallelkusine dar, die bis zu einem Drittel aller Heiraten ausmacht. Ehen zwischen Angehörigen verschiedener Stämme sind selten, kommen aber vor. Für derartige exogame Heiraten gilt eine wichtige Grundregel: Stämme und Abstammungsgruppen grenzen sich mit einem Verweis auf weit zurückreichende Genealogien hierarchisch gegeneinander ab. Heiraten auf gleicher Ebene sind unproblematisch, Heiraten zwischen einem höheren und einem

44. *Ein Haus aus Ziegenhaar unterwegs*

niederen Stamm können allerdings nur zwischen einer Frau aus einer niederen und einem Mann aus einer höheren Ranggruppe geschlossen werden. Der Heiratsweg einer Frau kann von unten nach oben verlaufen, nie umgekehrt. Durch diese Verbindung stellt sich die niedere Abstammungsgruppe – vertreten durch eine Frau – in eine Abhängigkeit, die im Augenblick der Eheschließung zu einer Schutzbeziehung von oben nach unten wird. Da nur die Stärkeren die Schwächeren schützen können, wird eine Frau nie von oben nach unten heiraten. Mit einer derart ungleichen Heirat würde ein unbeabsichtigtes Schwächegeständnis ihres Stammes einhergehen. Unter Gleichen ist mit einer Heirat weder eine Schutzverhältnis, noch eine Andeutung von Schwäche verbunden, da ein Ausgleich im dauernden Nehmen und Geben von Frauen angestrebt wird.

Sollte eine Frau, die aufgrund widriger Umstände mehrere Male geschieden ist und kaum darauf rechnen kann, im eigenen Stamm noch einen Ehemann zu finden, eine Ehe mit dem Angehörigen eines rangniederen Stammes ins Auge fassen, werden die Mitglieder ihres Stammes das zu verhindern wissen. Eine derartige Ehe ginge gegen die Ehre des Stammes.

Es erscheint wünschenswert, die erste Ehe zwischen Kusinen zu schließen, und ein junger Mann sollte eine Tochter seines Vaterbruders, seine *bint ʿamm,* heiraten. Nicht selten trennt sich das Paar nach der Geburt des ersten Sohnes, und beide heiraten ein zweites Mal. Die zweite Ehe ist nicht selten eine Heirat zwischen zweien, die sich als junge Leute kennengelernt und ineinander verliebt haben. Denn die Jungen und Mädchen haben im Verlauf der Weidewanderungen und in den großen Sommerlagern, wo sich die meisten des Stammes treffen, viel Gelegenheit, einander zu begegnen. Stammesfremde hingegen kreuzen nur selten die Wege der jungen Mädchen. Unter normalen Bedingungen verlassen die Nomaden ihre Weideterritorien nicht, die traditionsgemäß das Eigentum eines Stammes waren. Allein Beutezüge stellen Territorien übergreifende Ausflüge mit feindlicher Absicht dar, und bieten wahrlich keine Gelegenheit zum freundlichen Kennenlernen. Beim Weiden und Heiraten bleibt ein Stamm idealerweise unter sich.

Mit der Heirat zieht die junge Frau zu ihrem Mann, der im Zeltlager seines Vaters lebt. Ethnologen reden von einer viri-, beziehungsweise patrilokalen Residenz. Damit ist der Ort und kein Rechtsverhältnis gemeint, denn wem das *bait as-šaʿr,* das *Haus aus Ziegenhaar,* im rechtlichen Sinne gehört, ist eine ungeklärte Frage.

Wie Weideland und Vieh ist auch das Zelt nicht ein auf ein Individuum festgelegtes Eigentum. Das Weideland gehört dem Stamm, und das Vieh hält jeweils die Männer einer Abstammungsgruppe, eines Hauses, zusammen. Die Aufteilung einer Herde kommt einer Spaltung des Hauses, der erweiterten Familie, gleich. Weiden und Melken der Kamele obliegt den Männern des Hauses, die Weiterverarbeitung tierischer Produkte den Frau-

45. *Beim Aufbau des Zeltes*

en. Wolle zupfen, spinnen, weben, Yoghurt-, Butter- und Käseherstellung sind Arbeiten, die meist in der Nähe des Zeltes ausgeführt werden. Die Männer haben die größere Sorgepflicht für die Herden, die Frauen einen Anteil an der Nutzung.

Umgekehrt verhält es sich mit dem Zelt. Wie das Vieh den Männern so „gehört" den Frauen das Zelt. Auf eigenen Webstühlen, die fast in jedem Zelt zu finden sind, weben die Frauen die Zeltbahnen. Die hölzernen Zelt-stangen besorgen die Männer. Große Teile des Hausrats – Teppiche, Kis-sen, Decken, Säcke, Stricke, Lederbeutel – werden von den Frauen herge-stellt. Andere Dinge wie Holzschalen oder metallene Brotbackplatten tau-schen die Männer auf den Märkten oder bei reisenden Kamelhändlern gegen Produkte der Viehzucht ein. Als die Beduinen noch jährlich Pilger durch ihr Territorium nach Mekka geleiteten, erhielten sie derartige Ge-genstände als Wegegeld-Leistung.[76] Zelt und Hausrat sind also gemeinsa-mes Produkt, entstanden durch die Arbeit der Frauen und die ökonomi-schen Transaktionen der Männer.

Der Aufbau eines Zeltes wird oft als die alleinige Aufgabe von Frauen beschrieben. Wie wir aber an den hier vorgestellten Beispielen bereits mehrfach nachgewiesen haben, wird keines der für die gesamte Familie wichtigen Produkte von einer der beiden Geschlechtergruppen allein herge-stellt; vielmehr achtet man darauf, die Arbeit so aufzuteilen, daß eben jedes Mitglied der Familie daran beteiligt wird und sich über seine Mitarbeit als dazugehörig begreifen kann. Das sollte auch für die Beduinen gelten. Und es steht zu vermuten, daß jene Autoren bei ihren Beobachtungen etwas übersehen haben. Die meisten der europäischen Reisenden[77] fühlten sich in erster Linie durch das ritterliche Ideal der „aristokratischen" Beduinen angezogen, und daher waren Fehden, Kriege, Jagden, Beutezüge und poli-tische Organisation ihre Themen und nicht das Gleichmaß des Familienall-tags.

Von H. R. P. Dickson stammt dagegen eine detailgetreue, von den übli-chen Vorstellungen abweichende Darstellung. Er wurde in seinen Beschrei-bungen weniger von einem außerhalb der Wüste, in Europa gewonnenen Urteil gelenkt, als von seiner Beobachtung, die zunächst mit kindlicher Neugier und später mit bewußter Klarheit allen Mitgliedern der beduini-schen Gemeinschaft galt, denn er war auf einzigartige Weise mit den Bräu-chen der Nomaden vertraut. 1881 in Damaskus geboren, gaben ihn seine Eltern in die Obhut einer jungen Frau der Aniza, da seine Mutter ihn nicht stillen konnte. Über seine Milchmutter, die zu einem der berühmten Aniza-Stämme in den Wüsten des Nordens gehörte, wurde der Junge zu einem Mitglied des Stammes. Seine intime Kenntnis der Sprache und der Welt der Beduinen hatte er also im direkten Sinn mit der Muttermilch aufgesogen.

Er ist bis ins kleinste Detail mit den oft täglich sich wiederholenden Geschehnissen vertraut und skizziert das Aufstellen des Zeltes mit präziser

Knappheit wie für ein Drehbuch: Ort und Zeit sind fiktiv – irgendwo in der innerarabischen Wüste. Die handelnden Personen sind die Mitglieder einer typischen Familie: Vater, Mutter, Söhne, Töchter und kleine Kinder.[78]

Hat eine Familie ihren Rastplatz erreicht, wird das verschnürte Zelt vom Lasttier gelöst. Die Bahnen werden auf dem Boden ausgerollt, Frau und Kinder stehen darumherum, und der Haushaltsvorstand stellt sich in gewissem Abstand vor sie hin und führt mit seinen Anweisungen Regie:

An die ganze Familie: Breitet das Haus aus.

An die Kinder: Zieht die Stricke lang. Jedes Kind nimmt die Zeltschnüre und zieht sie im rechten Winkel; die Eckschnüre werden diagonal gestreckt.

Hau die Pflöcke in den Boden, yā Nāṣir. Eine spezielle Aufgabe für seinen Sohn Nasir, die auch eine ältere Tochter übernehmen könnte.

Zieht die Stricke richtig fest, yā Ḥussa, yā Waḍḥa, ruft er zwei jüngeren Töchtern zu. Mit dem nächsten Befehl wendet er sich an seine beiden älteren Söhne.

Zieht die Eckstricke noch einmal fest an, yā Marzūk, yā Nāṣir.

Ist das Zelt gut vertäut, werden an den windabgewandten Seiten die ersten Zeltstangen aufgestellt und dann die zentralen Pfosten. Frauen und Mädchen heben die Planen hoch, damit die Jungen die Stäbe unter festgenähten, querlaufenden Bändern arretieren können.

Spannt die Bahnen des Zeltes – ist eine der letzten, an alle gerichteten Anweisungen. Diese werden zurecht gezogen, untereinander und an den Stangen befestigt und am Boden mit Steinen und Erde zugeschüttet (Abb. 45).

Nachdem reich gemusterte Teppiche als Trennwände mit ihrer Front zum sogenannten Gästeteil aufgezogen, Teppiche und Kissen verstaut und alle Gegenstände an ihren Platz gestellt worden sind, wird gegessen.[79]

Mit Variationen an situationsgebundenen Witzen wiederholt sich diese kleine Zeremonie manchmal jeden Tag, und jede Person erfüllt an dem vom Vater festgelegten Platz die gemeinsame Aufgabe. Die häufige Aufführung dieser Zeremonie ist die praktische Darstellung der Einheit der Familie. Zur Errichtung eines Hauses ist es wichtig, daß jedes Mitglied der Familie eine eigene Position einnimmt und auf die Anweisungen eines Vorstandes hin im Interesse aller handelt. Dies gilt im konkreten wie im übertragenen Zusammenhang.

Beim Zeltaufbau galt die letzte gemeinsame Aktion der Errichtung einer Trennwand, die – von außen betrachtet – das Zelt in einen kleineren Teil zur Rechten und in einen größeren zur Linken teilt. Im rechten Teil treffen sich zu Plaudereien und Kaffee die Männer. Da der Kaffee zu jeder Einladung frisch geröstet werden sollte, befindet sich in jedem Männerabteil eine kleine Herdstelle, viele Kaffeekannen in verschiedenen Größen, Utensilien zum Rösten, ein Mörser und Kaffeeschalen – nur der Kaffee fehlt. Den hat

46. *Die zeremonielle Zubereitung des Kaffees im Männerabteil des Zeltes*

die Frau des Hauses in einer Kiste im äußersten Winkel ihres Bereiches unter Verschluß.

Jede Unstimmigkeit zwischen den Eheleuten kann durch ihr Zögern oder gar Verweigern – „der Kaffee ist alle" – den Besuchern ihres Mannes kundgetan werden. Da Männer untereinander nicht über ihre Frauen reden, kann das Gespräch über Kaffee ein verschlüsselter Kommentar zur Ehesituation des Gastgebers werden.

Charles Doughty erzählt die Geschichte seines Gastgebers Zayyid, den er für geizig und verschlagen hielt, da jener sich weigerte, seinen Gästen Kaffee auszuschenken. Tatsächlich wußte Doughty um die Eheschwierigkeiten im Hause, denn die Ehefrau war schon einige Male fortgelaufen; doch der Engländer begriff den Zusammenhang nicht. Zwar reichte die Frau ihm, dem Fremden, eine Portion Kaffee aus dem Vorrat, doch ihrem Mann verweigerte sie dieselbe Gabe. So konnte sie den Stammesgenossen ihres Mannes, denjenigen Männern, die allein auf ihren Mann einwirken konnten, ihren Mißmut mitteilen. Zayyid, der Ehemann, versteckte sich, wann immer Gäste kamen, im kleinen, heißen und unbequemen Zelt des Europäers, um den Besuchern und der zwangsläufig folgenden peinlichen Situation auszuweichen. „Die Nomaden stecken voller List und Betrug," folgerte Doughty, da er nicht verstand, zwischen „List und Betrug" und „Ehre und Scham" zu unterscheiden, welche die tatsächlichen Beweggründe der Ereignisse waren.[80]

Die Trennwand zwischen den beiden Abteilen ist nicht einmal schulter-hoch, und so stehen die Frauen oft auf ihrer Seite, schauen hinüber und beteiligen sich am Gespräch der Männer. Selbst wenn sie ihren Arbeiten nachgehen, hören sie zu und kommentieren mit lauten Bemerkungen die Unterhaltung der anderen Seite (Abb. 46). Umgekehrt ist das den Män-nern verboten, sie dürfen sich weder mit Blicken noch mit Worten in die Vorgänge auf der anderen Seite einmischen. Sollten die Männer den Wunsch haben, etwas vor ihren Frauen zu verbergen, müßten sie sich au-ßerhalb des Zeltes treffen. Der Mann ist wie ein Gast im eigenen Zelt.

Läuft eine Frau im Ehestreit davon und flüchtet sich ins mütterliche Zelt, nimmt sie die Schlüssel aller Kisten und Truhen mit. So wie eine Herde ohne Männer verwahrlost, ist ein Zelt ohne Frau nicht funktionsfähig. Ein Mann ohne Frau ist im wahrsten Sinne hilflos. Da er nicht sein eigener Helfer sein und die typisch weiblichen Tätigkeiten übernehmen kann, ohne sich lächerlich zu machen, bleibt ihm nichts anderes, als in das Zelt seiner Mutter wie ein Junge zurückzukehren oder eine seiner engen weiblichen Verwandten zu bitten, seinen Haushalt zu führen.

Sind die Frauen, aus welchem Grunde auch immer, allein im Zelt, wissen sie sich wohl zu helfen, denn eine Frau kann im Notfall innerhalb ihres Hauses auch männliche Aufgabe übernehmen. Sie wird einem vorbeikom-menden Gast Kaffee bereiten, ein Mahl vorsetzen und eventuell sogar ein Nachtlager richten. Zahlreiche Beduinengeschichten erzählen, daß die Mutter eines Scheichs in seiner Abwesenheit selbst einem Verfolgten, der sich in ihr Zelt geflüchtet hat, Schutz gewähren kann.

Die immer noch nicht geklärte Frage, wem das Zelt im rechtlichen Sinn und nicht der Zuständigkeit nach gehört, wäre am ehesten anhand der Erbfolge zu beantworten. Wüßte man, wer das Zelt an wen vererbt, wäre der Besitzer gefunden. Doch Zelte halten kaum mehr als zehn Jahre. Sie mögen vielleicht manche Ehe überstehen, jedoch keine ganze Generation. Stolz und der Wille zur Großzügigkeit verhindern überdies bei einer Tren-nung, nach dem Verbleib des Zeltes zu fragen. Jede neue Frau wird nur ihr eigenes Zelt bewohnen, dessen Bahnen sie häufig selbst gewebt hat, und ein neuer Mann mag sich auch nicht in das schon benutzte Bett legen. Eine neue Heirat bedeutet meist auch ein neues Zelt-Haus. Die Einzelteile des alten Zeltes werden irgendwo und irgendwie weiterbenutzt, verschenkt oder unkenntlich gemacht. Das Haus aus Ziegenhaar ist ebenso unbestän-dig wie die Lebensweise der Beduinen. Das Haus im sozialen Sinn hinge-gen, d. h. die Abstammungslinie, nicht die einzelne Ehe, ist ein sorgfältig gepflegtes Gedankengebäude, das viele Generationen von Vätern und Söh-nen enthält: Beduinen haben oft längere Genealogien als Seßhafte.

Fragen nach Links und Rechts

Vergleicht man die Ausrichtung und innere Aufteilung der Beduinenzelte mit den Häusern der erst vor wenigen Generationen seßhaft gewordenen Viehzüchter im syrischen Euphrattal, fällt eine formale Umkehrung auf: Im Zelt liegt der Bereich der Frauen auf der linken, im Haus auf der rechten Seite (vergl. Abb. 47). Da die Zelte eines Lagers in der innerarabischen Wüste und die Häuser eines Dorfes sich untereinander gleichen, kann es sich bei diesem Unterschied nicht um den individuellen Geschmack eines Bewohners handeln und nicht um die zufällige oder willkürliche Auswahl bei der Bauaufnahme.

Beiden Beispielen ist, wie vielen Häusern in der arabischen Welt, die Aufteilung in zwei Bereiche gemeinsam. Wenn Gäste im Hause sind, treffen sich die Männer in dem einen, meist kleineren Teil und die Frauen bleiben im anderen. In dem einräumigen Haus aus Lehm gibt es keine sichtbare Trennwand zwischen den Bereichen, nur die Gewohnheit bestimmt, daß Männer immer in der Hälfte sitzen, in der die Sitzpolster an der Wand aufgereiht sind. Auf der anderen Seite steht eine Holzkline für prunkvoll überzogene Decken und Kissen, darunter eine verschlossene Kiste mit den Kostbarkeiten der Hausfrau, die auch hier den Schlüssel immer bei sich trägt. Auf dieser Seite des Hauses schließen sich Küche, Vorratsräume und Ställe, die weiblichen Arbeitsbereiche, an. Es ergibt sich nun die Frage, ob die Vertauschung der beiden Hälften in Zelt und Haus zufällig ist, oder einen Unterschied zwischen Zelt und Haus, zwischen Beduinen und Seßhaften ausdrückt?

Die geöffnete Seite eines Zeltes wird *Gesicht* genannt, die geschlossene Seite *Rücken*. Das Zelt steht mit dem Rücken zum Wind. Jeder sollte sich einem Zelt, wie einem Menschen, von vorn, ihm ins Gesicht schauend, nähern. Selbst wenn man aus der entgegengesetzten Richtung kommt und einen weiten Bogen um das Lager schlagen muß, ist nur dieser Weg der Annäherung erlaubt. Nähert sich jemand von hinten, sind feindliche, in jedem Fall schmutzige Absichten zu befürchten. Die eigene Ehre ist mit diesem Tun ebenso in Frage gestellt wie die Ehre der überraschten Frauen im Zelt.

Die Ehre eines Mannes steht ihm, wie Beduinen sagen, *ins Gesicht* geschrieben.[81] Zwar kann er sein Gesicht nicht verlieren, doch wenn seine Ehre angegriffen wird, wird sein Gesicht *dunkel* oder *klein*. Isaak Diqs[82] erzählt die Geschichte eines versehentlichen Totschlags. Ein Augenzeuge, der die herbeieilenden Angehörigen des Toten davon abhalten will, sofort Rache zu nehmen, ruft ihnen schon von weitem zu, daß der Täter *im Angesicht von Abū Ǧaᶜfar*, einem einflußreichen *šaiḫ*, stehe, d. h. im Schutze des Scheichs. Wenn es dem Scheich gelingt, den Konflikt zur Zufriedenheit beider Familien, der des Täters wie der des Opfers, beizulegen, ver-

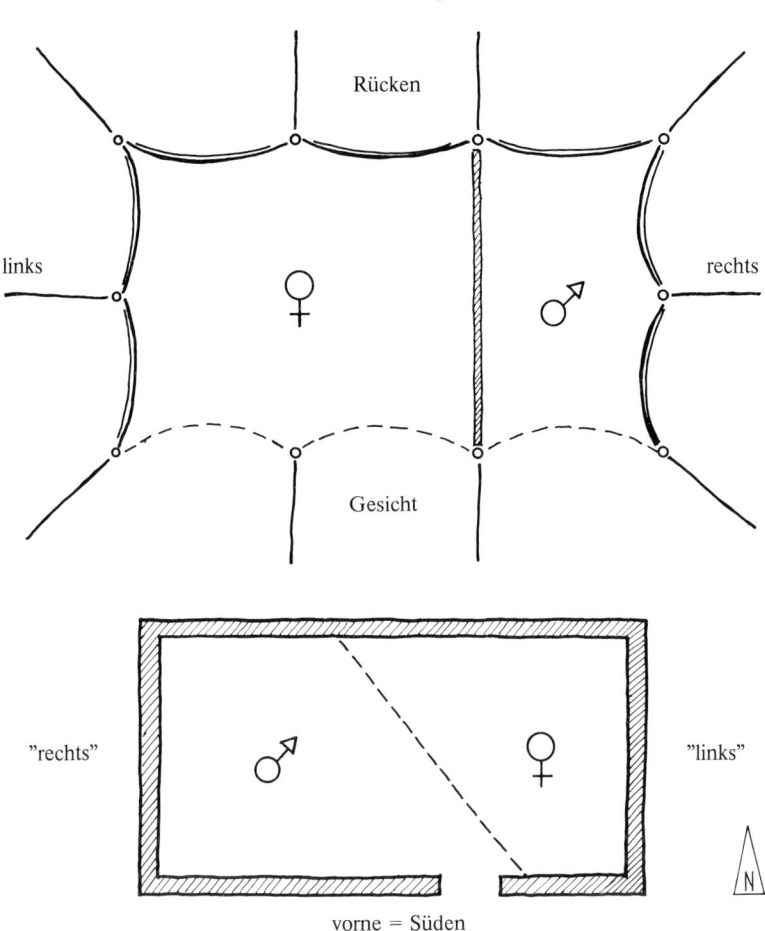

47. *Links und Rechts in Haus und Zelt*

mehrt das sein Ansehen und seine Ehre derart, daß wieder andere bei ihm Schutz suchen und sich in *seinem Angesicht* sicher fühlen können.

Die Bewohner eines Zeltes stehen unter dem Schutz des Familienvorstandes. Sie verkörpern seine Ehre, die es zu verteidigen gilt. Ihr Verhalten bestimmt das Maß seiner Ehre ebenso, wie sein eigenes Verhalten im Kampf mit dem Feind. Letzteres liegt allein in seinen Händen, seine Familienehre jedoch garantieren jene Personen, die nach seinen Anweisungen das Haus errichten. Das *Gesicht* des Zeltes *(al-bait)* ist das *Gesicht* seiner Familie *(al-bait)* die einen Teil seiner Ehre ausmacht. So steht er während des Aufbaus vor der „Ehre seines Hauses" und ordnet aus dieser Position den männlichen Bereich der Gäste nach rechts und den weiblichen Bereich der Familie nach links.

Rechts und links legt der Hausherr fest, Vorderseite und Rückseite des Zeltes orientieren sich nach der Windrichtung. Verändert sich der Wind, werden die hochgestellten Planen heruntergelassen, aus dem „Gesicht" wird der „Rücken" – und umgekehrt. Die innere Aufteilung des Zeltes bleibt davon unberührt, denn trotz der dem menschlichen Körper entlehnten Benennung einiger Teile ist das Zelt nicht anthropomorph gedacht. Gäste- und Familientrakt machen die Drehung nicht mit.

Wendet sich ein Mensch um 180°, bleibt sein rechter Arm für ihn immer sein rechter Arm, wohingegen sich die an den fixen Himmelsrichtungen gebundenen Positionen vertauscht haben. Blickt er nach Süden, weist sein rechter Arm nach Westen, wendet er sich mit Blick nach Norden, weist derselbe Arm nach Osten. Wendet ein Zelt sein „Gesicht" nach hinten, bleiben der Männer- und Familientrakt an Ort und Stelle. Links und rechts, während des Aufbaus aus der Position des Hausherrn festgelegt, bleiben, wo sie waren.

Links und rechts spielt als bedeutungstragendes Oppositionsverhältnis auch in der arabischen Gesellschaft eine Rolle.[83] Dient die rechte Hand der Nahrungsaufnahme, wird die linke am Ende des Verdauungsprozesses eingesetzt. Daraus folgt, daß die linke Hand bei vielen Handlungen tabuisiert wird. Nicht alle Zuordnungen von links und rechts bauen auf der logischen Konsequenz des Beispiels auf, doch immer handelt es sich um Oppositionen, die nach rechts und links sortiert werden. Wenn die rechte Hand juckt, lachen die Männer auf dem Markt, denn das verheißt eine baldige Geldeinnahme, juckt die Linke, wird man welches ausgeben.

Im rechten Teil des Zeltes werden Gäste empfangen. Gäste bedeuten einen Zugewinn an Prestige. Hier sitzen auch die heranwachsenden Söhne, die eines Tages heiraten und dem Haus eine neue Frau zuführen werden. Im linken Teil wird der Kaffee aufbewahrt, den die Frau an ihren Mann austeilt, damit er ihn an die Gäste ausschenken kann. Auf dieser Seite halten sich auch die Töchter auf, die eines Tages das Haus verlassen und heiraten werden. Allen Beispielen ist eine innere Zuordnung gemeinsam: rechts zu links verhält sich wie einnehmen (Nahrung, Geld, Schwiegertöchter) zu ausgeben (Verdauung, Geld, Töchter). Im Raum entspricht rechts dem Mann und links der Frau. Es handelt sich wirklich nur um Entsprechungen und keine Gleichungen, denn Frauen bewegen sich sehr wohl im rechten Teil und umgekehrt.

Untersucht man den Umgang mit derartigen Zuordnungen, die, wie man sagen könnte, aufgrund eines gesellschaftlichen Beschlusses eingehalten werden, sollte man sich erinnern, daß auch der eigene Umgang mit Orientierungsangaben gesellschaftlichen Regeln unterliegt, die keineswegs allgemein gültig sein müssen: Wir unterscheiden bei Orientierungsangaben solche nach Natur-Phänomenen wie dem Sonnenuntergang, die als Fixpunkte außerhalb des Sprechers gültig bleiben, von solchen Angaben, die an den

Betrachter oder einen Fixpunkt gebunden sind. Die einen sind unverrückbar wie der Osten, die anderen sind variabel wie vorne und hinten, links und rechts. So denken wir – und sind verwirrt, auf Leute zu treffen, die diese Unterscheidung nicht machen.

Im nördlichen arabischen Raum werden Himmelsrichtungen und andere Richtungsangaben synonym verwendet. Südlich, *ǧanūbī,* kann durch *qiblī* ersetzt werden, was wörtlich *vorne* heißt. Da alle Muslime sich beim Gebet nach *vorne* auf die *qibla,* die mit einer Nische gekennzeichnete Rückwand der Moschee, ausrichten – die im Norden der arabischen Halbinsel nach Süden, nach Mekka, weist – kommt es zu der Gleichsetzung von „südlich" und „vorne". Die Häuser im syrischen Euphrattal sind nach Süden, *qiblī,* geöffnet, so daß die Eingänge richtiger Weise vorne, *qiblī,* liegen.

Darüber hinaus können „rechts" oder „links" durch die Bezeichnungen der Himmelsrichtungen so ersetzt werden, daß sich folgende Gleichungen ergeben: Norden = links, Süden = vorne = rechts. Die Gleichsetzung von Nord=links und Süd=rechts erscheint für uns nur dann möglich, wenn wir uns nach Osten der aufgehenden Sonne zuwenden. Daher begründen europäische Wissenschaftler diesen Brauch mit der Vermutung, daß er auf einen frühen Sonnenkult zurückgehe; die Einheimischen kennen keine Erklärung, sondern verwenden diese Gleichsetzung wie selbstverständlich.

Hat jemand auf einer Reise die Orientierung verloren und fragt, von Osten kommend, einen Einheimischen nach dem Weg, kann es passieren, daß die Antwort „Nimm den ersten Abzweig nach Norden (*šamālī*)" mit einer Bewegung der linken Hand unterstrichen wird, die Richtung Süden zeigt. Fragt man, verwirrt von dieser vermeintlichen Ungenauigkeit, noch einmal nach, lautet die Antwort „Ja, nach links (*yisār*)." Die Angaben der Himmelsrichtungen wiegen offensichtlich weniger schwer als die durch den Menschen bestimmten Rechts-Links-Zuordnungen.

Nach einer Studie von G. Ghirardelli, der das Hausbeispiel (Abb. 47) entstammt, sind die Häuser der ehemaligen Viehzüchter im syrischen Euphrattal ost-westlich ausgerichtet. In ihren Häusern liegt der männliche Bereich im Westen und der weibliche im Osten. Vergleichen wir die beiden Grundrisse, verhalten sich Zelt und Haus seitenverkehrt zueinander. Fragen wir ihre Bewohner, bleibt alles beim Alten: rechts die Männer und links die Frauen. „Unter der Voraussetzung, daß der Mann seinen Standort an der Tür mit Blick nach draußen einnimmt," – und das ist der entscheidende Unterschied zwischen dem Zelt- und dem Hausbewohner, – „ordnet sich ihm das Haus in den westlichen Bereich zu seiner Rechten und den östlichen zu seiner Linken. Der Hausherr richtet seinen Blick nach draußen, der Öffentlichkeit der anderen gleichen Männer zu, vor denen er mit seiner Ehre, der Schutzmächtigkeit über sein Haus, zu bestehen hat."[84]

In den bisherigen Beispielen klingen in den jeweiligen Zuordnungen keine Urteile an; sie sind geradezu wertfrei. Niemand möchte auf seine linke

48. Sind die Männer fort, „gehört" den Frauen das ganze Haus

Hand verzichten, auf die Verdauung, auf das Ausgeben von Geld, das
Verheiraten der Töchter, auf den Gabentausch – denn nur wer etwas gibt,
kann auch etwas empfangen. Die aufgezeigten Oppositionen lassen sich
nicht beliebig im Feld der Urteile fortsetzen.

Obwohl mir keine Volksetymologien zu rechts und links im Arabischen
bekannt sind, und die lexikalischen Interpretationen in der gesprochenen
Sprache nicht präsent sein müssen, soll nicht auf die philologische Untersuchung der beiden Worte und ihrer Nebenbedeutungen verzichtet werden.
„In den Bedeutungen der arabischen Wortwurzeln *y-m-n* und *y-s-r* lassen
sich Entsprechungen zur inneren Orientierung der Hausanlage wiederfinden: *al-yamīn*, rechts, bildet sich aus dem Verb *yamana*, das im I. Stamm
die Bedeutung von *glücklich sein* hat, im II. Stamm *nach rechts gehen* und
im V. *ein gutes Vorzeichen bilden*. *Al-yasār*, links, bedeutet im I. Stamm
leicht oder *wenig sein*, im IV. *reich sein, Glück haben, leicht gebären* und im
V. *gedeihen*. *Al-yusr* ist *der glückliche Umstand, Wohlstand, Überfluß* und
Reichtum."[85]

Beiden Begriffen haftet eine positive Bedeutung an, ein Unterschied
klingt im Verhältnis zur Zeit an: Vorhanden und gegenwärtig scheint das
„linke" Glück, das „rechte" wird erwartet, es liegt in der Zukunft. Links
von dem in der Tür stehenden Hausherrn liegen die Besitztümer der Familie. Gibt es zwei Räume, werden die Kinder im linken geboren, und zur
Rechten sollten die Söhne ihre Häuser bauen.

Tatsächlich ist weder die Verwendung noch die Lokalisierung von rechts
und links überall und immer fixiert und soll auch hier nicht als fixe Idee

49. *Bei einem Fest „gehört" den Gästen das ganze Zelt*

festzementiert werden. Hat der Sprechende sich aus seiner Position in der Tür gelöst und sein Haus betreten, kann sich alles in sein Gegenteil verkehren. Denn Oppositionsverhältnisse sind keine statischen Verhältnisse, sondern jede Seite hat Anteil an ihrem Gegenstück[86] (Abb. 48, 49).

Sollte beim Leser das Gefühl der Verwirrung anhalten, so mag er mir die Schuld geben und sich mit einer Geschichte trösten, die sich Bauern im Irak erzählen:

Jemand fragte einen Mann. Wo ist die Gebetsrichtung? Der antwortete: Nach dieser Richtung. Der erste: Nach welcher Seite kann ich urinieren? Der zweite: Nach der Seite, wo die Gebetsrichtung nicht ist. Als er urinieren wollte, schrie die Person ihn an: Da ist die Gebetsrichtung, uriniere nicht dorthin. Da wandte er sich nach einem anderen Ort, als er aber urinieren wollte, rief jener: Das ist auch die Gebetsrichtung, uriniere nicht dorthin. Nun wandte er sich wieder nach der anderen Seite, aber als er urinieren wollte, schrie ihm jener zu: Das ist auch die Gebetsrichtung, uriniere nicht dahin.

Jetzt rief er aus: Gott verwirre diejenigen, die uns verwirrt haben, fasste sein Glied mit der Hand und urinierte, während er sich im Kreise herumdrehte. Aber es saßen noch andere Leute mit jenem Manne zusammen, und der erste stand in ihrer Mitte. Er drehte sich nun immer herum und urinierte auf sie. Da lachten sie über ihn und beschenkten ihn und sagten: Der Fehler lag nicht auf deiner Seite, sondern auf der Seite dessen, der dich belehrte. Dann ging er nach Hause. Auf Wiedersehen.[87]

Leben im Dorf

Wie das zusammenlegbare Zelt eines Nomaden seiner Weidewirtschaft so entspricht auch das Haus eines Bauern dessen Wirtschaftsweise: Bauernhäuser bieten Raum für Vorräte, Vieh, Geräte und die Weiterverarbeitung landwirtschaftlicher Produkte. Die bereits angedeuteten Unterschiede in den Lokaltraditionen werden im folgenden nicht behandelt; stattdessen werden am Beispiel Palästinas, das in der Literatur besonders ausführlich dokumentiert ist, die typischen Merkmale des Landlebens beschrieben (Abb. 50).

Die Suche nach Vergangenem durchzieht viele Bücher über Palästina. Dabei folgten manche Autoren einem in der Tradition der Pilgerreisen stehenden Interesse und hofften, im Heiligen Land Belege für die biblischen Geschichten zu finden. Andere Darstellungen, von einheimischen Autoren, wirken wie Mahnmale eines Heimatanspruchs.

Für die Bauern und Viehzüchter Palästinas war das politische Weltgeschehen etwas, an dem sie keinen praktischen Anteil hatten, dessen Auswirkungen sie aber erleiden mußten. Die folgende Beschreibung typischer Bauernhäuser und des Dorflebens rekonstruiert den idealen Zustand einer unbestimmten Zeit ohne Feinde, in der weder Dürren noch Seuchen, weder Steuern noch Überfälle das Leben erschweren.

Gewöhnlich leben die verschiedenen Religionsgemeinschaften nach Dörfern getrennt, doch sind auch gemischte Dörfer von Christen und Muslimen nicht selten. Die Gesellschaft Palästinas war über Jahrhunderte durch das Zusammenleben großer und kleiner Religionsgemeinschaften bestimmt, deren unterschiedliche Bräuche hier nicht behandelt werden, sondern nur die für alle Bauern der Region allgemein gültigen Regeln: Da sich ihre Produktionsweise gleicht, und weil sie seit Generationen zusammenleben, gleichen sich auch ihre Häuser. Eine Ausnahme stellen die Häuser der Ende des 19. Jahrhunderts in diesem Gebiet angesiedelten Tscherkessen dar: Im Gegensatz zu den übrigen Häusern betritt man sie wie die Häuser in ihrer ehemaligen Heimat über eine von Pfeilern getragene Vorhalle[88] (Abb. 51).

Das Land, auf dem die Bauern leben, betrachten sie als ihr Eigentum, das ihrer Nachbarn als deren Eigentum. Die Grenzen dazwischen sind nicht immer klar, dennoch führen Streitigkeiten darüber selten zu expansiven Ausbrüchen. Der Anspruch auf Land hängt von der Arbeit ab, die darauf verwendet wird. Demzufolge kann freies, ungenutztes Land durch Arbeit angeeignet werden. Wer seine Felder nicht nutzt, verliert seinen Anspruch,

50. *Doppelhaus in Palästina*

und ein dritter kann ihn erwerben, nicht in dem er einen Rechtstitel kauft, sondern indem er sie bearbeitet.[89] Daher ist eine Anhäufung freier Flächen kaum möglich, denn jeder Bauer besitzt nur so viel, wie seine Familie bearbeiten kann. Auch aus diesem Grund wünscht man sich eine Familie mit zahlreichen Mitgliedern: Große Familien bestellen große Felder, versorgen große Herden und bewohnen große Häuser.

Die Familie, die in einem Haus zusammenwohnt, ist die täglich wirksame Produktionseinheit, in welcher auch die Kinder schon früh helfen und durch besonderes Geschick zu Spezialisten für bestimmte Aufgaben werden. Traditionsgemäß sind zahlreiche Arbeiten im vornherein nach Geschlechtern aufgeteilt, und tägliche Gespräche ordnen die anfallenden Arbeiten in den beiden Geschlechtergruppen, in denen jeder alle Tätigkeiten kennen und auszuführen in der Lage sein sollte; im Alltag jedoch erweist es sich als

51. *Tscherkessen-Haus in Palästina*

praktischer, eindeutige Zuständigkeiten festzulegen. Jede Arbeit gilt als notwendiger Teil der Gesamtorganisation. Die Einheit der Familie drückt sich durch kleine oder große Zeremonien, in gemeinsamen Handlungen bei der Ernte, beim Hausbau, bei Besuchen und anläßlich von Geburt, Hochzeit und Tod aus, während die Genealogie den Zusammenhalt der einzelnen Familien zu dörflichen Fraktionen herstellt und die Anwesenheit an dem Ort legitimiert, wo schon die Vorväter Felder und Gärten bestellt haben.

Die Siedlungsstruktur der Dörfer bringt einerseits die genealogisch zusammenhängenden Einheiten und andererseits die Trennungen zwischen verschiedenen Abstammungsgruppen zum Ausdruck. Die Häuser, deren Höfe sich zu einem der Wege im Innern des Dorfes öffnen, formen mit ihren Rückwänden einen abwehrenden Ring nach außen. (Abb. 52) Sind Mitglieder derselben Abstammungsgruppe Nachbarn, stehen ihre Häuser oft Wand an Wand, so daß man mühelos von Dach zu Dach gehen kann, bis ein Weg oder ein kleiner Platz die Grenzen zu dem nächsten Block markiert, der von anderen Familien bewohnt wird.[90]

Familien, ...

Im Dorf lassen sich wesentlich drei Arbeitsgemeinschaften unterscheiden: die Männer einer Abstammungsgruppe, die Frauen einer Abstammungsgruppe und die Familie.

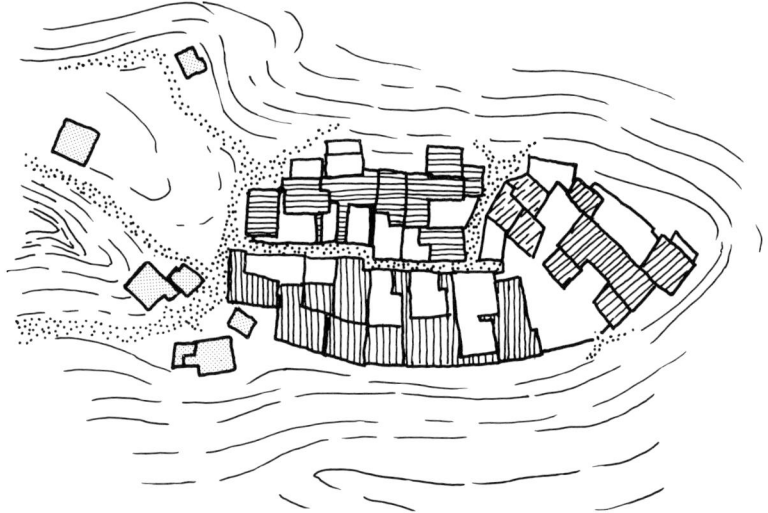

52. *Verteilung der Familienverbände und ihrer Häuser in Bathan, Jordanien*

53. *Flechtarbeiten zum Verkauf*

In der Familie dienen alle Arbeiten der Subsistenz und, bis auf die Hausarbeiten, idealerweise auch der Warenproduktion. Aus einem Bündel unterschiedlicher Bereiche – Felder, Gärten, Haine, Vieh, Haustiere, Herstellung von Geräten und Haushaltsgegenständen – erhält jeder seinen Teil an der Hauswirtschaft. Darüberhinaus gilt die Regel: Mehrarbeit erhöht den eigenen Verdienst. Sind Familie und Haus versorgt, tritt eine Ruhepause ein, die manche nutzen, um ein Zusatzeinkommen zu erwirtschaften, sei es außerhalb des Dorfes wie die jungen Männer oder durch Heimarbeit wie die Frauen (Abb. 53).

Die äußerst vielfältigen Arbeiten der Frauen bringen beim Verkauf nur bescheidene Summen ein, doch gibt es über das ganze Jahr verteilt immer wieder eine Möglichkeit, mit Eiern, Bienenwachs, Flechtwerk oder mit anderen Gegenständen etwas Geld zu verdienen.[91] Von dem Erlös kaufen sie Stoff und Nähzeug, seltener Schmuck. Sie nähen und sticken aufwendig verzierte Gewänder, die an Festtagen vom Fleiß und der Geschäftigkeit einer Frau zeugen sollen. Später werden ihre Töchter die schönen, wertvollen Dinge erben, und auf diese Weise den Ruf ihrer Familie im neuen Haus, in das sie einheiraten, verbreiten.

Für Frauen wie für Männer steht bei allen Aktivitäten das Haus und die Familie im Vordergrund. Auch das Geld, welches Männer außerhalb des Dorfes verdienen, kommt dem Dorf zugute: beim Bau eines Hauses, bei einer Hochzeit oder der Gründung eines kleinen Betriebes neben der Landwirtschaft.

Die Verpflichtung eines jeden endet jedoch nicht an seiner Haustür, bei seiner Familie, sondern setzt sich in der Abstammungsgruppe fort, die unter gewissen Bedingungen auch als Produktionseinheit wirkt. Die Männer einer Abstammungsgruppe teilen sich größere landwirtschaftliche Geräte wie Dreschwagen oder Pflug und schließen sich zu Arbeitstrupps für bestimmte Arbeiten zusammen, wie für den Bau des Hauses eines ihrer Mitglieder oder für den spätsommerlichen Zug in die Wälder, um abzuholzen. Diese gemeinsame Arbeit nennen die Bauern ῾auna᾿[92] abgeleitet von ῾āwana, helfen, beistehen. Auch wenn es sich um *Frondienst, Zwangsarbeit* handelt, spricht man von ῾auna᾿ – eine folgerichtige Konnotation, da sich keiner dem Arbeitskollektiv verweigern kann. Die praktische Bedeutung der Abstammung tritt in der offiziellen Rede über Genealogien oft in den Hintergrund. Tatsächlich jedoch liegt die Bedeutung einer genealogisch ausgedrückten Zugehörigkeit weniger auf dem Feld der Ehre als in Rechtsverhältnissen: Praktisch geht es um das Recht und die Pflicht zu Hilfsdiensten, und die „Herren", die diese Dienste einklagen, sind die Vorfahren, die man gemeinsam teilt. Alle Familien, die sich auf einen Vorfahren berufen, bilden die Gruppe, deren Männer sich zur gemeinsamen Lösung zahlreicher Aufgaben oder zu Zahlungen in Blutgeldangelegenheiten verpflichtet fühlen. Diese Arbeitsleistungen bleiben innerhalb der Gruppe, die kein Produkt herstellt, das später verkauft werden könnte, sondern ausschließlich Gebrauchsgüter, die einem einzelnen Mitglied oder wie etwa ein Brunnen, ein Weg oder ein Gästehaus ihrer Gemeinschaft zugute kommt.

Auch für die Frauen einer Abstammungsgruppe gilt die Pflicht zum Austausch bestimmter Leistungen. Da sie aber bei ihrer Heirat nicht selten ihre erweiterte Familie und ihr Dorf verlassen, sind sie von den Frauen ihrer Abstammungsgruppe oft weit entfernt. Sie ziehen in das Haus ihres Mannes und in die Nähe seiner Verwandten, mit denen sie genealogisch weniger eng oder garnicht verbunden sind. Ihre alltäglichen Aufgaben müssen die Frauen, die Fremde im Hause ihres Mannes sind, allein bewältigen. Auf freiwilliger Basis können Freundschaften zu gegenseitiger Hilfe führen, aber erst, wenn die Arbeit im Haus des Mannes beendet ist. Daß mehrere Frauen eine Arbeit gemeinsam erledigen, ist selten und spielt im gesellschaftlichen Leben eines Dorfes eine eher untergeordnete Rolle.

Wenn Frauen in eine über Abstammung geregelte Pflicht genommen und Hilfsleistungen gegenüber ihren Müttern, Töchtern, Schwestern oder Kusinen von ihnen erwartet werden, ist dies häufig mit kleinen Reisen verbunden. Mit einem Blick auf den Lageplan (Abb. 54), in welchem Herkunft

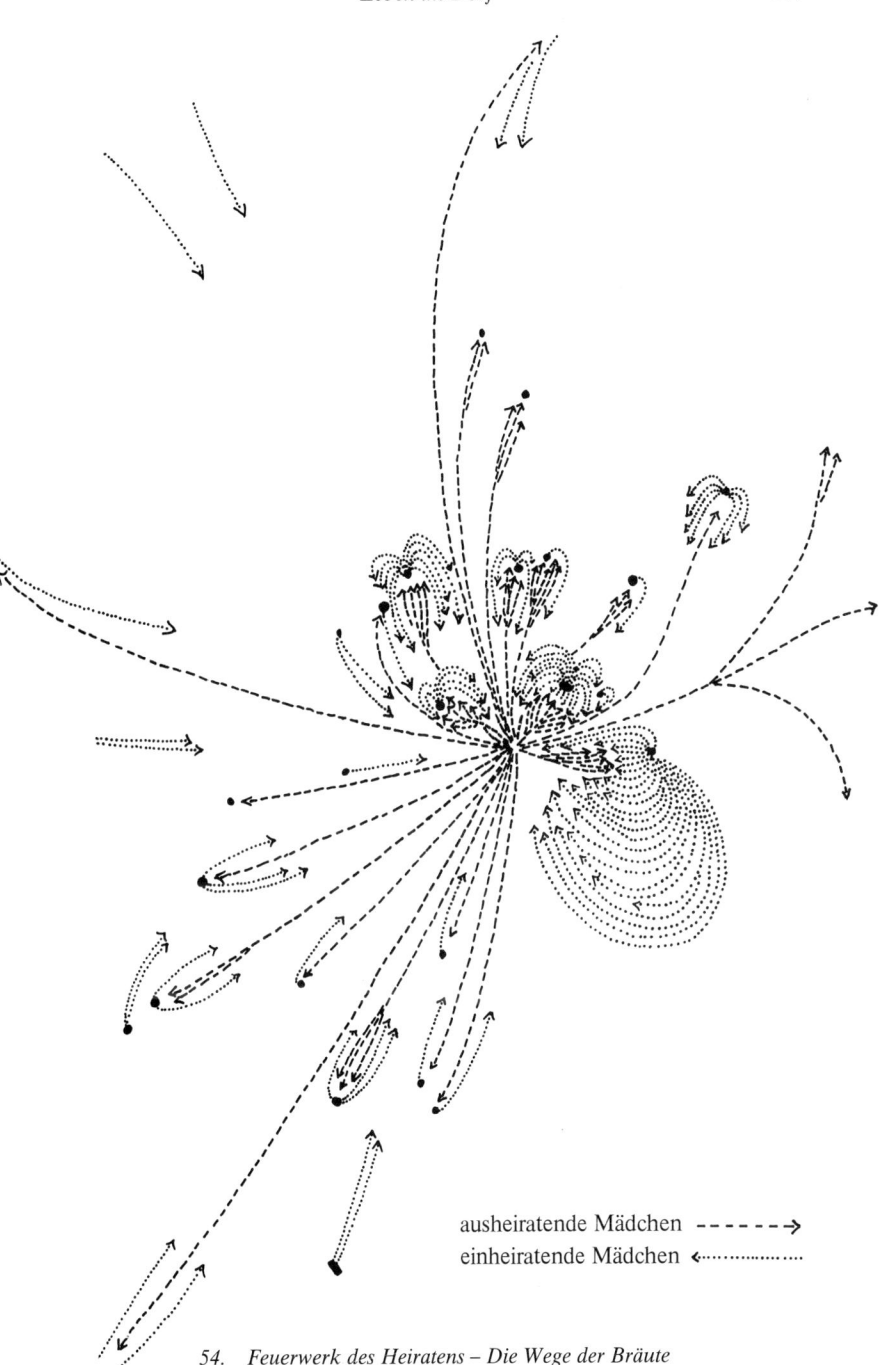

ausheiratende Mädchen $- - - - - \rightarrow$
einheiratende Mädchen $\leftarrow \cdots\cdots\cdots$

54. Feuerwerk des Heiratens – Die Wege der Bräute

und Ziel der ein- und ausheiratenden Mädchen von Artas, eines südlich von
Bethlehem gelegenen Dorfes, eingetragen sind, erkennt man die durch
Heiraten in Gang gesetzten Bewegungen.[93] Die Männer bleiben meist am
Ort ihrer Väter, ihre Ehefrauen stammen häufig aus einem anderen Dorf,
wohingegen ihre Töchter und Schwestern bei ihrer Heirat das Dorf oft
verlassen.

Als H. Granqvist ihre Untersuchungen über 264 Heiratsbeispiele in dem
Dorf Artas durchführte, lag das Verhältnis der einheimischen und fremden
Frauen bei 57:43%. Den 113 Frauen, die durch Heirat ins Dorf gekommen
waren, entsprachen 71 Mädchen, die mit ihrer Hochzeit das Dorf verließen.
Von den ins Dorf einheiratenden Frauen zählten allerdings einige auch zu
den eigenen Lineageverwandten. Verfolgt man die Beziehungen der Ehepartner im genealogischen Gerüst ihrer Familien, zeigt sich, daß nur 13%
aller Ehen Heiraten zwischen patrilateralen Parallelkusinen ersten Grades
waren, 34% waren Kusinen zweiten, dritten oder eines noch weiter zurück-
liegenden Grades. Diese über den langen Weg errechneten Parallelkusinen
nannten die Leute von Artas auch *bint ḥamūla, Tochter der Abstammungsgruppe*.[94] Sie zu heiraten, war ebenso gut wie die Heirat mit der Kusine
ersten Grades.

H. Granqvist weist an verschiedenen Stellen auf die Besonderheit ihres
Beispieles hin; es sind also nicht die Zahlen, auch nicht die Relationen der
Kusinenheirat zu den Heiraten mit nichtverwandten Frauen, die sich verallgemeinern ließen, wohl aber die Tatsache, daß fast überall in der arabischen Welt beim Heiraten die Frauen das bewegliche Element sind, während die Männer an das Haus gebunden bleiben. Im Alltag hingegen kehrt
sich dieses Verhältnis um:

Vor und auch nach der Heirat sind die Frauen mit zahlreichen Pflichten
an ihr Wohnhaus, das Haus ihres Vaters oder das ihres Ehemannes gebunden, und es bedarf eines besonderen, meist zeremoniellen Anlasses, diese
Grenzen zu überschreiten, um mit dem weiblichen Kollektiv der großen
Familien zusammenzutreffen (Abb. 55). Besonders Todesfälle liefern den
Frauen ein willkommenes Argument, um in kleineren oder größeren Gruppen in das Dorf des Verstorbenen zu ziehen und die Trauerpflicht zu erfüllen.[95] Todesfälle sind für viele Mitglieder der Lineage ein Anlaß zu diesseitigen Reisen, um die letzte Reise des Toten zu begleiten: *Die Bewohner
dieser Welt sind ja nur Reisende, die erst in einer anderen als dieser Welt
absatteln.*[96]

Je bedeutender der Tote war, um so mehr Leute versammeln sich zum
letzten Mal bei ihm. Anders als die männlichen Trauergäste, die Geld und
Lebensmittel auf ihren Kondolenzgang mitnehmen, müssen die weiblichen
Gäste von der Familie des Toten verköstigt werden, und für ihre Unterkunft in den Wohnhäusern des Dorfes muß gesorgt sein. Männer hingegen
übernachten im Gästehaus.

55. *Trauerreigen der Frauen in Ramalla, Palästina*

ihre Gästehäuser, ...

Fast in jedem Dorf gibt es ein Gästehaus, genauer gesagt, einen *Ort für die Gastfreundschaft, maḍāfa,*[97] an welchem fremde Besucher untergebracht werden und sich die Dorfbewohner versammeln. In Dörfern mit mehreren Abstammungsgruppen finden wir häufig mehrere Gästehäuser, die kein Privatunternehmen sind, wo man gegen Bezahlung Kaffee trinken oder übernachten kann, sondern Eigentum der Gruppe; wenn es in einem Dorf kein Gästehaus gibt, dient ein eigener Raum im Haus des anerkannten Repräsentanten einer Abstammungsgruppe als *maḍāfa* (Abb. 56).

Wie aus dem Beispiel der Marsch-Bewohner bekannt, treffen sich im *maḍāfa* die Männer zum geselligen Beisammensein, zur Besprechung wichtiger Angelegenheiten und zur Verhandlung bei Rechtsstreitigkeiten. Nur in dieser letzten Situation darf auch eine Frau den Raum betreten. Hat sie einen Streitfall oder eine Klage vorzutragen, die sie nicht länger durch ihren Mann oder die Männer der eigenen Familie vertreten sieht, bringt sie die Sache persönlich im *maḍāfa* zur Sprache. Danach wird er dann von den Männern weiter verhandelt.

Der Bau und die Instandhaltung eines Gästehauses ist eine kollektive Arbeitsaufgabe. Die Kosten für die Inneneinrichtung und den Unterhalt werden gleichmäßig aufgeteilt, und zwar nicht gemäß der Anzahl der Familien einer Lineage, sondern unter den erwachsenen Männern, zu denen in diesem Fall auch schon junge, unverheiratete Männer zählen, wenn sie eigenes Geld verdienen. Sobald sie durch Arbeits- und Gabenleistungen zum Entstehen oder Unterhalt ihres Versammlungshauses beigetragen haben, gelten sie als vollwertige Mitglieder und sitzen im Kreis der Männer. Wenn kleine Jungen ihre Väter begleiten, setzen sie sich in die Nähe der Tür oder hinter ihren Vater; sie hören zu und haben zu schweigen.

Jedes Gästehaus sollte einen Aufseher haben, der sich um die Versorgung des Hauses kümmert und von der Gemeinschaft bezahlt wird. Er meldet, was benötigt wird, kocht den Kaffee, sorgt sich um die Gäste, macht die Betten, sammelt die Geldbeträge und Lebensmittelleistungen ein oder kontrolliert ihre Lieferung, zu der jedes Mitglied turnusgemäß verpflichtet ist.

Freiwillige Beiträge, durch die sich ein Spender hervortun könnte, sind nicht bekannt, auch dann nicht, wenn jemand einen Gast durch ein aufwendiges Essen ehren möchte. Wer immer das Dorf besucht, wird als Gast einer Abstammungsgruppe behandelt. Soll ein Gast besonders geehrt werden, ist dies an der Zahl und der Art der geschlachteten Tiere abzulesen. Da sich oft mehrere Männer um den ehrenvollen Status des Gastgebers bemühen, entsteht bei solchen Anlässen ein vor den Gästen ausgetragener Wettstreit.[98] Dieser Wettstreit sichert formal allen Mitgliedern die Chance, sich potentiell vor dem Gast als großzügiger Gastgeber zu erweisen. Entschieden wird der Disput, *muġālaṭa*, durch ein Wort des Repräsentanten der Gruppe, und meist wissen alle Beteiligten vorher, wem die Aufgabe und die Ehre dieses Mal zufällt.[99] Gäbe es nicht mehrere Männer, die sich um diese Aufgabe bewerben, könnte für den Gast der Eindruck entstehen, daß sich nur eine Person für ihn zuständig fühlt, oder daß nur eine Person im Dorf wirklich großzügig ist.

Ebenso werden die Veranstalter der bei jeder Begräbnisfeier obligatorischen Festessen durch öffentlichen Wettstreit ausgehandelt, wenngleich auch hier im Vorfeld bereits geklärt worden ist, wer an der Reihe ist.[100] Tatsächlich übernimmt jeder irgendwann einmal diese Aufgabe. Wenn man hinter dem Wettstreit, *muġālaṭa*, Uneinigkeit der Männer vermutet, ist das ein *Trugschluß*, es handelt sich vielmehr um eine *Schein*-Veranstaltung, um die Inszenierung eines Ehrenkodex: Unsere Abstammungsgruppe ist ein Kollektiv von großzügigen Männern!

Fehlt in einem Dorf ein Gästehaus, dient die Moschee, die ebenfalls von der Gemeinschaft und nicht von einer zentralen, überregionalen Institution gebaut und unterhalten wird, als Versammlungsort und Herberge für den Reisenden – so wie wir es von dem Haus Mohammeds in Medina kennen.

Nach 1949 entstanden nach städtischem Vorbild auch in den Dörfern öffentliche Kaffeehäuser, und die Gästehäuser wurden immer seltener auf-

56. Gästehaus, Palästina

gesucht. Eingeleitet wurde diese Entwicklung bereits vorher durch die langanhaltende Arbeitsmigration vieler Männer. Als nach der Gründung des Staates Israel viele Flüchtlinge in palästinensische Orte jenseits der Grenze kamen, konnten diese Massen nicht länger als durchreisende Gäste behandelt werden und auf Kosten der kleinen Gemeinschaften untergebracht und unterhalten werden.[101] Zudem gab es keine Aussicht auf einen Austausch der Leistungen, denn Gegenbesuche waren nicht mehr möglich. Da der Tauschkreis von außen zerbrochen worden war, wurde die Institution hinfällig, und die Gästehäuser verfielen.

ihre Wohnhäuser

Wie kaum ein anderes der in diesem Buch vorgestellten Häuser zeugt das palästinensische Bauernhaus in Anlage und Einrichtung von den vielfältigen Arbeitsbereichen seiner Bewohner. Achtet man auf die architektonische Form, besonders auf die Dachkonstruktion, müßte man von mehreren Haustypen sprechen: Es gibt das flachgedeckte Haus ohne innere Dachstütze, das Pfeilerhaus, das Bogenhaus, das häufig mit einer Mittelstütze versehene Gewölbehaus[102] und das Kuppelhaus, das allerdings relativ selten vorkommt und den syrischen Kuppelhäusern gleicht. Geht man von der Nutzung der Häuser aus, entsprechen alle Bauernhäuser einem einzigen Schema.

Zu fast allen Häusern gehört ein Hof mit Öfen, Ställen, Lauben und Podesten. Ist keine Hofmauer vorhanden, wird dieser Bereich durch eine

57. Ein Baumstamm als Grenzmarkierung

kleine Steinsetzung oder aufgestapeltes Brennholz markiert oder aus Gewohnheit von Außenstehenden akzeptiert und gemieden (Abb. 57).

Die Grundrisse der Bauernhäuser zeigen gewöhnlich nur einen Raum,
der durch Niveauunterschiede und Einbauten in deutlich voneinander getrennte und mit je besonderen Begriffen bezeichnete Einheiten unterteilt
wird. Gleich hinter der Tür liegt die *qāʿat al-bait,* weiter hinten die um
einige Stufen höher gelegene *maṣṭaba,* die in manchen Häusern gegen eine
noch höher gelegene *sidda* abgegrenzt ist (Abb. 58 und 59).

Flure, Hallen oder auch gepflasterte Höfe, selbst größere Zimmer können *qāʿa* genannt werden; die *qāʿa,* die im vorliegenden Beispiel am besten
mit Diele übersetzt wird, ist immer ein Raum, der zu *ebener Erde* und im
unteren Teil des Hauses liegt.[103] Diese Diele kann sich bis weit unter die
erhöhte Wohnterrasse erstrecken, unter welcher Vorräte in Krügen und
Viehfutter in eingebauten Behältern aufbewahrt werden. In Hausanlagen
ohne Stall wird das Vieh in kalten Winternächten in der Diele untergestellt.

Um sich gründlich zu waschen, verschließt man die Haustür, entkleidet
sich im Dunkeln und wäscht sich über einem weiten Becken. Da es keine
Toiletten gibt, müssen Männer und Frauen ihre Bedürfnisse außerhalb des
Dorfes verrichten.

Maṣṭaba werden in anderen Regionen Terrassen oder ausladende Bänke
außerhalb des Hauses genannt, die besonders in den warmen Sommernäch-
ten der bevorzugte Wohn- und Schlafplatz der Familie sind. In den palästi-

58. *Bogenhaus*

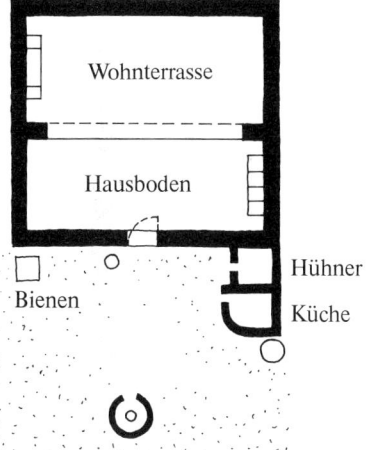

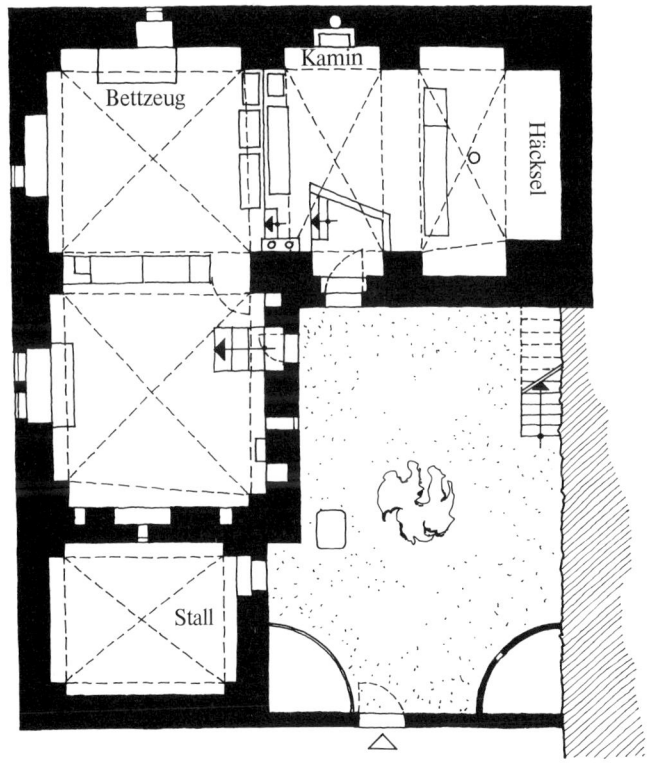

59. *Kreuzgewölbehaus*

nensischen Häusern liegt die *masṭaba* im Innenraum. Hier stehen hohe
Getreidesilos, und in den Wandnischen werden Gerätschaften, Bettdecken,
Kissen und Matratzen gestapelt. Tagsüber sitzen Frauen und Kinder oft mit
einer Hausarbeit auf der Wohnterrasse, auf der nachts die Familie schläft,
wenn sie es nicht vorzieht, in der heißen Jahreszeit auf dem Dach oder vor
dem Haus unter einem Laubendach zu schlafen.

Selbst ein einfaches Beispiel (Abb. 58) wie das Bogenhaus in Zar'in, in
der fruchtbaren Ebene zwischen Samaria und Galilea, ist, von außen nach
innen betrachtet, Abbild des typischen Tagesablaufes einer Bauernfamilie
und zeigt das Ausmaß ihrer Produktionsweise.

Den Frauen der Tag

Die Arbeit der Frauen beginnt mit dem ersten Hahnenschrei noch vor
Sonnenaufgang und hält mit kleinen Unterbrechungen bis zum Abend an.
Das Reiben des Mühlsteins oder das Schlagen des Buttersacks weckt die
Leute im Haus. Nach dem ersten Frühstück aus Resten vom Abend und
frischem Tee verlassen die Männer das Haus und kommen zum großen
Frühstück oder erst zum Mittagessen wieder. In der Zwischenzeit haben die
Frauen viel zu tun; diese Arbeiten – Wasserholen, Brotbacken, Aufräu-
men, Füttern der Haustiere und Kochen – sind jahraus jahrein dieselben
alltäglich gleichbleibenden Pflichten.

Verfolgt man eine dieser Arbeiten genauer, wird deutlich, wie sich die
Frauen in dauerndem Hin und Her durch alle Teile von Haus und Hof
bewegen. Um Brot zu backen, müssen sie Getreide aus den Silos auf der
Wohnterrasse holen, das mit der Handmühle in der Diele gemahlen wird;
der angesetzte Vorteig, der in einem Korb auf der Wohnterrasse aufbewahrt wird, und das Mehl werden mit Wasser aus einem Vorratskrug draußen vor der Tür vermengt. Gebacken werden die Brote in einem Ofen, der
sich meist außerhalb des Hauses befindet. Die fertigen Brote werden in ein
Tuch geschlagen und auf die Wohnterrasse getragen. Mit ihrer Arbeit
durchmessen Frauen letztlich das ganze Haus, und die in den Plänen einge-
zeichnete Küche ist im Grunde nur ein Ofenraum, denn für die Küchenarbeiten nutzen die Frauen viele Stellen im Haus.

Am Nachmittag sind nur das Wasserholen und die Zubereitung des
Abendessens täglich gleichbleibende Pflicht, alle anderen der meist recht
zeitaufwendigen Arbeiten wechseln von Tag zu Tag. Frauen und Mädchen
fegen den Mist zum Trocknen zusammen und stellen Dungfladen zur Feue-
rung her, binden Besen aus Zweigen oder abgeernteten Sesamsträuchern,
flechten Körbe oder Matten, nähen Lederbeutel, reinigen, zupfen und
schlagen Wolle, weben, bereiten Früchte und Gemüse zur Konservierung
vor, stellen Kissen und Matratzen her, nähen, waschen die Bettücher, die

60. *Herstellung von Vorratskästen*

sie von den Decken abtrennen und nach dem Trocknen wieder aufsteppen, oder töpfern Krüge, Schalen und Vorratsgefäße. Für welche der möglichen Arbeiten sich eine Frau entscheidet, ist in erster Linie von der Notwendigkeit der Vorratswirtschaft abhängig und erst in zweiter Linie von ihren Vorlieben. Alle Produkte werden im Haus gebraucht, einige werden verkauft (Abb. 60, 61).

In vielen Dörfern wird die Abwechselung der nachmittäglichen Arbeiten durch Sprüche unterstützt, die z. B. das Wäschewaschen am Mittwoch oder das Nähen am Dienstag untersagen. Die Kombination der Arbeiten und Wochentage variiert in den einzelnen Dörfern.[104] In jedem Fall verhindern diese Sprüche, die bei Nichtbefolgung Unglück bringen sollen, daß eine Frau Tag für Tag derselben Arbeit nachgeht.

Der Abend ist der Familie vorbehalten. Wenn die Männer zurückkommen, erwartet sie ein Nachtessen. Anschließend sitzt die Familie zusammen und spricht von den Ereignissen des Tages. Ob das Ehepaar danach mit den Kindern zuhause bleibt oder Nachbarn besucht, unterliegt keiner Regel, sondern hängt von der Situation oder von persönlichen Entscheidungen ab.

61. *Mehlmahlen auf der Wohnterrasse*

Während die Männer ihr Haus in erster Linie zum Essen und Schlafen
benutzen, erfüllen die Frauen mit ihrer Arbeit jeden Winkel: Haus und Hof
sind ihre eigentliche Domäne.

Für gewöhnlich halten sich die Frauen im Haus auf und überschreiten nur
zum Wasserholen die Grenzen des häuslichen Bereichs, da viele Häuser
keine eigenen Wasserquellen haben. Bereits auf dem Wege dorthin treffen
sie sich mit anderen Frauen. So anstrengend diese Tätigkeit auch sein mag,
tut man sie wegen der Möglichkeit zur Unterhaltung dennoch gern, und die
beiläufigen Informationen garantieren den Frauen, über alle Vorgänge im
Dorf unterrichtet zu sein. Der Klatsch über den vergangenen halben Tag,
an dem sie sich nicht gesehen haben, sortiert die Ereignisse, reguliert die
Meinungen und sichert in gewisser Weise die Ordnung im Dorf. In der
Abgeschiedenheit des Weges können die Frauen über alles reden, denn
solange sie unter sich bleiben, gibt es für sie keine verbotenen Themen.
Später entscheiden sie, was sie ihrem Mann mitteilen werden und treffen so
die erste Unterscheidung zwischen privatem und öffentlich relevantem
Klatsch. Ob der kleine Ali X. ins Bett macht, muß nicht weitererzählt

werden, wohl aber die Verliebtheit eines Jungen in die eigene Tochter, da
zu überlegen ist, ob eine Ehe in diesem Fall angemessen sei. Streitereien
zwischen anderen Männern, von Frauen belauscht und weitererzählt, werden dem eigenen Ehemann hinterbracht, um ihn zu warnen, mit ihm die
möglichen Konsequenzen zu besprechen oder einfach aus der Lust am
Klatsch. Von diesem täglichen Gang der Frauen hängt nicht zuletzt die
Kommunikation im Dorf ab.

Den Männern das Jahr

Die Domäne männlicher Arbeiten sind das Vieh und die Landwirtschaft,
und so liegen ihre Arbeitsplätze außerhalb des Hauses. Anders als für die
Frauen ist ihr Alltag stärker durch den Wechsel der Jahreszeiten bestimmt.
Während jene von morgens bis abends ihre äußerst vielfältigen Pflichten
tagaus tagein im gleichen Rhythmus am gleichen Ort erfüllen, widmen sich
die Männer meist nur einer einzigen Tätigkeit am Tag, wobei sie über
Stunden die immer gleichen Handbewegungen wiederholen. Der Monotonie des männlichen Tagewerks stehen die sich mit den Jahreszeiten von
Woche zu Woche ändernden Pflichten entgegen.

Da die Arbeit des Bauern mit der Aussaat beginnt, setzt die Beschreibung des Jahreszyklus im Herbst ein. *„Das Ende des Jahres ist das Ende des
Sommers, der Anfang des Jahres ist der Anfang der Regenzeit.“*[105] Diese
Regel gilt nur für den weder religiös noch staatlich verankerten Bauernka-
lender. *„Die Natur legt ihre Zeit nicht auf Lager,“*[106] sagen die Bauern und
müssen sich nach ihr richten.

Das Jahr endet mit der Reparatur des Daches, das vor Beginn jeder
Regenzeit neu verputzt werden sollte, zumindest müssen schadhafte Stellen
ausgebessert werden, damit die Unwetter keinen ernsthaften Schaden an-
richten können. Haben die Männer ihr Haus winterfest gemacht, beginnt
die Arbeit auf den Feldern.

Vor der Aussaat sollten die Felder mehrere Male gepflügt werden. Die
verschiedenen Pflanzen werden im Abstand von Tagen und Wochen ausge-
sät, so daß die Männer während der kalten Monate von Ende Oktober an
abwechselnd mit Pflügen oder mit Säen auf den Feldern und mit dem Auf-
lockern des Bodens in den Hainen beschäftigt sind. Die Saatfolge – Saubon-
nen, Weizen, Gerste, Futterwicke, Linsen, Sorghum, Hirse, Mais, Kicher-
erbsen, Sesam – wiederholt sich in der Erntefolge.

Die zweite Jahreshälfte wird, sobald es etwas wärmer geworden ist, durch
einen ausgedehnten Hausputz eingeleitet. Oft werden alle Sachen nach
draußen geräumt und der Innenraum getüncht, um dem Ungeziefer, das im
Hause überwintert hat, den Garaus zu machen. Danach gehen auch die
Frauen in die Gärten und Felder. Ihre Arbeit draußen beginnt im März,

wenn sie Unkraut jäten, doch bleiben sie dabei mit ihren Kindern allein, denn die Männer sind entweder in den Weingärten, um den Wein zu beschneiden, oder auf der Weide, um die Schafe zu scheren. Während der kalten Monate ist die Trennung zwischen den Geschlechtern am stärksten, da zu dieser Zeit ihre Arbeitsbereiche weit auseinanderliegen.

Der Familie die Zeit der Ernte

Die Zeit von Juni bis Anfang Oktober gilt als die schönste im Jahr. Wenn die Ernte einsetzt, ziehen viele Familien für kürzer oder länger in ihre Gärten und kampieren dort in leicht gebauten Lauben (Abb. 62), die sie ʿarīš nennen.[107] Die Fülle der Früchte, abendliche Feste, warme Nächte und das etwas provisorische Leben verleihen dieser Jahreszeit, in der Mann und Frau am engsten zusammen leben und arbeiten, ihren vergnüglichen Charakter.

Nach der Getreideernte treffen sich die Leute wieder im Dorf auf den Dreschplätzen, die meist im Osten vor dem Ort liegen, damit ein günstiger Westwind die Spreu auf das freie Land blasen kann. Das Dreschen über-

62.   Sommerlaube auf einem Wachturm im Garten

nehmen die Männer, das Worfeln die Frauen. Beim Einbringen von Korn und Häcksel arbeiten Männer und Frauen weiter Hand in Hand. Das Getreide wird auf die Hausdächer getragen und dort durch eine Öffnung im Dach in die Speicher gefüllt. Der Raum hinter den Getreidesilos dient als Häcksellager. Sobald Getreide und Häcksel im Haus verstaut sind, unterliegt es der Obhut der Frauen.

Die noch anstehende Gemüseernte übernehmen zum großen Teil die Frauen, während die Männer für den Abtransport sorgen. Was man nicht verkaufen will, trägt man zum Weiterverarbeiten und Konservieren in die Häuser.

Zur Haupternte der Oliven und Feigen und zur Weinlese versammelt sich die ganze Familie wieder in den Gärten. Feigen und Weintrauben werden an Ort und Stelle meist von den Frauen und Kindern zum Trocknen ausgebreitet. Dort, wo man Wein herstellt, sind die Männer mit dem Keltern beschäftigt.

Lieder erklingen von Garten zu Garten, und die Mädchen besingen einen namenlosen Geliebten:

Mein Geliebter säte mir an den Enden der Pflügelängen Gurken.
Womit hast du sie bewässert, mein Geliebter, daß sie über dies Haus hinauswuchsen?[108]

Das Lied entspricht dem Wunsch der Mädchen nach einem Ehemann, der ein starker Mann und zugleich ein geschickter Bauer sein soll. Auch in den Wechselgesängen zwischen Mädchen aus benachbarten Gärten klingt eine erotische Sehnsucht an. Dem Wortlaut nach an eine Freundin gerichtet, enthält der folgende Vers eine Anspielung auf den Geliebten.

Mögest du leben, meine Freundin,
es lebe dein Bruder!
Es leben deine Schwestern
und die Kinder deines Oheims, deines Vaterbruders!
Es leben deine Mutterbrüder,
die deine Mutter verheiratet haben![109]

Es wird wohl der Bruder gewesen sein, den die Sängerin begehrt und dem das Lied gilt. Dieser Vers eröffnet einen kurzen Einblick in die Sicht junger Mädchen von Heirat und Verwandtschaft. Die Freundin der Sängerin steht wie eine Anstandsdame vor der Anrufung eines jungen Mannes, ihres Bruders; im zweiten Reimpaar folgen die Schwestern der Freundin und die zu derselben Generation gehörenden Kinder ihres Onkels. Als einzige aus der Elterngeneration werden die Mutterbrüder der Freundin genannt. Sie bilden den Schluß des Verses und nennen das Thema: das Heiraten[110] (Abb 63).

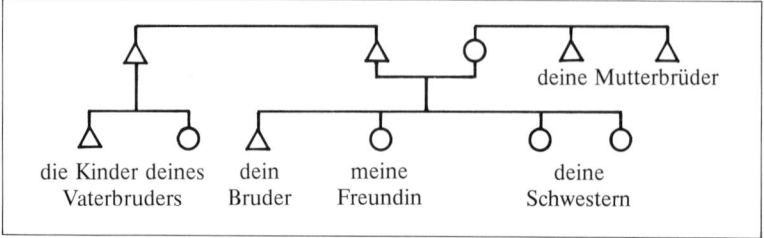

63. *Personen des Liedes: „Mögest du leben, meine Freundin".* . . .

Sollte die Sängerin das Ziel ihrer Sehnsucht erreichen und die Frau des
Bruders ihrer Freundin werden, dann würden die Freundin und deren
Schwestern zu ihren Schwägerinnen und hoffentlich zu ihren besten Ver-
trauten werden.

Nicht genannt wird die spätere Schwiegermutter. (Viele Erzählungen bei
Bauern wie Städtern gehen von einem meist schlechten, zumindest proble-
matischen Verhältnis zwischen Schwiegermutter und Schwiegertochter
aus.[111]) Auch der zukünftige Schwiegervater wird nicht genannt, denn die
Beziehungen zwischen Schwiegervater und Schwiegertochter sind wie die
zwischen Schwiegermutter und Schwiegersohn durch Meidung bestimmt
und fallen unter die allen bekannte Inzestregel. Da die Kinder der Mutterbrüder für das System der gewünschten Heiraten irrelevant sind, werden sie
auch in diesem Lied unterschlagen.

Genannt werden die Kinder des Vaterbruders, denn seine Töchter gelten
als potentielle Ehefrauen ihres Vetters, des Geliebten der Sängerin. Zwar
können sie selbst einer Ehe ihres Vetters mit einer anderen Frau nicht
direkt widersprechen, doch muß auf jeden Fall mit dem Vater dieser Mädchen ein Konsens über eine derartige, von der Regel abweichende Heirat
ausgehandelt werden. Auch die Brüder dieser Mädchen wachen über die
Einhaltung der Regeln und wollen wissen, wen ihr Vetter heiratet. Nimmt
jener sich nämlich eine andere Frau als seine Kusine, hat die Familie der
verschmähten Kusine Anrecht auf finanzielle Kompensation.

Das Lied sagt alles, was ein junges Mädchen sagen darf. Da sie sich weder
an die Eltern ihres Geliebten, noch an die eigenen Eltern mit einer direkten
Bitte wenden darf, besingt sie alle Gleichaltrigen, die von der erwünschten
Heirat betroffen wären, und die Mutterbrüder, die nicht nur dazu dienen,
das verborgene Thema zu nennen, sondern allgemein den Ruf haben, die
guten Onkel zu sein. In der patriarchalen Gesellschaft entscheiden offiziell
die Väter über die Ehe ihrer Kinder, in welcher sie in erster Linie die
Verbindung ihres Hauses mit einem anderen Haus sehen und nicht die
Verbindung zweier Personen. „Jedes Individuum muß sich den Interessen

seiner oder ihrer Familie beugen," faßt H. Granqvist ihre Beobachtungen und Analysen zu „Heirat und Verwandtschaft" zusammen.
  Viele Verliebte werden nie ein Paar.

Der Tag den Frauen, das Jahr den Männern und der Erntesommer der Familie, so skandieren die palästinensischen Bauern sozial den Ablauf der Zeit. Frauen haben tägliche Ruhepausen, Männer im Laufe des Jahres, die Erntezeit ist gemeinsame Arbeit ohne Pause, jedoch von abendlichen Festen unterbrochen. Diese Zeit entspricht trotz der intensiven Arbeit der Bauern in einer Hinsicht dem Sommerurlaub einer mitteleuropäischen Familie: Schon Monate vorher freut man sich auf den Sommer, auf die Reise in die Gärten und darauf, daß die ganze Familie endlich wieder zusammen sein kann.

Die Wörter: Haus und Familie

Zum Verständnis einer Sache gehören die Wörter, mit denen sie bezeichnet werden; denn im sprachlichen Umgang mit den Dingen werden Bedeutungen erweitert und manchmal narrativ eingefangen. Diesem Prozeß, der sich der visuellen Beobachtung entzieht, soll ein eigener Abschnitt gewidmet sein.

Haus

Generationen von Forschern haben in Palästina zahlreiche Wortlisten, Sprüche und Sprichworte zusammengetragen, weshalb wir uns auf diese Region beschränken wollen. Wie bisher werden auch in den folgenden Kapiteln nur selten arabische Bezeichnungen eingeführt: zum einen ist Arabisch eine wortreiche Sprache mit einer differenzierten Terminologie auch für die Architektur, so daß jedes Glossar unfertig bliebe, und zum anderen verhindert die Bestrebung nach lokaler Abgrenzung – auch im Bereich der Umgangssprache – eine überregionale Terminologie. Boden, Küche oder Dach z.B. werden immer wieder anders benannt, und *qāʿa, dihlīz* oder *maṣṭaba* können in den verschiedenen Regionen verschiedene Bauelemente präzise bezeichnen, in einem überregionalen Vergleich jedoch müßte jede dieser Bezeichnungen auf wenig aussagekräftige Allgemeinheiten reduziert werden: Jede *qāʿa* liegt zu ebener Erde, jeder *dihlīz* ist ein Durchgang, und jede *maṣṭaba* ist ein fest gebautes Podest, so daß wir mit den arabischen Worten und ihren Übersetzungen nicht mehr Information erhalten als durch die Betrachtung des Grundrisses oder einer Abbildung.

In den beiden vorwiegend für *Haus* verwendeten Wörtern, *bait* und *dār*, sind zwei sich ergänzende Aspekte festzuhalten: *bait* hängt mit der Wortwurzel *b-y-t* zusammen, die im ersten Stamm sowohl *die Nacht zubringen*, als auch die *Fortdauer einer Handlung* meint, wohingegen man bei *dār* mehr an ein begrenztes Territorium denkt, welches derjenige, dem es zu eigen ist, *durchstreift* oder es sich aneignend *durchmißt*. Beide Begriffe können im übertragenen Sinne auf die Familie angewendet werden, was z.B. für *manzil, die Wohnung,* nicht möglich ist. Mit dieser Doppeldeutigkeit der Wörter *bait* und *dār* spielen viele Sprüche und Sprichworte, in denen auch dementsprechend gewisse Einzelteile des Hauses mit doppelten Bedeutungen vorkommen.

Nur wenige Bezeichnungen vergleichen das Haus oder Teile davon mit dem menschlichen Körper, denn das Haus wird nicht anthropomorph gedacht. Zwar heißen im palästinensischen Bogenhaus die bogentragenden

Stützen *Beine*, die Tonnengewölbe jedoch *Kamelbogen*, so daß beides zusammen zu dem Bild eines Tieres ergänzt werden kann.

Jedes Haus hat eine Tür, *bāb*, womit bei Männern eine und bei Frauen zwei Öffnungen umschrieben werden: das *bāb ad-dibr, das Tor zur Rückseite* ist wie *bāb al-badan, das Tor zum Körper,* der Anus und der Uterus wird *bāb umm al-aulād, das Tor der Mutter der Kinder,* genannt. Damit sind die anthropomorphen oder zoomorphen Bezüge, kümmerlich genug, bereits erschöpft; doch erweitert sich das semantische Feld, sobald wir nach sozialen Zusammenhängen suchen.

min ad-duqduq as-salām

Wird eine Geschichte so weitschweifig erzählt, wie die Begrüßungsfloskeln *vom ersten Anklopfen bis zum letzten Abschiedsgruß* im Arabischen nun einmal sind, so sagt man: *min ad-duqduq as-salām.* In derselben Weise erzählen die folgenden Sprüche vom Boden bis zum Dach etwas von dem metaphorischen Wechselspiel „Haus und Familie".[112]

Sein Fundament ist gut (oder schlecht), sagt man von jemandem, dessen Charakterstärke (oder -schwäche) aus seiner Abstammung erklärt werden soll, wenn man sie auf seine Vorfahren, die den „Grundstein für die Familie gelegt haben", zurückführt. Möchte man stattdessen die gute (oder ungute) Verbindung von Vater und Mutter für das Betragen eines Menschen verantwortlich machen, sagt man: *Seine Mörtelmischung ist gut* (oder schlecht).

Einen Menschen, der sich im Unwesentlichen verzettelt, erinnert man an die Hauptsache und sagt: *Ein Haus wird aus Steinen gebaut und das Glück der Menschen aus ihren Kindern* (Abb. 64).

64. *„Ein Haus wird aus Steinen gebaut und das Glück der Menschen aus ihren Kindern"*

Bei den vorangegangenen Beschreibungen wurde mehrmals betont, wie wichtig der Anteil ist, den jeder an der gemeinsamen Hausarbeit leistet, und daß es bei der Arbeitsteilung in einer Familie keine Hierarchie geben sollte. Diese Einsicht in die Notwendigkeit aller Tätigkeiten fassen Palästinenser kurz zusammen, indem sie sagen: *Ein kleiner Stein trägt einen großen.*

Beim Hausbau kann man wie bei der Hausarbeit zwei Arten von Arbeiten unterscheiden: für beide Bereiche ist die Materialbeschaffung die Grundvoraussetzung, und erst danach können die eigentlichen Arbeiten beginnen. Zwar sind beide Tätigkeiten wichtig, doch kann nur einer der Meister sein, der für gewöhnlich von außen geholt wird. Dieses vom Ablauf des Bauprozesses zeugende Bild wird auf die Zustände im Hause übertragen, und man sagt: *Der Mann sammelt und die Frau baut,* denn es ist die Pflicht des Mannes, sein Haus mit Gütern zu versorgen, in welchem die Frau die Herrin ist. Die Vorräte unterstehen wie die in einer Kiste aufbewahrten Gegenstände ihrer Obhut. Die Schlüssel zu beidem trägt sie immer bei sich und hat damit die Möglichkeit, ihren Mann auszuschließen – oder ihm die Kisten zu öffnen; und man sagt: *Die Frau ist der Schlüssel des Mannes,* womit außerdem gemeint ist, daß die Frau jedes Geheimnis vor ihrem Mann verbergen oder ihm mitteilen kann, daß sie seine häuslichen und intimen Gewohnheiten für sich bewahren oder verbreiten kann. Ein anderes Bild vom Schlüssel, *der Mann ist das Schloß und die Frau der Schlüssel,* spielt stärker auf die Verbindung der beiden an, die nur gemeinsam eine sinnvolle Funktion erfüllen können.

In ethnologischen Arbeiten finden sich Belege dafür, daß in einigen Gesellschaften das Haus wie ein Übergewand verstanden wird. Zunächst schützt sich der Mensch vor der Natur durch Kleidung und danach mit einem Haus. Für diesen Gedanken finden sich in unserem Zusammenhang kaum Hinweise. Sagt man zu jemandem: *Lege die Tür an und gürte die Schwelle,* ist damit keine freundliche Aufforderung verbunden, sich wie mit Einzelteilen des Hauses zu schmücken, sondern es handelt sich dabei um einen schlichten Rausschmiß, so wie es ein norddeutsches Idiom ausdrückt: „Dort hat der Zimmermann das Loch gelassen".

Alle Sprüche, die auf Fenster oder Türen anspielen, zeigen deutlich, daß diese Durchlässe problematische Orte sind, denen daher auch besondere rituelle Aufmerksamkeit geschenkt wird. Sie sind zwar notwendig, doch lassen sie häufig etwas herein, was nicht erwünscht ist. Wenn irgendetwas Unangenehmes, ein Schnupfen, ein neugieriger Besucher, die Steuer oder Ungeziefer, trotz aller Anstrengung nicht zu beseitigen ist, so sagt man: *Ich vertreibe es aus der Tür, und es kommt durch die Luke wieder herein.* Diese Luken, kleine Öffnungen in der Mauer, die früher als man noch keine Glasfenster verwendete, das Innere belüfteten und beleuchteten, waren zugig, und man warnte davor, unter derartigen Luken seinen Schlafplatz aufzuschlagen. Im übertragenen Sinne gilt die Luke als ein notwendiges Übel, das mit Geduld zu ertragen oder mit Gewalt abzustellen ist. Und so kann man dem, der sich über eine nicht endenwollende Belästigung beschwert, wohl antworten: *Zieht es von der Luke, zieh dein Kleid aus und verstopfe sie. Nein, hole eine Hacke und reiße sie ein.* Der Vers zeigt die Wut, die einen angesichts aller notwendigen Übel überkommt, aber auch die Vergeblichkeit, dagegen anzugehen.

Der fragwürdige Durchgangsbereich dient auch zur Umschreibung persönlicher Verrücktheit, und man sagt: *Jemand ist wie der Türpfosten, weder drinnen noch draußen,* so wie wir sagen können: „Jemand ist aus den Fugen geraten."

Dieser Bereich des Hauses ist so heikel, daß er mit keinen guten Bildern verbunden wird. *Ein großes Haus mit grünen Fenstern, aber Hunger kürzt das Leben darin,* brandmarkt Angeber, die mehr scheinen als sein wollen, und deren Repräsentationsbedürfnis der Familie nicht zugute kommt: *Die Tür des Hauses ist groß und hat einen Klopfer, aber die da drinnen sehnen sich nach Fleischbrühe.* Sprüche dieser Art sind weit verbreitet und zeugen von der Schwierigkeit der Männer, die ihre Familie repräsentieren und großzügige Gastgeber sein müssen, ohne das Wohl der Familie aus den Augen zu verlieren. Solch ein Mann, der nicht genügend Vorräte für sein Haus anhäuft, sondern das Vorhandene sinnlos verschleudert, wird mit einem *Wasserspeier, der alles nach draußen wirft,* und eben den Regen nicht in der Zisterne sammelt, verglichen.

Daher drehen sich Streitigkeiten zwischen Mann und Frau oft um diesen Widerspruch zwischen der Pflicht zur Gastfreundschaft und der Pflicht zum Bewahren der Vorräte. Wie wir sahen, kann eine Frau durch ihre Schlüsselgewalt über Vorräte und Haus einer zu prunksüchtigen Großzügigkeit ihres Mannes „den Riegel vorschieben" – wie wir sagen würden. In Palästina sagen die Frauen: *Die Gäste sind in unserem Haus, aber der Schlüssel steckt in unserem Gürtel.* Im übertragenen Sinne können das auch Männer sagen, indem sie auf die oben erwähnte Assoziation von Schlüssel und Geheimnis anspielen und meinen, daß sie zwar „offen" für alles Kommende sind, Geheimnisse aber hüten werden.

Wenngleich den Gästen nur ein bestimmter Raum im Haus zu betreten erlaubt ist und ihnen zahlreiche zeremonielle Verhaltensregeln, *min adduqduq as-salām,* vom Anklopfen bis zum Aufwiedersehen, auferlegt sind, sagt der Hausherr zur Begrüßung: *ahlan wa sahlan, sei einer von meinen Leuten und mach es dir bequem,* oder: *mein Haus sei dein Haus.* Wie bei uns ist damit keineswegs gemeint, ein Gast könne sich wie zu Hause benehmen. Sprüche wie diese besagen, daß der Hausherr seinem Gast denselben Schutz wie den Mitgliedern seiner Familie gewähren wird. Für die Zeit, in welcher ein Besucher unter dem Dach seines Gastgebers weilt, gilt er, und wäre er ein Feind der Familie, als unantastbar. Sagt jemand zu einem

Mann, den er für einflußreich hält: *Ich stehe unter deinem Dach,* selbst wenn sich die beiden auf offenem Feld begegnen, appelliert er an diesen Gedanken: Haus und Familie garantieren allen, die dazugehören, ihren Schutz.

Immer wenn von dem Haus gesprochen wird, klingt die Übertragung auf die Familie an, auf die gegenwärtige aber auch die zukünftige. Einfache Segenswünsche wie *Gott schütze dein Haus* oder Flüche wie *Gott zerstöre dein Haus* meinen nie das Gebäude, sondern immer die Angehörigen dessen, dem die guten oder bösen Wünsche zugerufen werden, und so bezieht sich auch das Lob, *er kommt aus einem guten Haus,* nicht auf die Architektur sondern auf die Abstammung.

Sogar von Pferden oder Kamelen kann man sagen, sie *kommen aus gutem Hause.* „Häuser" und Genealogien spielen in der Zucht edler Tiere eine hervorragende Rolle. Wie bei den Menschen wird in Abstammungslinien gezählt, und wenn Stuten von ihrem patrilateralen Vetter gedeckt worden sind, wird dies besonders vermerkt. Auch bei uns kann über menschliche und tierische Fortpflanzung mit denselben, allerdings verpönten Ausdrükken gesprochen werden; doch es hat den vulgären Beigeschmack des Stammtisches, wenn man von einem Mädchen sagt: „Sie kommt aus gutem Stall".

Jedes neugebaute Haus wird mit einem Fest bedacht, von welchem sich die Gäste mit zahlreichen Segenssprüchen verabschieden: *So Gott will, wirst du deine Kinder in deinem Haus aufziehen und verheiraten,* oder *So Gott will, wirst du darin deine Kinder und die Kinder deiner Kinder erleben.* Nicht selten dankt der Hausherr einem Gast, der ihm beim Bauen oder den Festvorbereitungen geholfen hat, indem er auf ein nächstes Fest und die Rückzahlung seiner Dankesschuld anspielt: *So Gott will, werden wir bei der Heirat eurer Söhne helfen.* Und eben jener junge Mann, der dann sagt: *ich möchte ein Haus eröffnen,* umschreibt damit, daß er heiraten möchte.

Familie

Anders als mit den Worten der Architektur verhält es sich mit den Wörtern, die die Grade der Verwandtschaft bezeichnen (Abb. 65). Dort gibt es nur im Bereich der Kosenamen für Vater, Mutter oder Großeltern regionale Abweichungen, aber ein *ḫāl* etwa ist im ganzen arabischen Bereich immer nur ein Bruder der Mutter. Sorgfältige Recherchen ergeben ein Bündel von gut zwanzig derartigen Begriffen, die allerdings verschieden oft gebraucht werden.[113] So sind z. B. eigene Worte für Schwager oder Schwägerin bekannt, werden aber in vielen Orten nicht verwendet. Stattdessen zieht man es vor, die Verhältnisse mit den Grundbegriffen der Verwandtschaftsterminologie zu beschreiben und vom „Ehemann meiner Schwester", oder der „Ehefrau meines Bruders" zu reden. Geläufig sind – über die Generationen

65. Eine Familie v.l.n.r. im Verhältnis zum Hausherrn: Ehefrau; Hausherr mit den Bildern wichtiger Männer seiner Familie; seine Mutter; seine Schwester und sein Bruder

verteilt – kaum mehr als zehn Begriffe (Abb. 66). Wie mit dem Wort *bait* die soziale Einheit *Familie* und ihr Ort, *Haus*, gleichermaßen gemeint sein kann, so bezieht sich auch das arabische Wort *ṭabaqa* je nach Kontext auf einen sozialen oder räumlichen Zustand: wie die *Generationen* einer Familie und die *Stockwerke* eines Hauses.

Wenn der Ethnologe versucht, die Regeln eines fremden Verwandtschaftssystems zu verstehen, achtet er auf die Worte, mit welchen die einzelnen Verwandten bezeichnet werden. Vater und Mutter, *abū* und *umm*, sind lexikalisch eigenständige Worte und sozial eigenständige Personen. In ihrer Gemeinschaft als Paar heißen sie *zauǧ* und in ihrer Gemeinschaft als Eltern *walidān*. Söhne und Töchter hingegen bilden sprachlich eine nur nach Geschlecht unterschiedene Einheit; sie heißen *ibn* und *bint*.

Onkel und Tante väterlicherseits heißen *ʿamm* und *ʿamma*, beidesmal dasselbe Wort, für die Frau allerdings mit einer Femininendung versehen. Die Bezeichnung *ʿamm* dehnt sich auf weiter zurückliegende Generationen aus; denn auch die Brüder des Großvaters und deren Söhne werden so genannt. Sie alle bilden eine Einheit: Ihre Kinder (*ibn ʿamm, bint ʿamm*) gelten als mögliche Heiratspartner.

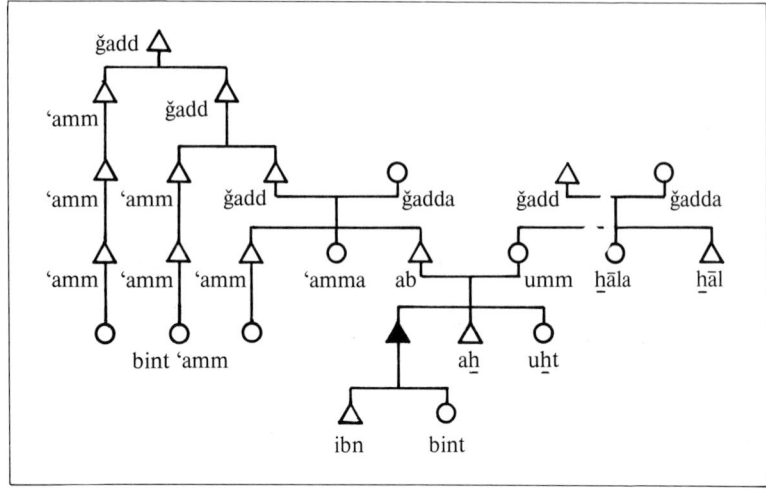

66. *Grundbegriffe der Verwandtschaft (für ▲)*

Anders als bei uns werden bereits sprachlich die Onkeln und Tanten väterlicherseits von denen mütterlicherseits unterschieden; diese heißen *ḥāl* und *ḥāla*.

Die Bezeichnung der Großeltern unterscheidet nicht mehr nach väterlichen oder mütterlichen Verwandten, sondern kennt für Großvater und Großmutter beiderseits nur einen Ausdruck: *ǧadd* und *ǧadda*. Wurden die bisher aufgezählten Verwandten mit Begriffen bezeichnet, deren lexikalische Übersetzungen in erster Linie im Bereich der Abstammung verbleiben, ist *ǧadd* die Ableitung der Wurzel *ǧ-d-d,* deren Bedeutung wesentlich in ein anderes semantisches Feld gehört: *neu sein; bedeutend sein; ernsthaft streben.*

Da bisher offensichtlich Wert auf die Trennung zwischen mütterlicher und väterlicher Linie gelegt wird, erscheint es auf den ersten Blick verwunderlich, daß die Großeltern beider Seiten mit demselben Begriff bezeichnet werden. Diese Gleichsetzung liegt im System der Kusinenheirat begründet: Heiratet ein junger Mann die Tochter des Bruders seines Vaters, haben die Brautleute tatsächlich gemeinsame Großeltern. Auch wenn sich die Kusine über den langen Weg mehrerer Generationen eingestellt hat, werden die beiden Eheleute an irgendeiner Stelle der Vorfahren gemeinsame Urgroßeltern haben, die – in welcher Generationsstufe sie sich auch befinden mögen – immer *ǧadd/ǧadda* genannt werden.

Wird bei einer Kusinenheirat die Trennung nach mütterlicher oder väterlicher Linie mit Blick auf die Vergangenheit irrelevant – und ist daher terminologisch auch nicht vorhanden – so muß sie mit Blick auf die Zukunft doch betont werden: Die Söhne eines Mannes, Brüder, sind potentiell in der Lage, eigene Häuser mit eigenen Namen zu gründen, was im Abstand von Generationen auch immer wieder geschieht. Nach einer solchen, Segmentation genannten Spaltung verändert sich nichts in der gemeinsamen Abstammung von denselben Großeltern, *ğadd* und *ğadda,* doch die Kinder der Brüder gehören dann in zwei verschiedene Häuser (Abb. 67).

Bruder und Schwester, *aḫū* und *uḫt,* werden auch für Halbgeschwister verwendet. Will man, was nur selten der Fall ist, betonen, daß man von demselben Vater und derselben Mutter abstamme, redet man von *šaqīq* oder *šaqīqa,* so wie kleine Kinder in Palästina von ihrem Wohnhaus als *ganze Schwester* reden.[114] In dieser Metapher ist ein emotionaler Affekt der Nähe enthalten, die Vorstellung, daß das Haus von Vater und Mutter gemeinsam hervorgebracht wird, und der Gedanke, daß man dem Haus wie einer Schwester verpflichtet ist. In Nordarabien wird der den Männern vorbehaltene Teil des Zeltes *šiqq* genannt, denn dort sollen sich die Männer wie Brüder verhalten.

Für die Benennung größerer Einheiten wie Familie, Familienverband oder Stamm ergeben sich dieselben Schwierigkeiten wie bei der Benennung der einzelnen Elemente eines Hauses. Selbst innerhalb einer Gemeinschaft herrscht oft kein Konsens über die Grenzen einer *ʿaiʾla, ʿašīra, qabīla,* wie es sich immer wieder zeigt, wenn Ethnologen mehrere Einheimische gleichzeitig nach dem System der tribalen Gliederung und seiner Benennung fragen. Das bestätigen auch die lexikalisch verzeichneten Übersetzungen der Begriffe. *ʿašira,* zum Beispiel, wird mit *Familie, Verwandtschaft, Stamm* oder für den Irak präzisiert mit *seßhafter Stamm* übersetzt.

Klarheit herrscht dagegen in der Zuordnung aller Personen eines „Hauses", d. h. einer Abstammungsgruppe, weil sie durch gemeinsame Aufgaben praktisch und für jeden spürbar eng zusammengehalten wird: Sie tritt zum Schutz jedes Mitgliedes ein, ist für seine Vergehen verantwortlich und bestimmt, wer mit wem in einer patrilateralen Parallelkusinenverbindung steht, und damit, wer als Heiratspartner im Interesse der Abstammungsgruppe vorgesehen ist. Jede Abweichung von dieser Bestimmung bedarf des Einverständnisses der Gruppe, welche es auch gewährt, sobald eine andere als die vorgesehene, endogame Heirat in ihrem Interesse liegt. Doch

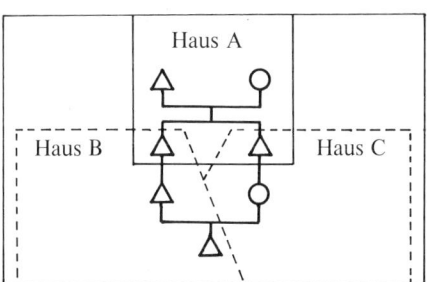

67. Teilung eines Hauses

auch nach der Freigabe einer Frau bleibt der ihr zugeordnete Vetter, wie ihr Vater und ihre Brüder, für sie verantwortlich.

Hat eine Frau weder Vater noch Brüder, kann sie in einer Notsituation mit demselben unverbrüchlichen Recht, das sie jenen gegenüber einklagen kann, das Haus ihres *ibn ʿamm* aufsuchen, der sie dann versorgen muß. Umgekehrt kommt ihm dasselbe Recht der Bestrafung zu, wenn seine *bint ʿamm* Schande über die Familie gebracht hat. Das Recht, seine *bint ʿamm* zu heiraten, ist zugleich die Pflicht, für sie wie ein naher Verwandter zu sorgen. Verzichtet er auf das Recht, sie zu heiraten, erhält er nicht selten eine materielle Entschädigung, einen Teil des Brautpreises, da er von seinen Sorgepflichten nicht entbunden ist.

Jeder Mann hat für fünf, kategorial unterschiedlich definierte Frauen zu sorgen: Für seine Mutter, für seine Schwestern, für seine Töchter, für seine Ehefrau und für seine *bint ʿamm*. Heiratet er seine *bint ʿamm*, vermindert er seinen Aufgabenbereich um eine Person. Die Sorge um seine Mutter teilt er mit seinem Vater und seinen Brüdern, ebenso wie die um seine Schwestern. Die Sorgepflicht einer Schwester gegenüber geht nur in materieller Hinsicht an ihren Ehemann über, in moralischer Hinsicht verbleibt sie im Kompetenzbereich ihrer Brüder. Wenn ihre Ehe durch den Tod ihres Mannes oder eine Scheidung beendet ist, kehrt sie entweder für immer oder bis ein neuer Ehemann für sie gefunden worden ist zu ihrem Vater oder einem ihrer Brüder zurück. Die Sorge für seine Töchter teilt ein Mann mit seinen Söhnen, und er erweitert das Netz der Verantwortlichen, indem er möglichst früh einen Sohn seiner Brüder oder väterlichen Onkel als potentiellen Ehemann seiner Tochter akzeptiert. Auf diese Weise trägt er, unterstützt von weiteren Verwandten, die Pflichten seiner Familienehre, die er keinem Außenstehenden überlassen kann.

Umgekehrt bedeutet diese Aufteilung der Sorgepflicht, daß eine Frau niemals einem ihrer männlichen Verwandten allein ausgeliefert ist; in ihrer Not oder in einem Konfliktfall kann sie bei einem der fünf Männer Zuflucht suchen oder um Vermittlung bitten: bei ihrem Vater gegen ihre Brüder, bei ihrem Sohn gegen ihren Ehemann, bei ihren Brüdern gegen ihren Vetter, bei ihrem Vetter gegen ihren Ehemann usw.

Da in der väterlichen Linie alle Brüder des Vaters und des Großvaters als *ʿamm* bezeichnet werden, kann ein junger Mann zahlreiche patrilaterale Parallelkusinen haben. Die Zeichnung (s. Abb. 66) verdeutlicht, daß terminologisch nicht zu unterscheiden ist, ob es sich um eine Kusine ersten oder dritten Grades handelt, d. h. um eine Kusine, die auf dem kurzen Weg über den Vater oder auf einem längeren Weg über den Groß- oder Urgroßvater zur *bint ʿamm* wird. Diese Art der Rechnung hört in vielen Fällen nach dem fünften Vorfahren auf, dessen Brüder eigene Häuser bilden. Alle Personen, die von diesem fünften Vorfahren und seinen Kindern abstammen, bilden ein „Haus", oder wie Beduinen sagen, eine *ḥamsa*, eine Fünfergemeinschaft.[115] Und nur in dieser Gruppe sind die heiratsfähigen Kusinen zu suchen.

Heiratet ein Mann seine ihm zugedachte Kusine, dient dies der Geschlossenheit der Gruppe, denn nichts, weder Erbgüter oder Heiratsgüter, noch eine Frau oder ihre Kinder, geht der Gruppe verloren. Es bleibt alles beisammen, und es bleibt alles beim Alten. Diese Form der Heirat ist wie eine selbstorganisierte Versicherung, in die alle Beiträge zum eigenen Schutz eingezahlt werden, aus der aber kaum Gewinn zu erzielen ist.

Diesem Streben nach Erhalt und Abgrenzung steht ein anderes, risikoreicheres gegenüber, das auf Erweiterung und Vermehrung abzielt. Heiratet ein Mann ein Mädchen aus einem anderen Haus, ist dies ein direkter Zugewinn: eine Frau, die vermutlich Kinder gebären wird, kommt mit einem Bündel neuer Beziehungen dazu. Bei einer endogamen Heirat wird die schon bestehende verwandtschaftlich geklärte Verpflichtung nur bekräftigt, im anderen Fall können zwei Häuser, zwischen denen bisher nur die allgemeinen Regeln eines sozialen Verhaltens galten, durch die Verheiratung ihrer Kinder eine neue Beziehung zur Gegenseitigkeit eingehen.

Mit den ersten Heiratsverhandlungen setzen ökonomische Transaktionen ein, da für die Frau eines fremden Hauses eine oft hohe Entschädigung gezahlt werden muß. Diesen anfänglichen Tauschbeziehungen folgen weitere gegenseitige Leistungen. Der Verlust, den ein Haus mit der Ausheirat eines Mädchens erfährt, kann gelegentlich durch eine gegenläufige Heirat ausgeglichen werden: Ein Junge des einen Hauses erhält ein Mädchen aus dem Haus des Ehemannes seiner Verwandten zur Frau. Bekannt, aber noch seltener praktiziert, ist die direkte *Tausch*heirat *badal*. Zwei Männer aus verschiedenen Häusern geben sich ihre Schwester zur Frau und stellen damit eine ähnliche Nähe her, wie zwei nichtverwandte Männer mit einer rituell geschlossenen Blutsbrüderschaft. Dieser Heirat folgt kein Gütertausch; was der eine zu zahlen hätte, hätte auch der andere zu zahlen – der Ausgleich ist im Moment des Vollzugs gewährleistet.

Interessanter für ein Haus ist die Verschiedenartigkeit und die Verzögerung, mit welcher die Gaben und Leistungen ausgetauscht werden, so daß versucht wird, mehrere Häuser über Heiraten in die Pflicht zur Gegenseitigkeit zu nehmen. Daher vermeidet man es, eine Tochter in dasjenige Haus als Frau zu geben, aus welchem eine Schwiegertochter geholt worden ist. Denn auch dieser Tauschkreis wäre derart in sich geschlossen, daß sich die Gegenseitigkeit in gleichmäßigem Hin und Her erschöpfte.

Die beiden Absichten, das Haus nach innen zu festigen und nach außen zu erweitern, lassen sich aufgrund einer erlaubten Polygamie einerseits und durch eine Vielzahl an Kindern andererseits zielstrebig verfolgen. Die wenigen statistischen Untersuchungen, die es dazu gibt, machen deutlich, daß der Prozentsatz der Kusinenheirat bei der ersten Ehe höher als bei einer folgenden liegt. Auch die erstgeborenen Söhne, die potentiellen Nachfolger des Haushaltsvorstandes, nehmen häufiger als ihre jüngeren Brüder eine Kusine zur Frau.

Eine direkte Parallele zu den beiden Heiratsabsichten, zu sichern und zu erweitern, finden sich gleichermaßen im Verhalten der Kamelbeduinen wie der städtischen Händler zu ihrem Besitz. Keiner bringt sein Kapital, auch bei noch so günstigen Angeboten, in Gefahr. Man bewahrt und versucht, durch Raub oder geschickten Handel dazuzugewinnen und das Geschäft wie das eigene Haus „aufzustocken". Daraus entsteht logischerweise ein Ungleichgewicht, das dem Wunsch entspricht, ein fremdes Mädchen lieber kommen als ein eigenes gehen zu sehen.

In vielen Fällen ist die Zahl der aus- und einheiratenden Mädchen annähernd gleich. Manchmal muß ein junger Mann, der ein fremdes Mädchen heiraten möchte, sogar warten, bis seine Schwester verheiratet worden ist, denn erst dann, d.h. nachdem der Brautpreis für sie gezahlt ist, ist genügend Geld für seine Heirat im Hause. Da jeder Brautpreis als Rücklage für die Braut gedacht ist, wird solch ein Verfahren offiziell abgelehnt. Doch in der Hoffnung, daß kein Notfall eintritt, oder daß das Geld in der Zwischenzeit auf andere Weise wieder zusammenkommt, spricht man nicht weiter darüber.

In einflußreichen Familien zeigt sich tatsächlich, daß mehr Schwiegertöchter aus anderen Häusern in das eigene Haus geholt werden als Töchter mit ihrer Heirat das Haus verlassen. Solche Häuser verfügen einerseits über genügend Geld (oder Kamele), um viele Brautpreise zu zahlen, ohne selbst welche zu erhalten, und andererseits über so viel Einfluß, daß andere Häuser sich über eine ihrer Töchter in die schwiegerschaftliche Nähe zu ihnen stellen möchten. Es sind Heiraten, die eine besondere Klientelbeziehung begründen. Bei Armen Leuten und Großen Häusern ist statistisch die Kusinenheirat besonders verbreitet. Bei den einen, weil sich ihre Söhne kaum eine andere Frau leisten können, bei den anderen, weil sie ihre Töchter nicht hergeben möchten.

Besonders in Krisenzeiten sucht die Abstammungsgruppe ihren Zusammenhalt matrimonial zu untermauern. Ist die Außenwelt unsicher, will man beim Heiraten keine zusätzlichen Risiken eingehen. So entschließen sich in den Lagern der aus ihrer Heimat vertriebenen Palästinenser mehr Männer, ihre Kusinen zu heiraten, als in den Jahren zuvor unter friedlicheren Bedingungen. Ebenso erwarten die Angehörigen eines Migranten eher von ihm als von einem der Daheimgebliebenen die Ehe mit seiner Kusine.[116] Wie jeder Tausch, dient auch die Heirat dazu, die als gefährlich empfundenen Trennungen zu überbrücken.

Leben in der Oase

Klima, Baumaterial und sozial-ökonomische Bedingungen spielen, einzeln oder kombiniert, bei der Erklärung der lokalen Haustypen eine entscheidende Rolle. Das folgende Beispiel zeigt nun aber, daß auf begrenztem Raum und unter gleichen Klimabedingungen unterschiedliche Hausformen nebeneinander existieren, wohingegen andere Bewohner, die sich in Hinblick auf ihr Erwerbsleben grundsätzlich unterscheiden, denselben Haustyp benutzen.

In der Batina, dem schmalen, langgestreckten Küstenstreifen Nord-Omans, leben außerhalb der Städte viehzüchtende Nomaden, Oasenbauern und Fischer.[117] Ihre Häuser bauen sie aus Materialien der Palme: Palmwedel, Rispenstäbe und Stämme; selbst die alles verknüpfenden Schnüre können aus diesem Werkstoff gedreht werden. Betrachtet man die Photographie eines dieser Häuser (Abb. 68), verrät uns kein Detail, ob es sich nun um das Haus eines Fischers, eines Oasenbauern oder eines Beduinen handelt.

Zu einer einfachen Hausanlage[118] dieses Typs gehören zumindest zwei Bauten mit verschiedenen Dachformen: ein flach gedeckter *ʿarīš,* und ein eine giebel- oder, richtiger übersetzt, eine *zelt*förmig gedeckte *ḥaima.* Mit *ʿarīš* werden auch Zäune, Schattendächer oder Lauben bezeichnet, die aus Zweigen, Ästen oder anderem pflanzlichen Material gemacht werden; *ḥaima* ist eine arabische Bezeichnung für Zelt.

68. *Häuser aus dem Material der Palme: bait-zur*

In der einfachen Kombination steht das Zeltdach, meist quer zum ʿarīš, direkt auf dem Boden und dient als Küchenraum.[119] Für gewöhnlich aber sind beide Häuser gleich groß und mit einer gemeinsamen Längswand so hintereinander gestellt, daß das Flachdachhaus zum Eingangsraum des Hauses wird und das Zeltdachhaus ein rückwärtiger, nicht einsehbarer Ruheraum. Zu einer solchen Anlage gehören meist eine zeltförmige Hütte als Küche, Podeste für Hausrat und gelegentlich eine mit Matten überdachte Veranda. Die kleine wie die große Anlage wird als *bait* bezeichnet, genauer als *bait zūr*, *vegetabiles Haus,* denn es ist ein Haus aus dem Material der Palme.

Die Batina ist seit langem wichtiger Standort ausgedehnter Dattelhaine und vieler kleiner Oasensiedlungen. Das verwendete Baumaterial entspricht den lokalen Gegebenheiten, und tatsächlich sind die jeden Windhauch durchlassenden Häuser aus Palmwedeln dem heißen Klima optimal angepaßt. In einigen Oasen gibt es wie in den städtischen Siedlungen allerdings neben diesen „Pflanzenhäusern" feste Häuser aus Stein oder Lehm. Weder Klima, noch massenhaft zur Verfügung stehendes Material, noch die Produktionsweise ihrer Bauherren fordern also eine bestimmte Art des Hausbaus.

Dieser Teil der omanischen Küste ist seit vorhistorischer Zeit immer wieder Einwanderungsgebiet von Menschen aus dem Landesinneren und von den Küsten des Golfes gewesen, doch auch die so entstandene ethnische Heterogenität kann nicht als Ursache der verschiedenen Bauformen herangezogen werden. Mag sich auch die Sozialstruktur der verschiedenen ortsansässigen Ethnien voneinander unterscheiden – an ihren Häusern kann man dies nicht unbedingt ablesen:

Die Balutschen von Sohar sprechen neben Arabisch ihre eigene, nicht-semitische Sprache. Sie wurden vor vielen Generationen als Söldner der Al Bu Said-Dynastie ins Land geholt oder kamen als Exilanten von der anderen Seite des Golfes. Außer der nomadisierenden Viehzucht gehen sie allen anderen am Ort ausgeübten Tätigkeiten nach. In ihren Heiratsbräuchen und -praktiken folgen sie anderen Regeln als die Araber. Ein Balutsche sollte ebenfalls endogam, d. h. innerhalb seiner Abstammungsgruppe heiraten; doch wird dabei weder terminologisch noch praktisch zwischen den Kusinen väterlicherseits und denen mütterlicherseits unterschieden. Anhand der in der Literatur zitierten Fallbeispiele hat man sogar den Eindruck, daß die Kusinen der Mutterseite bevorzugt zu Ehefrauen genommen werden. Der Wohnort des jungen Paares kann in unserem Zusammenhang als wichtigster Unterschied gelten: Das junge Paar lebt im Gehöft der Brauteltern.[120]

Von außen weisen die Wohnanlagen von Arabern und Balutschen keinen Unterschied auf, und ein Blick über ein Gehöft mit mehreren Hausanlagen verrät uns nichts über die ethnische Identität seiner Bewohner. Wir erhalten nur Hinweise, ob es sich um das Gehöft einer Kernfamilie oder einer erweiterten Familie handelt. Finden wir mehr als eine Doppelanlage von *ʿarīš* und *ḥaima,* können wir vermuten, daß hier neben dem Hausherrn eines seiner verheirateten Kinder lebt, sei es der verheiratete Sohn eines Arabers oder die verheiratete Tochter eines Balutschen (Abb. 69–71).

Keiner der bisher genannten Faktoren kann das Nebeneinander von Pflanzen- und Lehmziegelhäusern begründen, und keine der Erklärungen, die eine Abhängigkeit zwischen Erwerbsleben oder ethnischen Identität und Hausform nachweisen, reicht für dieses Beispiel aus. Es muß nach anderen Bedingungen gefragt werden, um zu verstehen, inwieweit dem formalen Unterschied der Pflanzen- und Steinhäuser bei Oasenbauern auch ein funktionaler entspricht, beziehungsweise ob der formalen Gleichheit

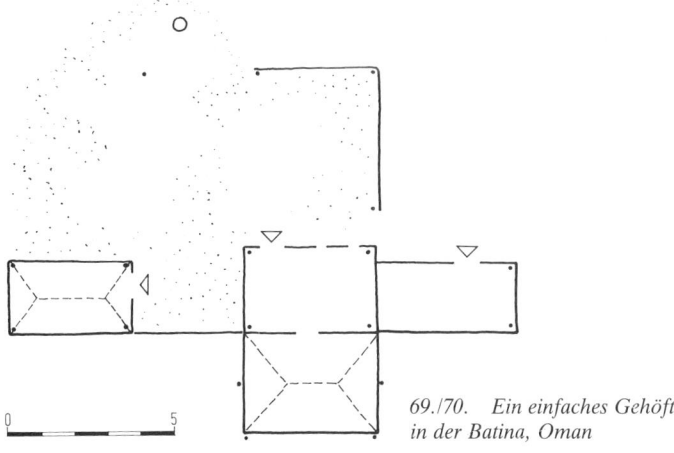

69./70. Ein einfaches Gehöft in der Batina, Oman

der Häuser von Fischern, Nomaden und Bauern, von Einheimischen und Fremden eine andere Ebene der Gleichheit unterliegt.

Auf der Suche nach bisher vielleicht übersehenen Indizien, die zur Lösung des Falles beitragen helfen, soll eine genaue Beschreibung des scheinbar einfachen Tatbestandes folgen: Oft stehen die Pflanzenhäuser in einem weiträumigen Geviert, so daß weitere Teile der Familie als kleine eigenständige Einheiten darin aufgenommen werden können. Früher waren die Umfriedungen eines *bait zūr* ebenfalls aus pflanzlichem Material. Liegen die Gehöfte in weitem Abstand, kann auf Zäune verzichtet werden, da diese weniger vor feindlichen Übergriffen als vor unerwünschten Einblicken schützen sollen. Sie gewährleisten allein die Zurückgezogenheit der familiären Privatheit, weshalb der Gastraum direkt am Eingang oder sogar außerhalb des Zaunes liegt.

Diese Trennung von Familien- und Gastbereich findet sich in ähnlicher Anordnung auch in den kurzfristig errichteten Lagern der Batina-Beduinen. Unter schattenspendenden Schirmakazien werden mit Bahnen aus gewebtem Ziegenhaar und mit Matten aus Palmwedeln Windschirme und Baumhütten errichtet: ein Ort für die Frauen und Kinder, in deren Nähe die Kochstelle eingerichtet wird und in einiger Distanz ein Schattenplatz für die Männer und ihre Gäste. Vorräte und andere Kostbarkeiten werden in die Bäume gehängt. Auch in den Palmwedelhäusern, die über keinerlei Einbauten verfügen, wird die Balkenkonstruktion als Hängevorrichtung genutzt.

In den drei obengenannten Produktionsbereichen liegt der Arbeitsplatz der Männer außer Haus: die Weidegebiete der Viehzüchter, die Gärten der Oasenbauern und die Fanggründe der Fischer. Während die Frauen der Fischer keinen Anteil an der Arbeit ihrer Männer zu haben scheinen, weder an der Herstellung der Geräte, noch an der Weiterverarbeitung und Veräußerung des Fanges, sind die Frauen der Viehzüchter sowohl an der Wartung der Tiere wie an der Verarbeitung tierischer Produkte beteiligt. In Hinblick auf den gesamten Tätigkeits- und Lebensbereich bilden nur die Viehzüchterfamilien wirkliche Produktionseinheiten. Die Frauen von Oasenbauern nehmen eine Mittelstellung ein. In erster Linie kümmern sie sich um den Haushalt und das für den Hausbedarf gehaltene Kleinvieh. Im Schutz der Dattelhaine können die Frauen kleine Felder mit Viehfutter anlegen, doch die Arbeit an den Datteln ist reine Männerarbeit. Beim Bau des Hauses sind Männer und Frauen gleichermaßen beteiligt, die Frauen mit dem zeitaufwendigen Flechten der Matten, die Männer mit dem Herbeischaffen des Materials und dem Zusammenfügen der Einzelteile. Für kunstvoll geflochtene und in geometrischen Mustern ausgeschnittene Fenster werden Spezialisten herangezogen.

Anders als bei den Bauernhäusern in Palästina sind die Häuser der Oasenbauern nicht deutlich auf den landwirtschaftlichen Betrieb eingestellt,

71. Blick über mehrere Gehöfte, Batina

ihnen allen fehlt ein größeres Lager und auch in den Gärten finden sich keine derartigen Bauten.

Die Arbeit der Oasenbauern teilt sich in zwei Hauptabschnitte: die Pflege der Gärten, zu der die besonders aufwendige Organisation der Bewässerung zählt, und die Ernte. Die Palmstämme sind von kleinen Gräben umgeben, die man an allen Zweigstellen mit Dämmen öffnen oder schließen kann, um so die einzelnen Parzellen gezielt mit Wasser zu versorgen. Diese Gräben müssen ebenso wie die Brunnen oder unterirdische Kanäle, aus denen sie gespeist werden, ständig gewartet und das Erdreich der Parzellen immer wieder aufgelockert und von Unkraut gesäubert werden.

Zur Pflege der Datteln gehört die Besamung der weiblichen Bäume. Für zehn bis fünfzig weibliche, fruchttragende Dattelpalmen wird eine männliche gepflanzt. Einmal im Jahr steigt einer der Oasenbauern mit männlichen Samenknospen auf die Palmen, um die weiblichen Fruchtstände zu befruchten.[121]

Im Schatten der relativ weit auseinanderstehenden Palmen können kleine Felder für Viehfutter angelegt und vereinzelt Guaven, Bananen oder Limonen gepflanzt werden. Mangobäume, die sehr groß werden können, werden bevorzugt neben Brunnen gesetzt, weil sie angenehmen Schatten spenden.

Während der Dattelernte sind die Haine besonders belebt, da die Arbeit nur mit zahlreichen Erntehelfern bewältigt werden kann. Zu den Helfern, die aus allen Teilen des Landes kommen, gehören auch die Fischer, deren Fanggründe in der heißen Zeit wenig ergiebig sind, so daß sie sich nach einem anderen Erwerb umsehen müssen. Sie lassen sich entweder für die nur zu dieser Zeit durchführbaren Perlfischerei golfaufwärts anheuern oder verdingen sich als Dattelpflücker, denn ihre eigenen Haine sind klein und dienen allein der Selbstversorgung. In der Nähe der Gärten errichten die Plantagenarbeiter einfache Hütten oder Unterstände aus Palmwedelmatten, die sie zusammengerollt mitgebracht haben. Neben ihrem Lohn haben sie Anrecht auf tägliche Versorgung mit Nahrung.

Zu dieser Zeit kommen auch einzelne Familien in die Haine, nicht um mitzuarbeiten, sondern um die Ernte zu überwachen: Es sind die Besitzer der Gärten. Diese Grundherren, viehzüchtende Stammesangehörige, wohnen neben ihren Gärten in eigenen Häusern, die sie nur zur Ernte und gelegentlichen Zwischenaufenthalten während ihrer Weidewanderungen aufsuchen. Die Oasenbauern sind also nicht die Eigentümer der Plantagen, sondern Gärtner auf fremdem Land. Da ihnen weder das Land noch die Erträge gehören, verfügen ihre Häuser auch nicht über die für landwirtschaftliche Betriebe sonst üblichen Einrichtungen.

Land und Leute

Die Batina war traditionsgemäß in einzelne *dūr,* (pl. von *dār*), sogenannte Bannbereiche der Beduinenstämme unterteilt. *Dār* bezeichnet ganz allgemein einen begrenzten Raum, womit ein Haus aber auch ganze Landstriche gemeint sein können. Letztlich stehen sich auf dieser Welt zwei große Gebiete gegenüber: das *dār al-islām* und der Rest der bewohnten Welt, der als *dār al-ḥarb* ein feindliches Gebiet, eine *Region des Krieges* ist. Darüberhinaus kann dieser mit Fragen des Rechts verbundene Begriff ins Metaphysische gewendet werden. Das Diesseits, *dār al fanā',* ist die *vergängliche* und das Jenseits, *dār al-baqā', die ewige Wohnstätte.*

Menschen, die ein begrenztes Territorium bewohnen, gehören auch sozial zusammen. In Palästina ist *dār* für *Haus* gebräuchlich und wird wie *bait* auf die soziale Einheit *Familie* übertragen. Auch die Bewohner eines Stammes-*dār* bilden genealogisch eine Einheit. Fremde, die sich in diesem Territorium nur mit Einwilligung des landbesitzenden Stammes aufhalten dürfen, führen zu diesem Zweck Verhandlungen mit den Repräsentanten des Stammes und handeln sog. Schutzverträge aus. Für das Recht, in fremdem Stammesgebiet zu siedeln oder es zu durchqueren, zahlen sie Abgaben und Tribute; ohne diese Zahlungen werden Fremde wie Feinde behandelt und vertrieben. Grundherren eines Territoriums konnten Stämme sein, aber auch andere Instanzen der Macht wie ein Sultan oder eine Moschee.

Mit Einwilligung des Grundherren konnten Exilanten aus fernliegenden Gebieten sogar eigene Siedlungen im fremden *dār* gründen. Das Recht zur Weidenutzung hingegen vergaben Beduinen nur selten und auch nur für die kurze Zeitspanne einer Durchquerung. Daher wurden Neusiedler wie die

Balutschen nicht als Viehzüchter, wohl aber als Oasenbauern akzeptiert. F. Barth berichtet von Balutschenfamilien, die im 19. Jahrhundert aus Iran in die Batina kamen[122] und unweit von Sohar Oasenland erhielten. Einer ihrer Familienoberhäupter, mit dem ein damals in Sohar residierender Sultan die Verhandlungen führte, wurde zum *šaiḥ* ernannt und damit offiziell als Repräsentant der Einwanderer anerkannt. Als Klientel des Grundherren standen die Balutschen unter seinem Schutz, und er gewährte den Siedlern in Zeiten der Bedrohung Zuflucht in der städtischen Festung von Sohar. Wie ein Nachfahre der ersten Siedler sich erinnerte, überfielen in jener Zeit der Sklavenhaltung ortsfremde Stämme die ungeschützten Siedlungen und raubten Kinder, um sie als Sklaven zu verkaufen.

Auch die Oasengärtner der Batina leben wie die Balutschen in Palmwedelhäusern, die sie auf unfruchtbarem, landwirtschaftlich nicht genutztem Boden errichten. Die wichtigsten Produktionsmittel: Erde, Wasser und Pflanzen gehören den Herren und nicht jenen, die damit arbeiten. Für ihre Arbeit werden die Gärtner mit dem Recht zur Residenz, mit der privaten Nutzung des Wassers, mit Geld und mit gewissen Ertragsanteilen entlohnt: Sie dürfen die vertrockneten Palmwedel, die zu bestimmten Zeiten von den Palmstämmen geschnitten werden müssen, behalten: sie nutzen sie zum Feuern oder flechten daraus Matten für ihre Häuser. Von der Dattelernte selber erhalten sie nicht immer einen Fruchtanteil, doch manche Grundherren geben ihren Bauern eine Rispe von jeder Dattelpalme, die durchschnittlich 8 bis 12 Rispen trägt. Die Aussaat für Luzerne- und Weizenfelder liefern die Besitzer, und die Bauern erhalten 1/5 der Luzerne- und 1/10 der Weizenernte. Die Herstellung von Körben für die Dattelernte und anderen Gegenständen aus Palmwedeln bringt ein geringes zusätzliches Einkommen.

Die Haupternte jedoch gehört den Landbesitzern. Sobald die Datteln geerntet und von eigens dazu angestellten Arbeitern weiterverarbeitet, gestapelt und verpackt sind, werden sie unter der Aufsicht der Eigentümer versandt. Das meiste übernehmen Händler von der Küste, die sie dort lagern und weiterverkaufen.

Einen gewissen Teil der Datteln und das Dattelmus, das in den Gärten in großen Kupferkesseln gekocht wird, behalten die Landbesitzer zum Eigenbedarf und verwahren alles in ihren Gartenhäusern; denn auf ihre Weidewanderungen können sie nur kleinere Portionen mitnehmen. Wenn die Grundherrn die Haine verlassen, sind ihre Häuser gefüllte Lager, aus denen sie sich im Laufe des kommenden Jahres versorgen. Haben sie ihre Lager leergegessen, kehren die Grundherrn zurück, um dort zu wohnen, bis die Ernte ihre Häuser wieder zu Lagern gefüllt hat (Abb. 72). Die Gärtner ihrerseits brauchen keine großen Lagerräume, weil sie nichts besitzen, was sie lagern könnten, und die Grundherren nutzen ihre Häuser in den Gärten nur wenige Wochen als Wohnhäuser, für den Rest des Jahres sind es die Vorratskammern der Familie.

72. *Häuser der Grundherrn in den Dattelhainen*

Pflanzen und Steine

Nur vage Hinweise lassen die Vermutung zu, daß die Wahl zwischen den
unterschiedlichen Baumaterialien Stein oder Lehm, d. h. festes und andau-
erndes Material, und Palmwedeln, d. h. pflanzliches und vergängliches Material, in Rechtsverhältnissen begründet sein könnte. Berichte und Kom-
mentare der Einheimischen, die diesen Gedanken nahelegen, für den sich
allerdings keine Anhaltspunkte im kodifizierten Recht finden lassen, sind
selten.

Bei den Landwirtschaft betreibenden und nomadisierenden Bewohnern
des Gebirges im etwas weiter nördlich gelegenen Musandam[123] kümmern
sich die Frauen um das Kleinvieh und die Männer um die Bestellung der
Felder, die oft einige Tagesreisen von einander entfernt liegen. Wenn eine
Familie sich zu einem anderen Siedlungsplatz aufmacht, läßt sie Ernteerträ-
ge, Vorräte, Wasser und anderen beim Wandern hinderlichen Besitz in
festen Steinhäusern zurück, die *bait al-qufl* (nach ihrer komplizierten
Schließvorrichtung, *al-qufl*) heißen. Die Beduinen Musandams weiden ihr
Vieh, beackern ihre Felder und bauen ihre Häuser auf ihrem eigenen Territorium: Sie sind Besitzer ihres Landes, ihrer Ernten und ihrer Häuser – und
die sind aus großen Steinblöcken fest und sicher gebaut (Abb. 73).

In der Tihama, einem der Batina vergleichbaren Küstenstreifen am Roten Meer, finden wir einen traditionellen Unterschied zwischen Häusern
aus Stein oder Lehm und Häusern aus Pflanzen. In den städtischen Siedlungen stehen die meisten Pflanzenhäuser am Stadtrand, in der Innenstadt

73. *bait al-qufl, ein festes Haus aus Stein, Musandam*

werden sie auf Flächen, die niemand sonst beansprucht, errichtet. Nach der Revolution im Nordyemen und einer neuen Verfassung, die allen Bürgern gleiche Rechte zusicherte, wurden viele Pflanzenhäuser mit einem Steinwall versehen, oder zumindest der Eingang zum Gehöft aus Zement gebaut. Wenn die Beamten der Stadtverwaltung kamen, um die Grundstücke zu katastrieren, wurden die Bewohner solcher steinumwallten Parzellen ohne Bedenken als rechtmäßige Besitzer eingetragen. Die Zuweisung der anderen Parzellen erwies sich als schwieriger. Zur Titelüberschreibung teilten sich Großfamilien schnell in die größtmögliche Zahl von Kernfamilien. Jeder auch eben erst verheiratete Mann trat als einzelner Haushaltsvorstand auf, und sogar Witwen kamen als selbständige Haushaltsvorstände in Frage. Auf freiem, d. h. unbebautem Gelände errichteten sie ein Grashaus, umzäunten es und bauten in aller Eile ein Gehöfttor aus Betonsteinen. Wenn dann der Katasterbeamte kam, gehörte das Stück Land ihnen. Die strategisch gebildeten Kleinfamilien planten keineswegs, dort wohnen zu bleiben, sondern zogen, sobald sie Inhaber der Grundstücke waren, nicht selten in ihre Gemeinschaftsgehöfte zurück. Sie besaßen nun das Land und konnten es bei passender Gelegenheit verkaufen.

Aus Inner-Oman berichtet F. Scholz[124] von einer für unsere Frage aufschlußreichen Situation: Seit vielen Generationen pflegten bestimmte Stämme saisonal ihre Palmwedelhäuser aufzusuchen, die sie auf stammesfremdem Territorium am Rande einer festen Siedlung errichtet hatten. „Das Land wurde ihnen ... zur Nutzung überlassen, was bedeutete, daß die Errichtung einer festen, aus Stein oder Lehm gefertigten Behausung nicht erlaubt war." Nach der Regierungsübernahme durch Sultan Qaboos, die von staatsrechtlichen Veränderungen begleitet war, erfolgte während des Ausbaus dieser Siedlungen eine generelle Erfassung von Grundbesitz. Für die Katastrierung des Landes brachen die ortsansässigen Bewohner die leichten Pflanzenhäuser der nur gelegentlich anwesenden Beduinen ab und markierten ihren angestammten Grundbesitz oft mit einer schnell errichteten Steinlinie. Der Wali des Regierungsbezirks fand keine im modernen Recht bedachte Lösung des Problems und konnte nur auf ein allen vertrautes Muster zurückgreifen, als er den Beduinen riet, „die bodenvage Hütte durch einen Zementformsteinbau zu ersetzen, den bisherigen Lagerplatz mit Mauer oder Zaun zu markieren oder ständig anwesend zu sein."

Die Beispiele aus Musandam, der Tihama und Inner-Oman lassen vermuten, daß die Werkstoffe Stein (=fest) und Pflanze (=vergänglich) Zeichen für Rechtsverhältnisse sind. Landbesitz schloß alle Bodenschätze auf dem Territorium mit ein, d.h. natürlich auch Steine, Erde und Wasser. Den Landlosen blieb der Anteil an den Früchten ihrer Arbeit und das Verdorrte und Vertrocknete, die Fische im Wasser und die Vögel in der Luft.

Ein weiterer Beleg für diese These sollten die Häuser in den Oasen der Batina sein, die, wie Hazm oder ar-Rustaq, näher an den Bergen liegen.[125] Sie sind aus Lehm und Stein. Bei der kurzen Distanz zu den nahegelegenen Oasensiedlungen aus Palmwedelhäusern kann man diesen Unterschied wohl kaum klimatisch erklären. Hazm gehört zu dem Band der in der Nähe des Gebirges liegenden *falağ*-Oasen, die ihr Wasser nicht aus Brunnen, sondern aus unterirdischen Kanälen, *falağ,* erhalten. Zur Zeit von Lorimer,[126] um 1900, wurden in Hazm ca. 80 Häuser gezählt, bewohnt von Leuten der Ya'riba, denen das Land um Hazm ursprünglich gehörte, und den Miyayiha, Angehörigen des Stammes von ar-Rustaq, der später die Oberhoheit über Hazm erlangte. Wie andere *falağ*-Oasen ist Hazm ummauert und hat eine zentrale Befestigungsanlage (Abb. 74). In beiden Orten sind die Oasenbauern Mitglieder des Stammes, dem das Territorium als eigenes *dār* gehört.

Wie bereits angedeutet, findet sich der Unterschied zwischen „festen" und „vergänglichen" Häusern auf dem Lande wie in Städten, und auch hier kann das verwendete Material mit Rechtsverhältnissen in Verbindung gebracht werden. In den städtischen Siedlungen entlang der Südküste der Arabischen Halbinsel und im Einflußgebiet des Sultans von Oman und Zanzibar gab es ehemals ein besonderes Bürgerrecht. An den täglich stattfindenden öffentlichen Versammlungen im Haus des Scheichs, des Gouverneurs oder eines anderen Vertreters der Zentralinstanz nahmen die Oberhäupter wichtiger Familien, der bekannten Häuser, der *buyūt maʿrūfa,* teil. Einfache Familien konnten sich in Gruppen aus zehn bis zwanzig Familien zusammenschließen und ein Oberhaupt wählen, das sie in den Ratsversammlungen mit einer Stimme vertrat. Es spricht einiges dafür, daß die einen in Stein- und die anderen in Pflanzenhäusern lebten, wenngleich wir

74. *Blick über Hazm; Batina*

es nicht beweisen können. Die Steinhäuser trugen Familiennamen, die weitervererbt wurden. Pflanzenhäuser tragen keine Namen, sie sind einfach die Behausung einer Familie, die nach dem aktuellen Haushaltsvorstand benannt wird.

Kleine und große Häuser

Aus diesem zuletzt genannten historischen Befund ergibt sich die Frage, ob es für die Batina-Gärtner nur die erweiterte Kleinfamilie gibt, die in einem Gehöft zusammenlebt, oder ob sich für sie das Haus im übertragenen Sinne auch zu einer Abstammungsgruppe erweitert, und worin sich diese Einheit, so es sie gibt, manifestiert.

Da die Batina sozialanthropologisch kaum erforscht ist, wissen wir nichts Genaues über die Absprachen zwischen den Grundherren und ihren Gärtnern. Nur gelegentlich wird deutlich, daß nicht jede einzelne Familie direkt mit dem Landbesitzer verhandelt, sondern über einen Repräsentanten, den sie mit anderen Familien teilt. Ob dieser Repräsentant gewählt, bestimmt oder genealogisch legitimiert wird, ist nicht bekannt. Auch die Siedlungsnamen, die meist reine Ortsnamen sind, geben keinen Aufschluß darüber, welchen Umfang die genealogischen Einheiten der Gärtner haben.

Da die Bedeutung einer Abstammungsgruppe in Konflikten mit der Außenwelt und bei Gemeinschaftsprojekten am deutlichsten hervortritt, gälte es, Hinweise auf kollektive Arbeiten zu finden.

Die Wohnhäuser, die, wie schon gesagt, keinen Schutz vor feindlichen Angriffen bieten, werden von den Familienangehörigen mit gelegentlicher Unterstützung eines Spezialisten gebaut. Historische Quellen und mündliche Überlieferung zeigen, daß Raubzüge, vor denen die Gärtner auf dem Territorium zentraler Macht in der örtlichen Festung Zuflucht fanden, in den vergangenen Jahrhunderten die Gegend unsicher machten. Aber auch außerhalb dieser zentralen Orte, auf der gesamten Länge des Oasenbandes, liegen am landwärtigen Rand der Plantagen zahlreiche Festungen, die *sūr, Wall,* genannt werden. Finden wir in ihnen die gesuchten Hinweise auf die kollektive Leistung einer Abstammungsgruppe?

Es ist zwar kaum noch möglich, diese *sūr*-Ruinen genau den zur Zeit ihrer Entstehung bewohnten Siedlungen zuzuordnen, da man von ehemaligen Siedlungen kaum noch Reste der Häuser aus dem leicht verrottenden Material fände. Dennoch ist ziemlich sicher, daß den Festungen auf der einen Seite der Gärten Siedlungen auf der anderen, zum Meer gewendeten Seite entsprechen. Die meisten *sūr*-Anlagen sind inzwischen verfallen, und von vielen stehen nur noch die Türme und das Eingangstor. Weder Architekturelemente noch schriftliche Quellen helfen bei der genauen Datierung dieser Bauten, die vermutlich aus dem 18. und 19. Jahrhundert stammen.[127]

Jede *sūr*-Festung besteht aus einem weiten, mit hohen Ecktürmen und einem mehrstöckigen Eingangstor befestigten Hof. Das Erdgeschoß der meist drei Stockwerke hohen Türme ist bis auf eine Höhe von vier bis fünf Metern mit Erde aufgefüllt, um dem Rückstoß der Kanonen, die zur Verteidigung eingesetzt wurden, standzuhalten. Entlang der inneren Umfassungsmauern laufen Wehrgänge, die manchmal über die Dächer der Einbauten führen. In den Stockwerken über dem Eingang ist eine Pechnase eingebaut, und Schießscharten durchbrechen wie bei den Ecktürmen und Umfassungsmauern die Wand (Abb. 75).

Gewöhnlich umschließen die Festungsmauern ein oder zwei gegen die Mauer gebaute Räume, eine Waschkammer und einen Brunnen. Die *sūr* scheinen Fluchtburgen für eine schnelle, kurzfristige Verteidigung gewesen zu sein.

Die Archäologen, die in dem Oasenband etwa neunzig derartiger Anlagen ausgemacht und vermessen haben, behaupten, daß die Zahl der *sūr* der Anzahl der verschiedenen tribalen Gruppen entspräche. Es bleibt unklar, welche Art der tribalen Gruppen damit gemeint ist, denn nur sechs *sūr*-Namen weisen eindeutig auf Stammesbezeichnungen hin. Die Formulierung, daß die *sūr* ein „Symbol der tribalen Identität" gewesen wären, scheint daher etwas überzogen zu sein. Für eine derartige Interpretation wissen wir zu wenig; wir wissen nicht, wie es zum Bau der *sūr* kam, wer ihn in Auftrag gab, und wer die Arbeiten ausführte. Geht man von den wenigen

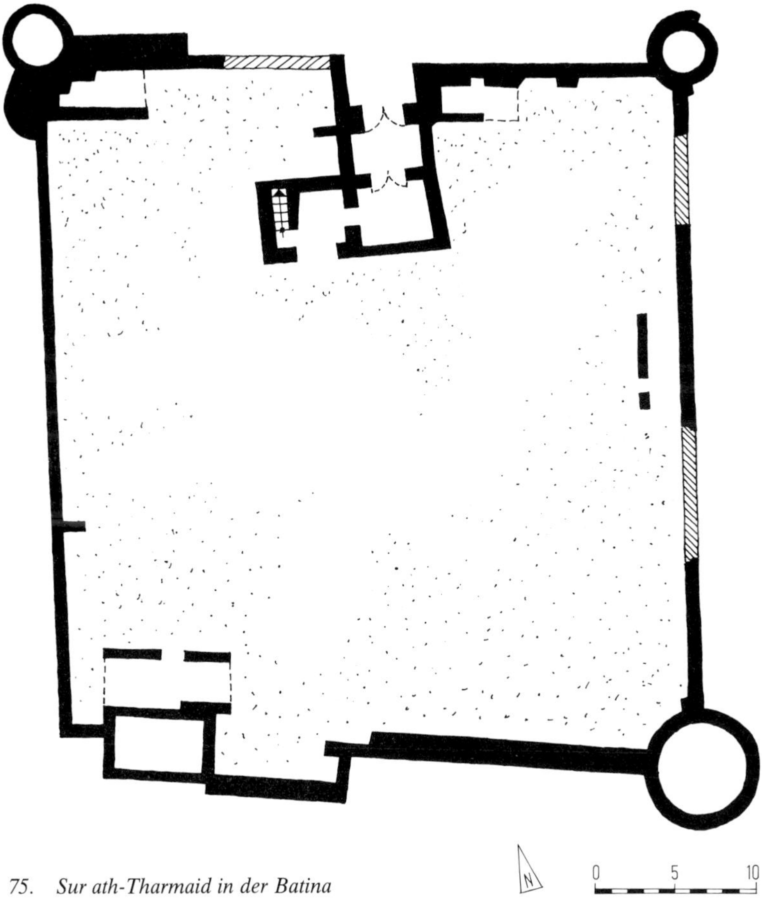

75.   Sur ath-Tharmaid in der Batina

Festungen mit Stammesnamen aus, steht zu vermuten, daß sie wohl von jener Gruppe, deren Namen sie trägt, genutzt wurde. Im Vergleich zu den Versammlungshäusern der Marsch-Bewohner könnte man auch an eine kollektive Herstellung denken.

Wenn heute ein alter Scheich, Muhammed ibn Sa'ud al-Yahmadi, mit Stolz auf ein verfallenes *sūr* verweist und betont, „dieser Bau gehört uns, den Al Hamad",[128] spricht das tatsächlich für die Möglichkeit, daß der Bau nicht nur praktische Funktionen erfüllte, sondern auch die Einheit des Stammes symbolisierte. Darüberhinaus läßt diese Bemerkung die Spekulation zu, daß der Bau eines *sūr* vom Grundherrn, in diesem Fall von einem Stamm, in Auftrag gegeben wurde. Da er aus Lehm, einem ausschließlich den Grundherrn zur Verfügung stehenden Material gebaut war, scheinen die *aswār* (pl. von *sūr*) wie die Haine nicht den Gärtnern, sondern den Stämmen zu gehören, allerdings nicht (wie die Gartenparzellen) einzelnen Familien, sondern größeren Verbänden. Denkbar ist, daß die Gärtner bei der Herstellung der Ziegel und dem Bau der Mauern ihren Tribut ableisteten. Dafür durften auch sie in Notzeiten die Festungen aufsuchen, so daß sich der Schutz, den ein Stamm seiner Klientel gewährte, auch auf feindliche Angriffe bezog.

Wenn diese Festungen dem Kollektiv einer Abstammungsgruppe von Grundherren gehören, lassen sich für eine über das Pflanzenhaus und die einfache erweiterte Familie von Vater und verheirateten Söhnen hinaus wirksame Abstammungsgruppe der Oasengärtner keine Hinweise finden. Vielleicht ist die Geschichte ihrer Familien von ebenso kurzer Dauer wie die Haltbarkeit ihrer Häuser.

Für diese aus Vergleichen und der soziologischen Logik gespeisten Spekulationen ist bisher nur ein architektonisches Phänomen nachweisbar: Festungen aus Lehm, in denen Menschen den Schutz suchten, den sie in ihren Häusern aus Pflanzen nicht fanden.

Noch immer werden von Beduinen oder Saisonarbeitern einfache Übergangsbehausungen aus Palmwedelmatten errichtet. Die traditionelle Palmwedelhausanlage jedoch entspricht weder den gegenwärtigen Möglichkeiten noch den Bedürfnissen der Batina-Bewohner, die seit der neuen Rechtsordnung in Oman Herren ihres Grund und Bodens sind, und aufgrund der veränderten Ökonomie über genügend Bargeld verfügen, um es in das Symbol ihres neuen Status zu investieren: ein Haus aus Stein. So erscheint es ganz folgerichtig, daß der wohl letzte Bauherr eines *bait zūr* 1979 das Ministry of National Heritage & Culture war.[129]

Leben in der Stadt

Wie in Mitteleuropa waren auch die Städte des Nahen Ostens in erster Linie durch Bürokratie, Handel und Handwerk bestimmt. Nach der vorherrschenden Erwerbstätigkeit ihrer Bewohner könnte man sie als Verwaltungs- und Handelsstädte, seltener als Ackerbürgerstädte bezeichnen oder, wie Mekka und Medina, nach ihrem Hauptanziehungspunkt als „heilige" Städte. Doch in allen traditionellen Städten stellten die Händler einen wichtigen Teil der Bürgerschaft.

Viele Städte in Südarabien sowie an den Küsten des Roten Meeres und des Indischen Ozeans verfügten, anders als die Städte im Norden, etwa Damaskus oder Bagdad, nicht über ausgestaltete Marktzentren mit Ladenboxen, Lagerhallen und Herbergen auf klar umgrenztem Raum. Fremde Händler fanden für sich und ihre Waren Unterkunft in den Häusern ihrer Handelspartner, die auch für ihren Schutz verantwortlich waren. Die Häuser dieser Händler waren entsprechend geräumig, da sie zugleich als Lager, Verkaufsstätte, Herberge und Wohnhaus dienten.

Besonders ausgeprägt war dieses System vor der Einführung der Dampfschiffahrt in den südlichen Hafenstädten, wo der Fernhandelsrhythmus von den jahreszeitlich wechselnden Monsunwinden abhängig war. Mit der Ankunft der Schiffe dehnten sich die sonst eher regional begrenzten Wochenmärkte zu internationalen, messeähnlichen Märkten aus. Fliegende Händler und Besucher aus dem Hinterland, die schauen, kaufen und verkaufen wollten, kampierten in rasch errichteten Behausungen aus pflanzlichem Material oder bei ortsansässigen Verwandten. 1876 beschrieb H. von Barth den Ort Berbera im heutigen Somalia, der in das Handelsnetz des Indischen Ozeans gehörte, und den er „zu den interessantesten im ganzen Orient" zählte: „Ein Ort mit wenigen Hundert Einwohnern wird Treffpunkt von Binnen- und Überseehandel, . . . Karawanen . . . und zahlreiche zum Markt kommende Schiffe aus Persien, Arabien und Indien führen auf einige Wochen im Jahre Anfangs Oktober, gegen 100000 Menschen hier zusammen und es wird in dieser Zeit ein Werth von 12–15 Millionen Francs umgesetzt. . . . Nach Beendigung des Marktes herrscht bis zum nächsten Oktober wieder Stille am ganzen Strande."[130]

Ähnlich, wenngleich nicht derart extrem, sah es in den anderen Hafenorten der arabischen Küste aus. Auch im westlichen und südlichen Hochland der arabischen Halbinsel hatten einige der Handelsstädte keinen Marktort, der permanent alle Handelsfunktionen umfaßte, dafür aber geräumigere Häuser, die darauf eingerichtet waren. Die Händler, die weit reisen, um

ihre Waren gegen spezielle Produkte anderer Regionen zu tauschen oder
diese direkt einzuhandeln, erledigten all das in den Häusern ihrer Handelspartner. Der örtliche Wochenmarkt war für die Bürger der Stadt wie die
Besucher aus dem Hinterland der Ort des Einzelhandels; der Ort des Groß-
handels dagegen war das Kaufmannshaus.

Aus einer Sammlung von Trostsprüchen aus dem 8. Jahrhundert erfahren
wir eher beiläufig, daß dieser Brauch der reisenden Händler, im Hause
eines ortsansässigen Händlers zu leben, bereits damals praktiziert wurde,
und daß sogar eine Frau als Herrin ihres Hauses Fremde beherbergen konnte: *Ein Mann erzählte: „Ich zog in den Jemen und kehrte bei einer Frau ein.
Ich sah, daß sie ein großes Vermögen, viele Diener und Kinder hatte, denn sie
war begütert. Ich blieb dort, bis ich meine Angelegenheiten erledigt hatte,
doch als ich die Rückreise antreten wollte, fragte ich sie, ob sie einen Wunsch
hätte. Sie erwiderte: „Ja, jedesmal, wenn du in dieser Gegend bist, so kehre
bei mir ein." Ich blieb einige Jahre fort, dann kehrte ich in den Jemen zurück,
doch als ich in das Haus jener Frau kam, hatte sich ihre Lage verändert: Ihre
Diener waren fortgegangen, ihre Kinder gestorben, und sie hatte ihr Haus
verkauft. Aber sie lachte, als ich ihr sagte: „Lachst du trotz allem, was dich
heimgesucht hat?" Sie erwiderte: „Diener Gottes, ich lebte im Wohlstand und
hatte viel Kummer, ich wußte, dies geschah wegen meines Undankes. Ich
lache heute wegen dieser Gnade aus Dankbarkeit vor Gott – er sei gepriesen
und erhaben – für die Geduld, die er mir schenkte." Diese Geschichte habe
ich ʿAbd Allah Ibn ʿUmār erzählt, worauf er erwiderte: „Die Geduld Hiobs
ist neben der Geduld dieser Frau unscheinbar."*[131]
Man weiß nicht, um welchen Ort es sich in der Erzählung handelt; vielleicht um Saada, eine alte Stadt im nördlichen Jemen, auf die wir uns im
folgenden konzentrieren wollen. Dort gab es erst seit dem 16. Jahrhundert
neben einer freien Fläche zwischen den Quartieren nur ein einziges Lager-
und Verkaufshaus, und erst in den dreißiger Jahren dieses Jahrhunderts
wurde ein fester Markt gebaut.[132]
Die Geschichte Saadas ist eng mit der Geschichte der Zaiditen verbunden, deren erster Imam dort lebte und 910/11 begraben wurde, so daß der
Ort zum Zentrum zaiditischer Gelehrsamkeit wurde. Darüberhinaus war
Saada auch ein wichtiger Handelsort. Das meist von Juden ausgeübte
Handwerk war bis auf Lederverarbeitung und Eisenerzverhüttung auf die
lokale Selbstversorgung beschränkt.
Die traditionale islamische Gesellschaft der Stadt besteht im wesentlichen
aus drei Gruppen: die *sāda* (pl. von *sayyid*), fast ausschließlich Gelehrtenfamilien, die sich genealogisch auf Mohammed zurückführen; die *ahl al-madīna*, die *Leute der Stadt*, meist Kaufmanns- und Gelehrtenfamilien, die seit
vielen Generationen in der Stadt leben; und die *ahl aṭ-ṭulṭ* (*aṭ-ṭulṭ* = das
Drittel), die *Leute* der eher unterpriviligierten Berufe. Sie wurden so genannt, weil sie in etwa *ein Drittel* der Bevölkerung ausmachen.[133]

76. *Altes Händlerhaus in Saada*

In den ehemals geschlossenen Vierteln Saadas leben Angehörige aller
Statusgruppen zusammen, doch beim Heiraten bleiben sie unter sich bis auf
die wenigen Fälle, wenn Mädchen aus einer rangniederen in die ranghöhere
Gruppe heiraten. Aus religiösen Gründen gab es zwischen Muslimen und
den inzwischen ausgewanderten Juden keine Heiraten. Dennoch lieferten
auch die Juden ihren Beitrag zu den städtischen Heiraten: Sie stellten den
obligatorischen Silberschmuck her, der für jede Hochzeit benötigt wurde.

Das Haus eines Händlers

Die typischen Häuser der alten Stadtviertel sind drei bis vier Stockwerke
hoch (Abb. 76). Trotz einer sowohl mündlich als auch schriftlich intensiv
gepflegten Überlieferung, die auch in Saada wie überall das Alltägliche
häufig „nicht der Rede wert" findet, ist die Beschreibung der traditionellen
Nutzung eines derartigen Hauses, besonders für den Familienbereich,
schwierig. Es ist dies der verbotene Ort, der *ḥarīm*, der, wie bekannt,
sowohl vor den Augen der Stadtöffentlichkeit als auch vor den Ohren der
Überlieferung verborgen bleiben muß.

Dennoch soll auf der Grundlage sorgfältiger soziographischer Beobachtung und mit Hilfe von Informationen aus vergleichbaren Orten ein typi-
sches Händlerhaus und seine Nutzung rekonstruiert werden. Frau Niewöhner-Eberhard, die im Laufe eines siebenmonatigen Forschungsaufenthaltes
in der Stadt viele der ca. 700 alten Häuser in den geschlossenen Vierteln
betrat, nennt die charakteristischen Merkmale: Wenngleich die Häuser in
Quartieren standen, die mit festen Toren einzeln zu verschließen waren und
alle zusammen seit dem 16. Jahrhundert außerdem noch durch eine umlau-
fende Stadtmauer geschützt waren, sieht jedes Haus schon für sich allein
wie eine kleine Festung aus und ist für Nachbarn wie Fremde gleichermaßen schwer zugänglich. Das wirklich Besondere an den Häusern Saadas ist
jedoch ein Innenhof im oberen Geschoß, der weder von außen noch beim
Betreten des Hauses eingesehen werden kann.[134]

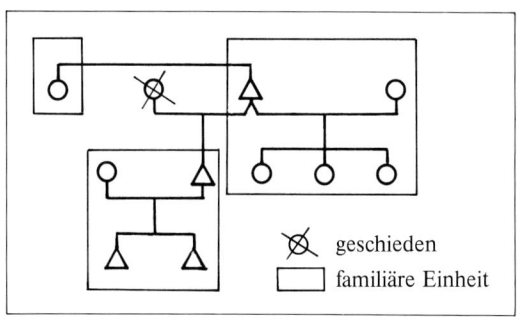

geschieden

familiäre Einheit

77. *Bewohner des
Hauses al-Aizur*

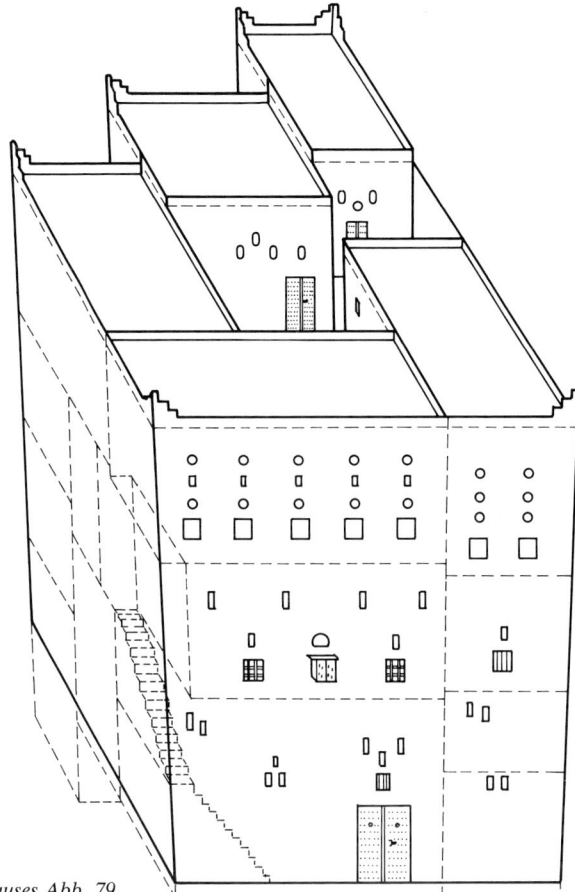

78. *Modell des Hauses Abb. 79*

Das untere, auffallend hohe Stockwerk ist aus Stein gemauert, die oberen Stockwerke aus gebrannten Lehmziegeln, die leichter sind und das tragende Mauerwerk nicht so belasten, wie die bei niedrigeren Häusern verwendeten Lehmschichtenmauern. Sorgfältig in Stand gehalten, überdauern die Häuser lange Zeit, so daß die Leute von Saada mit Stolz betonen, die ältesten Häuser seien 500 Jahre alt.

Das vorgestellte Haus (Abb. 77–79) besteht einschließlich der verschiedenen Höfe aus dreißig Raumeinheiten, obwohl es nur ein Einfamilienhaus war. Da es „allgemein bevorzugte Praxis ist, jeder Ehefrau ein separates Haus einzurichten ..., und dies wirtschaftlich natürlich eine erhebliche Belastung bedeutet, haben die meisten Männer nur eine Frau zu einer Zeit. Alte Eltern oder nicht verheiratete Geschwister leben bisweilen mit der Hauptfamilie in einem Haus."[135]

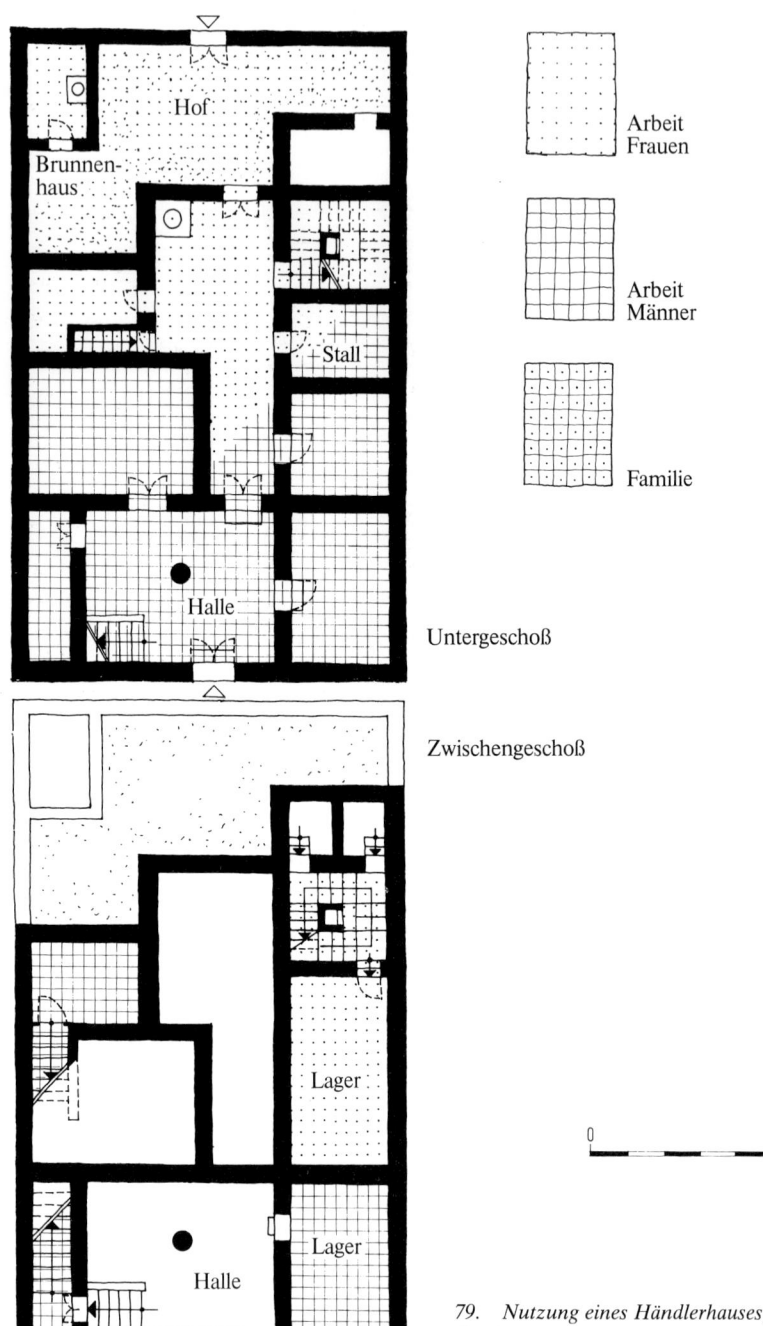

Arbeit
Frauen

Arbeit
Männer

Familie

Untergeschoß

Zwischengeschoß

79. *Nutzung eines Händlerhauses,
Saada*

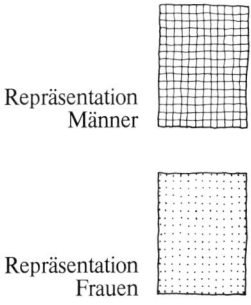

Repräsentation
Männer

Repräsentation
Frauen

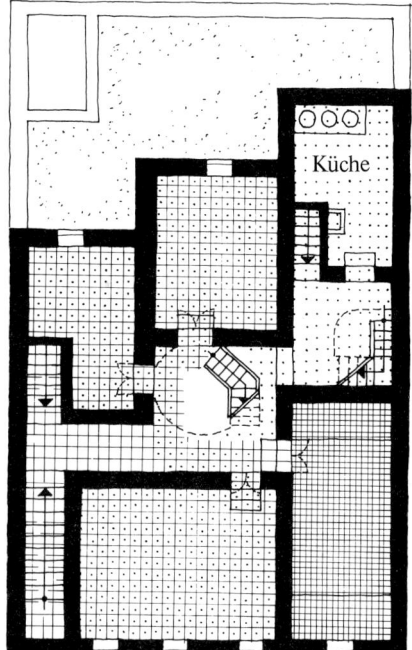

1. Obergeschoß

2. Obergeschoß

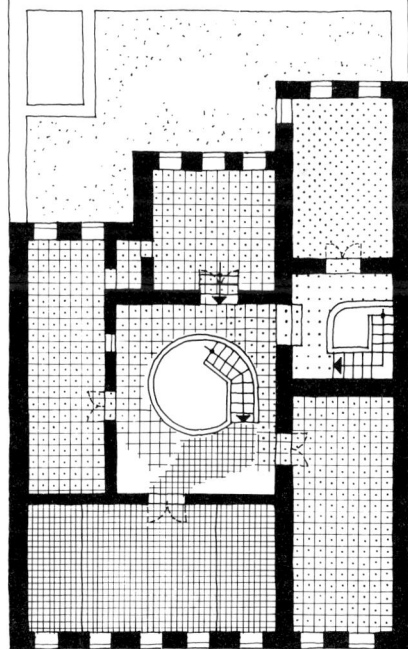

Zur Zeit der soziographischen Untersuchung lebten zehn Personen aus drei Generationen in diesem Haus: der Hausherr, seine zweite Frau, seine verwitwete, kinderlose Schwester, sein Sohn aus erster Ehe, dessen Frau und zwei Söhne, sowie drei Töchter aus der zweiten Ehe des Hausherrn. Zwar ließen sich zwei oder drei verwandschaftlich abgegrenzte Einheiten (vergl. Abb. 77) konstruieren, doch erklären diese weder den Aufbau noch die Nutzung des Hauses; sie bilden mit ihrer Koch- und Lebensgemeinschaft eine einzige Wohneinheit.

Häuser wie diese sind durch Ein- und Ausgänge, Aufgänge, Flure und Höfe in fünf Bereiche gegliedert, die nicht den Familieneinheiten der Bewohner entsprechen: Es gibt jeweils nach Geschlecht getrennte Räume für Arbeit und Geselligkeit sowie einen Bereich für das gemeinsame Familienleben. Die Aufteilung der gut 370 qm großen Nutzfläche nach einzelnen Funktionen entspricht dem auch in anderen Stadthäusern der Region geltenden Verhältnis:

	Arbeit	Geselligkeit	Familie	Rest
Männl.:	31%	6,5%		(Durchgänge, WC etc.)
			15%	10%
Weibl.:	34%	3,5%		

Architektonisch betrachtet, kann man sich kaum einen größeren Gegensatz vorstellen als den zwischen einem Zelt und diesem mehrgeschossigen Haus; doch die räumliche Verteilung nach Funktionen und das Verhältnis der Einheiten zueinander ist vergleichbar: Ein Drittel des Hauses gehört dem Hausherrn und zwei Drittel den Frauen und der Familie.

Nebeneinander, sorgfältig durch Flure und Türen voneinander getrennt, liegen die Arbeits- und Repräsentationsräume der Männer und Frauen. Das Bagdader Modell des achsensymmetrischen Oppositionskonzeptes (s. S. 22–25) erfährt hier eine Steigerung: Die Räume der männlichen, bzw. weiblichen Produktion und die der weiblichen, bzw. männlichen Repräsentation sind über mehrere Geschosse verteilt diametral entgegengesetzt. Zwischen die vier getrennten Bereiche: Mann–Frau und Arbeit–Repräsentation, schiebt sich die Familie mit eigenen Räumen. Wenn keine Fremden im Hause sind, können die sonst den Männern vorbehaltenen Repräsentationsräume auch von der Familie genutzt werden.

Hat das Haus, wie in unserem Beispiel, zwei Treppenhäuser, ist eines den Männern, das andere den Frauen und ihren Besucherinnen vorbehalten. Die Beschreibung dieses vor 1930, also vor der Einrichtung eines festen Marktes gebauten Hauses, bezieht sich auf diese Zeit und folgt den Wegen seiner Bewohner. Technologische oder andere Aspekte werden außer Acht gelassen, stattdessen wird das Haus wie in einem Puzzlespiel mit den Klötzchen männlich, weiblich, Arbeit, Repräsentation und Familie, auseinandergenommen vorgestellt.

80. *In der Halle eines Händlerhauses, Saada*

Männer

Der Eingang, den man wegen seiner Größe, und weil er von fremden Besuchern benutzt wird, als Haupteingang bezeichnet, liegt an der besonders geschmückten Fassade. Eine zweiflüglige, eisenbeschlagene Tür läßt sich auf verschiedene Weise von innen und außen öffnen oder verschließen. Sie ist stets geschlossen, nur bei gewichtigen Warentransporten und bedeutenden Festen werden beide Flügel geöffnet. Der Kunde betritt das Haus wie jeder Besucher gewöhnlich nur durch einen der beiden Türflügel. In der Halle und in den angrenzenden Räumen, von denen einige auf einer Art Oberboden liegen und über eine Leiter zu erreichen sind, werden die Waren gestapelt. An einer langen Kette hängt eine Waage von der Decke. Kunden vom Land bezahlen nicht immer mit Geld, sondern oft mit ihren Produkten, meist Getreide, das in einem kleinen Raum unter der Treppe gelagert wird. Verfügt die Familie über kein eigenes Land vor den Toren der Stadt und damit auch nicht über eigene Getreidefelder, wird bei Bedarf etwas von dem eingetauschten Getreide in den Familientrakt hinüberge-

*81. Treppe der Männer
zum Obergeschoß*

schafft. Ansonsten dient es zur Bezahlung von Dienstleistungen oder zum Verkauf auf dem Wochenmarkt. Die Esel für derartige Transporte stehen in einem Stall im rückwärtig gelegenen Flur.

Die Halle (Abb. 80) und die angrenzenden Räume werden durch schmale Schlitze in der Fassadenwand, einem vergitterten Fensterchen über der Tür und durch diverse transportable Lampen beleuchtet. Trotz des Dämmerlichtes sind die Halle wie die ins Obergeschoß führende Treppe mit Stuckornamenten verziert: Die Orte der männlichen Produktion sind – da sie von Fremden aufgesucht werden – zugleich Orte der Repräsentation.

Hinter einer schweren Tür, die den Zugang nach oben verschließt, führt eine im Dunkeln liegende Treppe auf einen schmalen Flur (Abb. 81). Von dort kann man auf der gegenüberliegenden Seite direkt in ein zwischengeschossiges Lager, das noch zum eigentlichen Kaufhaus gehört, hinabsteigen. Früher wurde dieses Lager vermutlich einem Händler, der zu Gast war, zugewiesen.

*82. Schwelle und Tür
zum Empfangsraum
der Männer*

Mit dem Obergeschoß hat man die Welt der männlichen Produktion
unter sich gelassen, obwohl auch auf dieser Ebene die geschäftlichen Aktivitäten fortgesetzt werden können. Begleitet der Kaufmann einen seiner
Gäste nach oben, nehmen sie den direkten Weg über den Flur, an einem
Innenhof vorbei, geradewegs auf die Tür zu, die zu einem besonders reich
geschmückten Zimmer führt. In diesem Raum mit Podesten an den Schmal-
seiten empfängt der Hausherr im Winter seine Gäste. Im Sommer bittet er
sie über die Wendeltreppe des Hofes noch einen Stock höher und führt sie
auf kürzestem Wege in sein Empfangszimmer, das in Saada *makān, Ort,*
genannt wird. In anderen Regionen des Yemen wird dieser Raum, den wir
bereits als *Gästezimmer, maḍāfa,* kennen, *mafraǧ, Ort der Erholung,* genannt (Abb. 82).

Das Empfangszimmer ist außer der Moschee, den Läden und dem Markt
einer der Orte, wo die Männer der Stadt täglich zusammenkommen. Hier
treffen sie sich zum Qat-Kauen. Qat ist ein im Yemen und auch in Afrika

bekannter Strauch, dessen junge Triebe die täglich konsumierte Droge vieler Männer sind. Man kauft ihn frisch auf dem mittäglichen Heimweg und verabredet sich mit anderen für den Nachmittag.[136] „Markt, Moschee und Mafraǧ" seien täglichen Aktionsbühnen der yemenitischen Männergesellschaft, schreibt T. Gerholm in einer Studie über die städtische Gesellschaft von Manaha, einer kleinen ca. 300 km südlich von Saada gelegenen Stadt im Hochland.[137] Statusmerkmale, Beziehungen und Abhängigkeiten unter Männern treten besonders deutlich an allgemein zugänglichen Orten wie Markt und Moschee zutage. Doch auch hinter den verschlossenen Türen eines Hauses, im Empfangszimmer, bleibt das Verhalten der Männer repräsentativ und gibt über die Position jedes Anwesenden im Netz der gesellschaftlichen Abhängigkeiten Aufschluß.

Bereits die Ausstattung eines *mafraǧ* zeugt von den hierarchischen Verhältnisse der yemenitischen Gesellschaft: Von einem Ende des Raumes zum anderen nimmt die Qualität der Matten und Kissen ab, und an der Tür, am „unteren" Ende, liegen die weniger prunkvollen und abgenutzten. Dort werden später die „Diener ihrer Herren", die Abhängigen des Gastgebers und seiner gleichrangigen Gäste, sitzen, während diese selbst am oberen Ende bei den Fenstern Platz nehmen. Der Hausherr bleibt die ganze Zeit an seinem an der Längswand gelegenen Platz, der sowohl nahe an der Tür ist, um Anweisungen nach draußen zu geben, als auch möglichst nahe bei den ehrenvollsten Gästen am oberen Ende, um ihnen ein guter Gastgeber zu sein (Abb. 83).

Jeder Gast repräsentiert seine Familie, sein Haus und seine Abstammungsgruppe. Das gilt es bei einer Einladung zu den Treffen zu berücksichtigen. Eine durch Abstammung abgegrenzte Gruppe wie die der *sāda* oder eine durch die „Unreinheit" ihres Gewerbes ausgegrenzte Gruppe wie die der Schlachter bleibt auch in ihren nachmittäglichen Treffen unter sich. Für diese Veranstaltungen gelten dieselben Regeln wie für das Heiraten: Man geht zu Besuch oder heiratet nur in das Haus eines Ranggleichen oder Ranghöheren, nie in das Haus des Rangniederen.

Qat-Sitzungen der Männer

Die ersten Gäste einer Qat-Sitzung treffen nach und nach am frühen Nachmittag ein, die meisten von ihnen mit einem Bündel Qat. Der Gastgeber stellt den Raum, eine Wasserpfeife für alle, sorgt für Holzkohle und Tabak, für Spucknäpfe und Getränke. Vor dem Qat-Kauen erhält jeder Tee mit Milch, der den Magen vor den ätzenden Säften der Droge schützen soll. Je ranghöher die Gäste sind, umso mehr neigen sie dazu, sich mit allem, einschließlich einer Thermoskanne mit Trinkwasser, selbst zu versorgen und mehr Qat mitzubringen, als sie selbst kauen wollen, da von ihnen Qat-Gaben an die anderen Besucher der Versammlung erwartet werden.

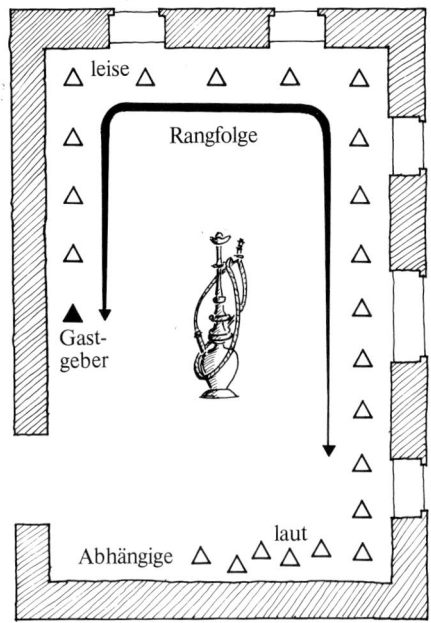

83. Die Ordnung einer
Qat-Sitzung der Männer

Jedes Mal, wenn ein Gast eintritt, wird die Sitzordnung vom Hausherrn
und den Ranghöheren neu bestimmt. Die Hierarchie unter den Männern ist
nicht wie eine durch Geburt eindeutig festgelegte Kastenzugehörigkeit geklärt, sondern das Verhältnis jeder Person zu einer anderen muß immer
wieder neu geklärt werden. Im *mafrağ* setzt man sich gemäß der durch die
Ankunft eines neuen Gastes veränderten Situation solange um, bis alle
Anwesenden den richtigen Platz im Gesamtgefüge und den richtigen Nachbarn nach „oben" und „unten" gefunden haben.

„Die Interaktionen im *mafrağ* zeigen, wie das Patron-Klienten-Verhältnis
in Szene gesetzt wird."[138] Unter diesem Gesichtspunkt beschreibt und analysiert T. Gerholm das Szenarium. „Ein Mann am oberen Ende betrachtet
sein Qat-Bündel, sortiert einige Zweige minderer Qualität aus, bindet sie
lose zusammen und wirft sie in hohem Bogen durch den Raum. Das kleine
Bündel landet im Schoß oder direkt vor einem der Männer am unteren
Ende. Dieser Mann ist in der Folge ständig auf dem Sprung, seinem Patron
in der einen oder anderen Weise zu dienen. Er rückt dessen Kissen zurecht,
kümmert sich um die Wasserpfeife und legt Holzkohle oder Tabak nach. So
ist er immer in Bewegung, gelegentlich muß er sogar das Zimmer verlassen,
um z.B. Holzkohle aus dem Vorraum zu holen. Immer wenn er an den
Männern im Mittelteil vorbeikommt, riskiert er, daß sie sich einen Witz mit
ihm erlauben: Irgendeiner packt ihn von hinten, um ihn auf seinen Sitz zu
ziehen. Wehrt er sich und tobt, ist lautes Gelächter die Antwort. Weder

sein Patron noch die anderen Männer der Elite erlauben sich derartige Späße, . . . sie sehen nur belustigt zu. . . .

Am unteren Ende ertönen laute Streitgespräche. Einige davon scheinen ernst gemeint, andere dienen allein der Unterhaltung. Besonders die eben beschriebene Szene wird mit Erfolg wiederholt: Fast zärtlich legt einer seine Hand auf die Hüfte seines Nachbarn und ruft: „Der hier gehört mir!" Alles lacht, nur das Opfer springt auf und versucht, sich mit Schlägen zu wehren. Hin und wieder wird dieses Spielchen mit Zurufen aus dem Zuschauerraum direkt provoziert: „Nimm den, der dir gehört!" wird einem der am unteren Ende Sitzenden zugerufen. Folgt er dieser Aufforderung, entsteht – auf Kosten eines anderen Abhängigen – ein festes Band zwischen dem Patron und seinem Klienten. Die Männer am unteren Ende sind also sowohl die Abhängigen als auch die Gladiatoren der Männer am oberen Ende.

Gelegentlich drehen sich die Verhältnisse um: Dann werden die Männer am unteren Ende zu Zuschauern besonderer Inszenierungen der ranghohen Männer. Solch eine Szene ist der sorgfältig kalkulierte Austausch bester Qat-Zweige zwischen den prominenten Männern. Andere Szenen sind durch Flüstern bestimmt."

Hat jemand auf dem Markt einem Bekannten etwas zu sagen, was nicht für alle Ohren bestimmt ist, entzieht man sich auf einem Rundgang der ständig lauschenden und beobachtenden Öffentlichkeit. Im *mafraǧ* bleibt einem nur das Flüstern. Doch in beiden Fällen wissen alle übrigen, daß sie ausgeschlossen sind. T. Gerholm zufolge ist der *mafraǧ* der beste Ort, um die soziale Hierarchie immer wieder durchzuspielen. „Trotz gelegentlicher Demütigungen ist eine Qat-Sitzung das Mittel, mit dessen Hilfe Solidaritätsbeziehungen quasi vertikal in Gang gesetzt und horizontal, unter den Mitgliedern der Elite, bekräftigt werden können."

Qatkauen beruhigt und dämpft das Reaktionsvermögen. Man sitzt, saugt am Qatballen in der Backe, schaut vor sich hin oder läßt, falls man zu den Bevorzugten am Fenster gehört, seinen Blick über die Landschaft schweifen. Es dunkelt und mit einem „Friede sei mit Euch" erhebt sich der erste und geht nach Hause. Gab anfangs jeder neue Auftritt Anlaß zu angepaßter Veränderung der Sitzordnung, nimmt vom Abgang der „Darsteller" kaum noch jemand Notiz.

Frauen

Die Frauen dominieren zwei Drittel des Hauses. Auch wenn das Haus wie in unserem Beispiel zwei Eingänge hat, nehmen die Frauen ihren Weg über die Ladenhalle. Besucherinnen, unter mehreren Schleiern unkenntlich verborgen, klopfen wie die Kunden an der Eingangstür, durchqueren die Halle und schlagen erst hinter dem rückwärtigen Flur am Treppenhaus der Frauen ihre Schleier zurück, um sicheren Schrittes nach oben zu gehen.

84. *Hintereingang der alten Häuser in Saada*

Verlassen Frauen ihr Haus, beginnt der Stadtgang im Grunde schon in der Diele; dort verschleiern sie sich, um quasi ungesehen durch die Halle zu gelangen.

Über die Diele kommt man nicht selten in einen Hof (Abb. 84), in dem die Frauen mit Wäsche waschen und Geschirr putzen fast täglich zu tun haben; denn hier befindet sich oft ein hauseigener Brunnen. Diesen Ort betreten nur die Frauen – bis auf eine Ausnahme: In mehrwöchigen Abständen kommt ein Mann, der die nur vom Hof aus zu erreichende Senkkammer unter den Toiletten von den getrockneten Exkrementen freiräumt. Vom Hausherrn zu dieser Arbeit bestellt, ist sein Kommen lange genug vorher bekannt, so daß die Frauen in dieser Zeit den Hof meiden. Da diese Dreckarbeit von Männern erledigt wird, die einer niederen Gruppe angehören, mit denen wie mit Sklaven jede Heirat ausgeschlossen ist, bliebe ein zufälliges Zusammentreffen mit den Frauen des Hauses belanglos.

Die Diele im unteren Geschoß ist ein stark frequentierter Bereich. Anders als die mit Platten gepflasterte Ladenhalle hat sie einen einfachen Lehmfußboden, und da keine Fremden diesen Teil des Hauses betreten, erübrigt sich jeder repräsentative Schmuck. Es ist ein reiner Wirtschaftsbereich: Hier befindet sich der Stall mit zwei, drei Schafen oder Ziegen, welche die Frauen melken und füttern; darunter lagern in der Kühle des dunklen Kellers empfindliche und konservierte Nahrungsmittel. Mit ihrer in der Diele fest installierten Handmühle mahlen die Frauen, wann immer sie es benötigen, Bockshornklee für die Zubereitung einer täglich gereich-

85. Die Küche eines alten
Händlerhauses, Saada

86. Blick über die
Brüstung eines
Lichtschachtes zum
Küchenhof

87. *Blick auf den Empfangsraum der Frauen im Obergeschoß*

88. *Spielende Kinder auf der Straße in Saada*

ten Soße. Im unteren Geschoß liegen also Rohprodukte häuslicher Nahrung, die hier teilweise aufbereitet werden. Der eigentliche Kochbereich befindet sich im oberen Geschoß.

Ein eigenes Treppenhaus verbindet Diele und Küche. In seiner Mitte liegt ein Brunnenschacht, der direkt in der Küche endet. Von den einzelnen Treppenabsätzen aus sind Waschkammer, Toilette und eine unbeleuchtete Kammer zu erreichen, in der neben altem Hausrat große Mengen an Krüppelholz für die Küchenfeuerung lagern. Wie für alle Dinge des Haushalts haben die Männer auch für den Nachschub an Brennholz zu sorgen. Frauen sagen, was fehlt, und Männer erledigen die Besorgungen.

Am Ende der Treppe liegt vor der Küche ein nach oben offener, dem zentralen Innenhof ähnlicher Raum für die Küchenarbeiten. Die Küche selbst ist vollkommen dunkel, da nur wenige schmale Rauchabzugsschlitze über den in Lehm aufgebauten Herdstellen und dem Brotbackofen eingelassen sind (Abb. 85–87). Über eine Schwelle gelangt man vom Küchenhof in den bereits erwähnten Innenhof, der über eine zentrale Lichtöffnung beleuchtet wird. Unter der Wendeltreppe zum oberen Innenhof führt ein schmaler, von den Männern im Gästeraum kaum einsehbarer Gang zu zwei Zimmern für Logierbesuch, in denen aber auch Hausrat und Lebensmittel aufbewahrt werden können.

Über dem Küchenhof öffnet sich ebenfalls eine von einer kleinen Treppe aus zu erreichende Galerie. Von dort gelangt man in den Repräsentationsraum der Frauen, wo sie eigene Gäste empfangen. Gewöhnlich sind ihre Besucherinnen Verwandte und selten Freundinnen. Nur als Kinder haben auch Mädchen eine Gelegenheit, Nichtverwandte kennenzulernen; dann sind sie noch „frei" wie die Jungen und dürfen außerhalb des Hauses in den angrenzenden Gassen mit Kindern aus anderen Häusern spielen (Abb. 88). Freundschaften aus dieser Zeit können lange halten und zwei Frauen wie Schwestern verbinden. Dagegen führt Nachbarschaft unter den erwachsenen Frauen von Saada nicht zu Bekanntschaft und gegenseitigen Besuchen.

Plant eine Frau eine größere Gesellschaft, kann sie ihren Mann bitten, ihr den großen Empfangsraum zu überlassen. Zwar gehört es zu seinen Pflichten, alle notwendigen Einkäufe zu tätigen, doch darf er dem eigentlichen Ereignis nicht beiwohnen; er sollte das Haus verlassen und den Abend bei einem seiner Verwandten verbringen, dort essen und vielleicht sogar übernachten.

Eine Qat-Sitzung der Frauen

Im allgemeinen kauen Frauen im yemenitischen Hochland während ihrer Treffen kein Qat, weil, wie sie sagen, ihre Männer es nicht schätzen. Wie für alle anderen Dinge wären Frauen auch für die Besorgung von Qat auf die Hilfe ihrer Männer im Haus angewiesen und müssen sich daher mit Getränken und dem Genuß der Wasserpfeife begnügen. Auch Frauen legen

89. *Haus in der Altstadt von Hodaida*

Wert darauf, das, was sie verzehren, selbst mitzubringen. Frauen-Treffen verlaufen in gewisser Hinsicht ähnlich wie die oben beschriebenen Männergesellschaften, denn auch Frauen nehmen nur Einladungen in dieselbe oder in eine höhere Ranggruppe an.

Seit einigen Jahren treffen sich Frauen aus dem Hochland zu festlichen Qat-Parties in Hodaida, der wichtigsten nordyemenitischen Hafenstadt am Roten Meer. Dort ist es feucht und heiß. *„Das Blut fließt schneller"*, versichern die Frauen, die im Hochland Schwierigkeiten mit ihrer Periode haben, und begründen auf diese oder eine andere Weise ihre gelegentlichen

Ausflüge an die Küste. Die Frauen, die aus allen Teilen des Landes hier zusammenkommen, gehören der wohlhabenden Oberschicht an und sind durch Abstammung oder Heiratsbeziehungen miteinander verwandt und verschwägert. Frauen aus Saada gehören kaum dazu. Sie, d. h. ihre Männer, gelten als besonders streng.

Die Besucherinnen wohnen bei Verwandten oder in einem Haus ihrer Familie, denn fast alle einflußreichen und bedeutenden Familien des Landes haben neben ihren Häusern am Ort ihrer Herkunft auch in der Hauptstadt und im wichtigsten Hafen des Landes einen zusätzlichen Wohnsitz. Die Parties finden bevorzugt am Donnerstag statt, und erst nach Sonnenuntergang machen sich die Frauen zu einem der Altstadthäuser auf (Abb. 89).

Die Sitzordnung der Frauen wird anders als bei den Treffen der Männer im vornherein durch die Hausherrin festgelegt. Zwar entscheidet innerhalb einer kleineren Gruppe das Alter über den höheren Platz, so daß im Gesamtgefüge Alte und Junge nebeneinander sitzen, doch bleibt die Festlegung der Sitzordnung für die Mitglieder der eigentlich gleichrangigen Elite ein kniffliges Problem. Persönliche Sympathie spielt dabei keine entscheidende Rolle, weshalb die Freundinnen der Gastgeberin über den Raum verteilt auf beiden Seiten und an der Ehrenfront sitzen. Die Rangfolge der Frauen hängt von ihrer Abstammung ab, das heißt vom Status ihres Vaters – und nicht von dem ihres Ehemannes. Ehemänner scheinen transitorischen Charakter zu haben und beeinflussen den Status einer Frau schon deshalb nicht, da sie niemals unter ihrem Stand heiraten wird. Der zentrale Ehrenplatz an der oberen Reihe gebührt immer einer älteren Frau. Denn auch unter Frauen wird die Ehre einer Abstammung durch den eigenen Ruf, den man sich durch Handlungen und Verhalten im Laufe der Zeit erwirbt, gefestigt und erhöht.

Nur selten finden europäische Besucherinnen Einlaß, da ihnen die Grundvoraussetzung der Mitgliedschaft fehlt: die Verwandtschaft. Tatsächlich erweist sich bereits die Rangfrage, die, wie gesagt, über Abstammung geregelt wird, als kaum lösbar, und die Entscheidung, wo die Fremde zu sitzen habe, fällt schwer. Kommt sie in Begleitung einer einheimischen Freundin, kann sie jener im Rang angeglichen werden. Selbst aufgrund ihrer Beschäftigung und offensichtlichen Privilegien, in ferne Länder zu reisen und im Kreis der Männer akzeptiert zu werden, kann eine Fremde nicht eingeordnet werden. Daher sieht man sie lieber zu den Männer-Treffen gehen, da diese im Umgang mit Fremden andere Kriterien als allein die der Abstammung kennen.

Die vorliegende Beschreibung geht auf einen Abend im November 1985 zurück, als mich eine europäische Bekannte und ihre yemenitische Freundin zu einer Qat-Party mitnahmen. Den beiden wurde ein Platz am oberen Ende zugewiesen. Da ich nur eine Freundin der Freundin eines willkommenen Gastes und nicht angekündigt war, mußte, was unter Frauen selten geschieht, an Ort und Stelle diskutiert werden, auf welcher Seite, in welcher Höhe und neben welchen Frauen der mir angemessene Platz wohl sein könnte. Die Hausherrin wägte ab und überließ jener Frau, in deren Obhut wir gekommen waren, die letzte Entscheidung: Ich folgte den Anweisungen und ging auf die Seite, auf welcher auch die Hausherrin saß, vier Plätze unterhalb der oberen Reihe. Widerspruch wurde auf der anderen Seite laut, doch eine knappe Antwort unterdrückte weitere Diskussionen, denn mein Ort könne nicht geklärt werden, und außerdem sei ich nur auf der Durchreise. Meine Nachbarin zur Rechten, also ihrem Verständnis nach nun eine kleine Stufe im Rang unter mir, lehnte es für den Rest des Abends ab, mit mir zu reden.

Der große Raum war festlich beleuchtet. Von ihrem Platz unweit der Tür an der Längsseite erhob sich die Hausherrin nur selten, um eine eintretende Besucherin zu begrüßen. Für gewöhnlich nickte sie ihren eilfertigen Dienerinnen zu, damit diese jeden Gast an den vorher festgelegten Platz begleiteten.

Die Dienerinnen, die ihre Herrinnen begleitet hatten, hielten sich noch eine Weile draußen im kleinen Flur bei der Garderobe auf, verstummten, sobald sie den Raum betraten, und nahmen bescheiden in der Ecke neben der Tür Platz.

Während die kurzen Begrüßungsfloskeln ausgetauscht wurden, und jede Frau mit schnellem Blick den ihr zugewiesenen Ort einschätzte, beeilten sich Dienerinnen, den Tee zu servieren. Wasser, Cola, Spucknäpfe und Papiertücher standen bereit. Obwohl noch Plätze frei waren, und still gerätselt wurde, wer noch zu erwarten sei, begann eine jede, zwischen ihren Nachbarinnen zurechtgerückt und das Rückenpolster bequem plaziert, mit ihrem Qat, wann immer sie Lust dazu verspürte. Einige Frauen kauten nicht, sei es, weil sie schwanger waren, sei es, weil es ihnen nicht schmeckte.

Alle Besucherinnen, Herrinnen wie Dienerinnen, trugen ausgewählt schöne Kleider, frische Jasminblüten im Haar und kostbaren Goldschmuck, der mit derselben Aufmerksamkeit begutachtet wurde wie die Kunstfertigkeit des Blumenarrangements. Man tauschte Adressen von Goldschmieden in Dubai, Abu Dhabi, Genf oder London aus. Doch daß die Auswahl an wirklich tragbarem Schmuck am Golf besser sei, darin stimmten alle überein.

Qat wurde verteilt: von „oben" nach „unten" geworfen, auf gleicher Ebene weitergereicht. Diejenigen, die mir meinen Platz nicht verzeihen wollten, warfen mir ein Zweiglein wie einer Dienerin zu. Einige lachten, die Hausherrin strafte mit verächtlichem Blick, und bald verlor das Spiel an Reiz.

In die Runde gestreute Scherze und sexuelle Anspielungen wurden leise, verhaltener als bei den Männern belacht und in geistreiche Wortspiele gekleidet. Da Dienerinnen für gewöhnlich nicht verheiratet sind, gälte es als geschmacklos, sie auf solche Weise zu necken. Die Witze bezogen sich nur auf lesbische Freundschaften unter Ranggleichen oder auf alte und neue Ehemänner, denn fast alle Frauen waren mehr als einmal verheiratet. Eine jede war, sich selbst genügend, in die Kissen gelehnt und genoß die Wirkung des Qat. Das Spiel erlahmte. Kaum mehr als das Blubbern der Wasserpfeife war zu hören, und der lange Schlauch wurde geruhsam weitergereicht.

Nach einer Weile der Stille gab die Hausherrin ihren Dienerinnen die Anweisungen für den zweiten Teil des Abends. Diese verteilten wieder Tee, Wasser und Cola. Dann, nachdem sich die Frauen aufgerichtet und ihre Beinposition verändert hatten, wurde die Aufmerksamkeit aller auf diverse Parfüme gelenkt, die als Geschenk der Gastgeberin die Runde machten. Westliche Modeartikel wie „Opium" waren ebenso vertreten wie einheimische ätherische Öle und schwere Salbenmischungen. Man probierte von allem und kommentierte die Unterschiede. Daraufhin zirkulierten kleine Räuchergefäße, die man unter Tücher und Kleider und an den Haaransatz halten sollte, damit der Weihrauch sich fest im Stoff verfangen konnte. Die Gerüche belebten die träge gewordenen, und bald wurden die zur Seite gelegten Qat-Bündel wieder aus der feuchtigkeitshaltenden Plastikfolie gewickelt. Man kaute und verteilte von neuem. Eine mit Intarsien verzierte Dose der Hausherrin machte die Runde, und jede Frau nahm daraus, was sie bevorzugte: Nelken, Kardamom oder Kümmel. Auch die Gewürze werden gekaut, und der leicht bittere Geschmack des Qat schlägt in eine volle, würzige Frische um.

Der zweite Teil der Party war ein olfaktorisches Ereignis! Eine schwere Duftwolke – auf der Haut, in den Kleidern und im Mund – legte sich lähmend auf uns alle.

Da die Schwüle kaum noch zu ertragen war, wurden die über Eck liegenden Fenster geöffnet, und wer davor saß, rückte zur Seite, um die frische Meeresluft hereinzulassen. Mit erstaunlicher Flinkheit durchquerte die Dickste von allen den Raum, erhaschte einen freien Platz und kühlte sich genüßlich den Rücken. Sofort wurde sie in ihre Schranken, d. h. auf den ihr zugeordneten Platz verwiesen, denn selbst die Hitze erlaubt keine Veränderung der hierarchischen Ordnung. Zögernd und nörgelnd kehrte sie unter dem Gelächter der anderen an die gegenüberliegende Längsseite zurück.

Die Ehrenperson des Abends war erst gegen Ende des zweiten Teils eingetroffen. Schlank, in einem dunkelblauen Mantelkleid und mit einem völlig aus der Mode gekommenen Käppchen auf dem Kopf strebte die wohl siebzigjährige Dame vergnügt ihrem freigelassenen Sitz zu. Noch während sie fröhlich jede Anwesende mit einem Wort, einem Satz oder einem längeren Gespräch, je nach dem Grad ihrer Wertschätzung begrüßte, wickelte sie ihr Qat aus. Sie war von einem anderen Fest gekommen und ließ Nachrichten von dort in ihre Begrüßungen einfließen.

Der Qat, die Hitze und die Düfte machten die Frauen wieder träge. Die alte Dame ergriff von jetzt an die Initiative, unterbach die Ruhepausen und erzählte von vorangegangenen Qat-Treffen. Sie erinnerte an die ehemaligen Honoratiorenfrauen, von denen einige gestorben, andere alt oder krank waren, und trat so als letzte Zeugin der guten alten Zeit auf. Einige der „Ehemaligen" waren gute Sängerinnen gewesen, andere hatten in ihrer Jugend ausnehmend schön getanzt, wieder andere blieben ihr als Dichterinnen unvergessen. Sie wandte sich der Nichte einer vormals berühmten Beduinendichterin zu und ermahnte sie, sich die Tante zum Vorbild zu nehmen. Ohne ihren abwesenden Gesichtsausdruck zu verändern, richtete sich die junge Frau aus ihrer Kissenpose auf und deklamierte Verse über den Verlust einer Geliebten. Mit leicht anzüglichem Augenzwinkern lachte die Alte: „Hattet ihr in Marib je etwas anderes als Liebeskummer?"

In diese Erzählungen konnten endlich auch die fremden Besucherinnen einbezogen werden. Die schöne Dichterin aus dem Norden des Landes wandte sich mir zu: „Kennst du Vittoria?" Schon lange hatte ich darauf gewartet, mit einer Yemenitin über das Buch von Vittoria Alliata zu reden.[139] Ich stimmte freudig zu, doch auch diese Gemeinsamkeit blieb flüchtig: Ich kannte das Buch, sie hingegen die Person. Was mich interessierte, war den selbstbewußten Frauen, die sich nicht um europäische Bestseller scherten, gleichgültig; und was sie interessierte – wann und wen die sizilianische Prinzessin geheiratet hatte – konnte ich nicht beantworten.

Die Alte unterbrach unsere Konversation und bestellte Musik. Mit dem Recorder war sie natürlich unzufrieden; denn früher war die Musik echt, und man konnte den Wert einer Feier erhöhen, indem begehrte Sängerinnen und Musikantinnen engagiert wurden. Jetzt habe man zwar zwanzig Kasetten, wisse aber nie, welche Musik ertönen wird; ständig breche jemand die Musik ab; die Achtung vor der Musik sei eben dahin. Und so war es denn auch. Zum Tanzen aufgefordert, hatten sich einige junge Frauen in den Kreis begeben, doch kaum folgten sie den Korrekturen der Alten, klickte jemand die Musik aus und probierte etwas Neues.

Unter Gesang, Tanz und Erzählungen erreichte das Fest seinen Höhepunkt. Jede Phase, von der folgenden durch eine Pause des Schweigens getrennt, stellte jeweils einen Bereich der sinnlichen Wahrnehmung und des Genusses in den Vordergrund. Die Farbenpracht der Kleider, die Schönheit des Schmuckes und die Ordnung ihrer Welt führten die Frauen am Anfang des Festes vor. Dem optischen Vergnügen folgten in ebensolcher Buntheit Wogen von Geruch und Geschmack. Die akustischen Einlagen am Schluß dienten der Unterhaltung, die Erzählungen knüpften an die Sequenz vorangegangener Frauen-Feste an und bereiteten späteres Erinnern vor.

Um Mitternacht gingen die ersten, und die Alte erstickte jeden aufkommenden Klatsch im Keime: „Wir sind nicht zusammengekommen, um häßliche Geschichten zu reden, Entspannung und Unterhaltung, das ist der Zweck solcher Feste – zumindest war es früher so. " Doch das wollte sich im dichter werdenden Qat-Nebel nicht mehr so recht einstellen, und mit einem leisen Gruß zur Hausherrin hin verabschiedete sich eine nach der anderen. Im Hause wurde es ruhig. Die noch glühende Holzkohle auf der Wasserpfeife war gelöscht worden, die Frauen gingen schlafen. Am Morgen danach kehrte der Hausherr und mit ihm die Ordnung des Alltags zurück.

Familie

Der Alltag in Saada ist von täglich gleichbleibenden Pflichten und einem auf sich bezogenen Familienleben bestimmt. Für gewöhnlich trifft sich die Familie in einem hellen, mit Matten ausgelegten Raum im oberen Innenhofgeschoß zum Gespräch, zur Ruhe oder zum Essen. Im Winter schläft man im Raum nebenan, im Sommer in dem darüberliegenden Raum oder sogar im *makān,* dem repräsentativen Raum.

Viele Häuser verfügen in den oberen Geschossen über weitere Räume, so daß auch Personen, die nicht zur Kernfamilie gehören, eigene Zimmer zugewiesen werden können. Dies geschieht unter der Voraussetzung, daß alle anwesenden Frauen die Hausarbeit gemeinsam erledigen. Da es nur eine Küche für alle im Haus gibt, finden sich selten zwei Ehefrauen eines Mannes bereit, zusammen zu leben; denn sie fürchten, daß es zum Streit kommt, wenn nicht geklärt werden kann, wer von ihnen die Anweisungen gibt, und wer ihnen zu folgen hat. Auch verheiratete Söhne ziehen es vor, ihren Frauen eigene Häuser zu stellen, um sie dem Diktat der Schwiegermutter zu entziehen. Not oder gutes Einvernehmen ermöglichen Kombinationen wie die des hier vorgestellten Hauses.

Von den dreißig Räumen dieses Hauses dienen zwei oder drei der Familie und nur in derart weitläufigen Bürgerhäusern verfügt die Familie über eigene Räume für ihr tägliches und nächtliches Beisammensein.

„aus Angst – *min al-ḫauf*"

Wenn wir weiter oben behauptet haben, daß die Zelte der Beduinen und die Häuser der Kaufleute in der Aufteilung vergleichbar seien, bezog sich das nur auf eine vielleicht zu generalisierende Gemeinsamkeit: Ein Zelt ist unter normalen Umständen tagsüber offen, und die Zeltwand zwischen dem Empfangs- und Wohnteil stellt keine absolute Trennung dar, denn man kann hinüberschauen; die mehrstöckigen Häuser von Saada dagegen sind geschlossen, das Eingangstor ist fest verriegelt. Um hineinzugelangen, schlüpft man gebückt durch einen schmalen Spalt in einem der Türflügel. Fensterlose Mauern verhindern Blickkontakte und Gespräche mit Vorrübergehenden. Auch im Innern sind alle Räume verschließbar: Zimmer mit doppelten, Lager mit einfachen Türen. Die Galerie über dem Innenhof vor der Küche ist durch hohe Mauern blickversiegelt, so daß jeder zufällige Kontakt mit Besuchern und Nachbarn ausgeschlossen ist. Der Vergleich von Zelt und Bürgerhaus belegt auf eindrückliche Weise die Vermutung Ibn Khalduns, daß jede vermehrte architektonische Anstrengung eine Verschärfung sozialer Trennung nach sich zieht.[140]

Leute von Saada erklären die Bauweise ihrer Häuser und Quartiere mit der lapidaren Bemerkung *min al ḫauf* – *aus Angst*. Angst vor Überfällen, Unruhen und anderen Unwägbarkeiten haben zu all den Schutzmaßnahmen geführt.[141] Doch auch innerhalb der Stadtmauern ist das Verhalten der Leute von Saada von Meidung und Kontaktscheu bestimmt. Die Frauen sind völlig verschleiert, wann immer sie ihre schützenden Häuser verlassen.

Die Familien von Saada sind in sich geschlossene Einheiten mit wenigen, schwer zu öffnenden Durchlässen: Ihre Häuser und ihre Heiraten geben dafür die deutlichsten Zeichen.

Heiraten

Unter den alteingesessenen Bewohnern der Stadt Saada ist es üblich, innerhalb der drei oben genannten Gruppen zu heiraten: die *sāda,* die *ahl al-madīna* und die *ahl aṭ-ṭulṭ* bleiben beim Heiraten unter sich.

Nur in wenigen Fällen verläßt die Braut bei ihrer Eheschließung die eigene Gruppe, und wenn, dann ausschließlich von „unten nach oben."[142] Ob mit dieser Heirat ein sozialer Aufstieg ihres eigenen Hauses einhergeht, wie manchmal behauptet wird, soll im folgenden anhand eines Beispiels aus Saada[143] geprüft werden. Die Analyse folgt Generation für Generation den einzelnen Heiraten eines Hauses der *ahl aṭ-ṭulṭ,* der unteren Statusgruppe: *Dieser Wirrwarr in der angeheirateten Verwandtschaft nährte die Unterhaltung am Nachmittag,* schreibt Assia Djebar in einem vor kurzem erschienenen Roman, der am Rande einer dramatischen Geschichte alltägliche Situationen des traditionellen häuslichen Lebens einfängt: *Eine stellte fest, daß ein bestimmter Mann gleichzeitig der Halbbruder und der Onkel mütterlicherseits der Matrone sei, die gerade in den Hof kam, und diese lachte. Eine andere Frau erklärte, wie die Söhne von Eheleuten, die Vetter und Kusine waren, eines Tages nicht nur die Neffen, sondern auch noch die Schwager ihrer Tanten waren; dieses Spiel, unwahrscheinliche verwandtschaftliche Beziehungen aufzudecken, löste nicht zu unterdrückendes, unbändiges Gelächter aus . . .*[144] Die folgenden Ausführungen sind weniger kompliziert, stellen aber vermutlich in der einen oder anderen Weise die Versatzstücke ähnlicher Unterhaltung dar.

1. Generation: Ein in der Gesellschaft von Saada bedeutender Mann, Qasim al-Aizur, Angehöriger der *ahl aṭ-ṭulṭ,* hatte zwei Kinder. Der Sohn

Yahya heiratete seine Kusine 1. Grades, mit der er zwei Töchter und einen Sohn hatte.

Qasims Tochter wurde nach oben an einen Mann der *ahl al-madīna* verheiratet. Aus dieser ungleichen Ehe stammten ein Sohn, Mohammed, und eine Tochter, Huriya. Da der Vater dieser beiden Kinder ein Angehöriger der *ahl al-madīna* war, sollten die beiden ihre Ehepartner in eben derselben Gruppe finden.

2. Generation: Das aber geschah nicht, stattdessen heirateten sie die Kinder ihres Onkels mütterlicherseits. Zwischen den Ehepartnern kam es nun zu der weiter oben beschriebenen Unschönheit in der Anrede. Der Sohn, Mohammed, heiratete seine *bint ḥāl,* die ihrerseits von ihm als ihrem *ibn ʿamma* redete; die Tochter, Huriya, heiratete ihren matrilateralen Kreuzvetter, *ibn ḥāl,* der von seinem Standpunkt aus seine patrilaterale Kreuzkusine, *bint ʿamma,* geheiratet hat. Dies ist eine sprachlich asymmetrische Beziehung, die nach arabischen Regeln keinen „guten Klang" hat.

Huriya, die Tochter ihrer „von unten nach oben" verheirateten Mutter, wurde also ihrem Vetter Ali „nach unten" zur Frau gegeben, was ihr eigentlich als Tochter eines Mannes der *ahl al-madīna* nicht gestattet sein sollte. Als sie später ihren Vetter verließ und einen anderen Mann heiratete, blieb ihr Sohn genealogisch in der Familie, aus der seine Großmutter stammte – im *bait al-ʿAizūr* – und praktisch im Haus seines Vaters Ali. Man kann also sagen, daß die Tochter aus einer regelwidrigen Ehe (von unten nach oben) durch eine zweite regelwidrige Ehe (*bint ʿamma: ibn ḥāl*) an die alte Gruppe zurückgefallen ist.

Auch die Heirat des Sohnes, Mohammed, aus der fehlerhaften Ehe der 1. Generation kann die Frage, ob mit jener Heirat ein Aufstieg verbunden war, nicht genauer beleuchten. Mohammed hätte auch als voller Angehöriger der *ahl al-madīna* eine Frau von unten heiraten können. Daher läßt sich nicht entscheiden, ob es sich bei seiner Heirat, wie bei der seiner Schwester, um eine „Rückfall"-Ehe handelt. Darüber hätten letztlich nur die Namen und die Eheschließungen seiner Kinder Auskunft geben können; doch die sind, ehe sie heiratsfähig waren, gestorben.

Ein genealogischer Aufstieg der Familie al-Aizur hat also nicht eindeutig stattgefunden. Die Kinder der ersten ausheiratenden Frau sind zurückgekehrt. Dennoch spricht die weitere Heiratspraxis der Familie al-Aizur für eine bestimmte Hoffnung, die an derartige gruppenüberschreitende Allianzheiraten geknüpft zu sein scheint.

Ali, der mit seiner ersten Ehe seine matrilaterale Kreuzkusine, Huriya, in die Familie al-Aizur zurückgeholt hatte, heiratete in zweiter Ehe die Tochter eines fremden, aber muslimischen Kaufmannes. (Jener hatte, da er als Zugereister außerhalb des städtischen Heiratssystems stand, die Tochter eines Scheichs geheiratet, die Angehörige eines Stammes also, der wie der fremde Kaufmann nicht in das städtische Heiratssystem gehörte).

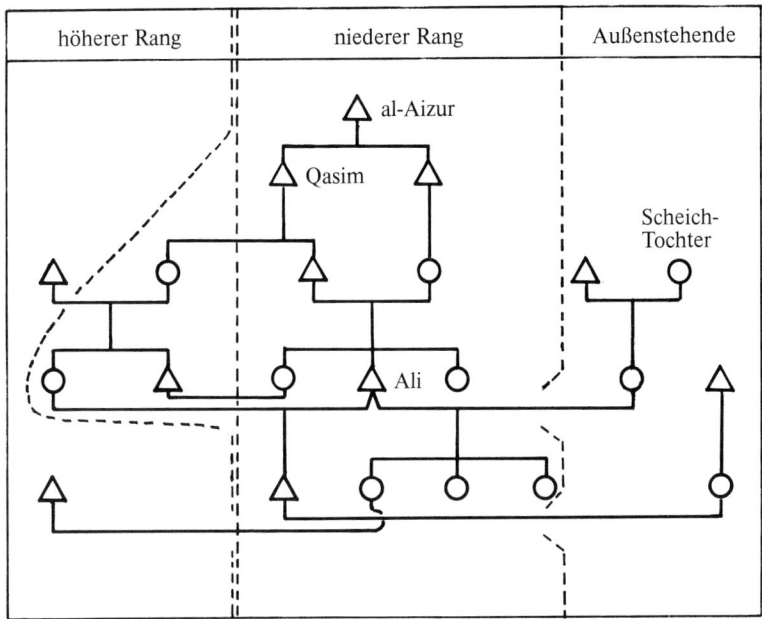

höherer Rang   niederer Rang   Außenstehende

al-Aizur

Qasim

Scheich-
Tochter

Ali

90. *Grenzüberschreitende Heiraten des Hauses al-Aizur, Saada*

Über beide Heiraten hatte Ali sich mit drei Gruppen verbunden: über den Vater seiner ersten Frau mit den höhergestellten *ahl al-madīna*, über den Vater seiner zweiten Frau mit einem Kaufmann, dessen Bedeutung nicht unerheblich gewesen sein kann, da ihm der Scheich eines um Saada angesehenen Stammes sonst nicht seine Tochter zur Frau gegeben hätte. Und über diese Frau, Alis Schwiegermutter, war er dann noch mit den Leuten des Stammes verbunden: Ali war über einige Jahrzehnte Bürgermeister von Saada.

3. Generation: Mit seinen Kindern operiert Ali in der Folge weiter am Aufbau seines gruppenübergreifenden Beziehungsnetzes. Alis Sohn aus erster Ehe, Husain (der in die Familie al-Aizur zurückgekehrte Enkel), heiratete die Tochter eines Mannes aus einem anderen Ort der Provinz, der eine wichtige Position in der dortigen Verwaltung innehatte. Hussain war ein Kaufmann und repräsentierte auf dem Markt den Bürgermeister – seinen Vater.

Eine Tochter aus Alis zweiter Ehe wird dem Marktaufseher der Stadt zur zweiten Frau gegeben, der wiederum zu den *ahl al-madīna* gehörte. Doch ehe aus dieser Ehe „heiratspolitisch interessante" Kinder hervorgehen konnten, wurde der Ehemann von einer Nachbarin erschlagen, so daß auch diese regelwidrige Heirat weder genealogisch noch persönlich erfolgreich endete.[145]

Besonders in den Heiraten (Abb. 90) um Ali begreifen wir die aktuelle
Absicht derartiger Allianzheiraten, die berufliche oder politische Verbindungen festigen helfen. Wenn mit einer solchen Heirat tatsächlich ein Aufstieg der rangniederen Gruppe verbunden ist, müßte das auf verschiedenen
Ebenen zum Ausdruck kommen. So könnten der rangniedere Bruder der
Ehefrau und deren ranghöherer Ehemann, wenn sie wollten, sich mit einem
Gleichheit herstellenden Begriff – Schwager – anreden, was aber nicht
geschieht.[146] Machten die Brüder der nach „oben" verheirateten Schwester
den Aufstieg mit, könnten sie selbst eine Frau aus der ranghöheren Gruppe
heiraten, was ebenfalls nicht belegt ist. Schließlich sollten die Kinder, besonders die Töchter, die aus der ungleichen Ehe hervorgehen, nach allem,
was Araber über Abstammung sagen, eindeutig mit Namen und späteren
Ehepartnern in die väterliche Gruppe gehören, wofür es aber Gegenbei-
spiele gibt. Ob mit einer derartigen Heirat auf Dauer Statusveränderungen
eines Hauses einhergehen, bleibt ungeklärt, und es ist fraglich, ob diese
Absicht überhaupt ernsthaft erwogen wird. Vielmehr scheint jede Heirat
nur wie eine Türöffnung zwischen getrennten Gruppen zu sein, die zwar
Personen und Gaben, aber keine ganzen Häuser durchläßt.

Leben im Palast

Herrenhäuser sind meist große Häuser. Haus und Familie eines „Herren", eines Gouverneurs, eines Stammesscheichs oder eines Königs entsprechen seiner Bedeutung. Oft besitzt er mit seinen Residenzen, Haupt- und Nebenwohnsitzen mehrere Häuser und hat ein bis vier legale Ehefrauen, gelegentlich noch weitere Nebenfrauen.

Hat der gewöhnliche Mann seine gegenwärtige wie auch die genealogisch erinnerte Familie zu repräsentieren, erweitert sich die Repräsentationspflicht eines „Herren" auf alle, verwandte wie nichtverwandte Familien seines Einflußbereichs.

Wie wir bereits am Beispiel eines Marsch-Bewohners gesehen haben, der sich mit seinem durch Arbeit verdienten Geld ein repräsentatives Gästehaus bauen wollte, ist Reichtum in unserem Sinne nicht die Voraussetzung für Macht und Prestige. Vielmehr bedarf es des genealogischen Reichtums einer weitzurückreichenden und weitverzweigten Familie und einer zahlreichen Klientel. Erst das berechtigt – und verpflichtet – zur Führung eines großen, gastfreien Hauses.

Die Scheichs der Marsch-Bewohner sind wie die Scheichs der Beduinen die Ersten ihres Stammes, und ihre Wohnhäuser gleichen denen ihrer Stammesangehörigen. Als Repräsentanten ihrer Gruppe benutzen sie allerdings großzügig angelegte Variationen der üblichen Haustypen. Weitläufige Hallen und Zelte stehen für jeden Angehörigen des Stammes offen und sind regelmäßig aufgesuchte Treffpunkte aller Familienoberhäupter und anderer männlicher Mitglieder der Gemeinschaft.

Anders verhält es sich mit den ebenfalls *šaiḫ* genannten Führern der kleinräumigen Reiche am persisch-arabischen Golf. Sie sind die Regenten einer Stammes- und Stadtbevölkerung, deren Gemeinschaft nicht genealogisch begründet ist. Manche der Bewohner sind Ausländer und unterstanden früher nur begrenzt der Gerichtsbarkeit des Regenten.

Die Residenz dieser über Nomaden und Seßhafte, über Verwandte und Nichtverwandte, über Gläubige und Ungläubige herrschenden Scheichs waren nicht einfach groß dimensionierte Ausführungen eines gängigen Haustyps, sondern eigenständige Kreationen.

Versammlungsräume

Im 19. Jahrhundert war die traditionelle Herrschaft eines Scheichs durch seine Herkunft aus einer Scheich-Familie legitimiert und wurde durch den Beschluß einer Ratsversammlung gestützt, die sich in seiner Residenz traf.[147] Bei Entscheidungen, die alle Einwohner betrafen, waren die Repräsentanten der verschiedenen Gruppen zu konsultieren: Die Stammesoberhäupter, *ru'asā' al-qabā'il,* sollten wie die Oberhäupter der sogenannten großen und kleinen Familien, *ru'asā' al-ʿa'ilāt wa-l-ʿusrāt,* ihr Einverständnis geben.[148]

In der Geschichte der Scheichtümer belegen viele Beispiele, daß die ortsansässige Bevölkerung nicht unbedingt den Herrschaftsanspruch eines bestimmten Scheichs akzeptierte, wohl aber den seiner Familie. Unzufriedenheit mit dem Herrscher führte zu drei wesentlichen Reaktionen: Verhandlungen, Intrigen oder Rückzug.

Der Ort für direkte Verhandlungen und für die täglich stattfindenden öffentlichen Versammlungen, der *maǧlis,* lag im Palast des Scheichs. Freundlicher Austausch von Höflichkeiten und Informationen bestimmten die Sitzungen in friedlichen Zeiten; Ankündigungen höherer Zölle oder anderer Abgaben leiteten oft zu Streit und heftigen Wortwechseln über. Da weder die politische Organisation als solche, noch der Herrschaftsanspruch einer Familie in Frage gestellt wurde, entschlossen sich nicht selten jene, die aufgrund ihrer Abstammung von der direkten Machtausübung ausgeschlossen waren, zu einem Bündnis mit einem der rivalisierenden Verwandten des Herrschers.

Neben der politischen Intrige blieb unzufriedenen Bürgern der Rückzug als Ausdruck ihrer Ablehnung. Zunächst blieben sie den öffentlichen Versammlungen fern. Konnte der Regent durch diesen stillen, aber öffentlich sichtbaren Protest nicht zum Einlenken gezwungen werden, entschieden sich die reichen Kaufleute, die häufig durch ein verzweigtes Verschuldenssystem über eine stattliche Klientel verfügten, zu einem letzten Schritt: Sie verluden ihren gesamten Besitz auf ihre Schiffe, verließen, von ihren Abhängigen gefolgt, den Ort und versetzten der regionalen Ökonomie damit einen harten Schlag. Wenn sie dann an einem anderen Küstenort landeten, suchten sie den dortigen Regenten in dessen *maǧlis* auf und baten um Residenz- und Handelsrecht.

Dieser Auszug war nicht als endgültiges Exil geplant, sondern sollte eine spürbare Drohung sein, um den uneinsichtigen Scheich zum Entgegenkommen zu zwingen. Der Versammlungsraum des asylgewährenden Scheichs wurde in solchen Fällen Austragungsort der Verhandlungen zwischen den Exilanten und den Abgesandten ihres heimatlichen Scheichs. Beide Parteien trugen dem in dieser Angelegenheit neutralen Gastgeber ihre Argumente vor. Er gewährte ihnen Schutz und vermittelte. Verliefen die Verhand-

91. *Versammlung beim Scheich*

lungen zu beiderseitigem Einvernehmen, kehrten die Händler zurück; dem fremden Scheich aber blieb der Ruf, ein guter Gastgeber und Vermittler zu sein (Abb. 91).

Langfristig jedoch gab es für einen Scheich nur ein Programm, die nichtverwandten einflußreichen Bürger an sich zu binden: durch Heirat.

Heiraten

Wie die Sayyid-Familien im Yemen sahen sich auch die Scheich-Familien als eine ranghohe Gruppe, die ihre Töchter nicht nach „unten" abtreten wollten. Diese mußten auf ihre Vettern zurückgreifen oder auf die Söhne fremder, aber rangleicher Familien. So blieb es den männlichen Mitgliedern der Scheich-Familien überlassen, die verwandtschaftlichen Beziehungen zum Volk zu eröffnen. Die Scheichs selbst heirateten gewöhnlich eine ihrer Kusinen.

Islamischen Vorschriften zufolge kann ein Mann mit vier Frauen gleichzeitig verheiratet sein. Dies gilt als rechtmäßig. Frauen, mit denen ein Mann in „wilder" Ehe, im Konkubinat, lebte, waren Sklavinnen, Frauen ohne Familienanhang, ohne Haus. Achtet man auf die Erbfolge, so zeigt sich, daß Kinder aus beiden Verbindungen rechtlich gleichgestellt sind, und allen ein gleicher Anteil zusteht, wobei Söhne mehr als Töchter erhalten.

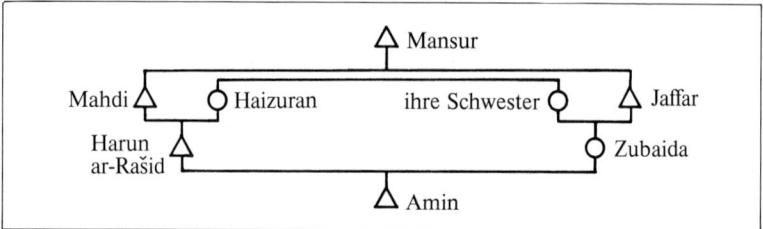

92. *Heirat Harun ar-Raschids mit seiner zweifachen Kusine*

Bei der Wahl eines Thronfolgers schienen Söhne aus „legitimen" Ehen bevorzugt in Betracht gezogen worden zu sein. Tatsächlich konnten aber auch Söhne von Nebenfrauen die Regentschaft übernehmen, wie die Verhältnisse der Abbasidenzeit deutlich belegen.[149] Mit wenigen Ausnahmen hatten die Abbasiden-Kalifen mehrere Frauen. Unter den sogenannten rechtmäßigen Ehefrauen gab es sowohl Kusinen als auch Töchter fremder Häuser. „Wilde" Ehen konnten zu einem späteren Zeitpunkt in rechtmäßige umgewandelt werden. Da im dynastischen Kontext die Grundabsicht arabischer Heiratspolitik, die auf mehreren Wegen versucht, das Haus zusammenzuhalten und es gleichzeitig zu erweitern, mit allen Variationen offensichtlich wird, sollen im folgenden drei Generationen um die uns mehr aus Märchen bekannte Figur von Harun ar-Raschid so sachlich wie möglich analysiert werden.

1. Generation: Der Kalif Mahdi heiratete seine Sklavin Haizuran, als sie bereits mehrere Kinder von ihm hatte. Auf nicht überlieferte Weise war Haizuran als junge Sklavin aus einem Ort im Yemen nach Mekka und von dort an den Abbasidenhof in Bagdad gelangt. Nach der offiziellen Eheschließung gab sie ihre Herkunft preis und bestand darauf, ihre nächsten Verwandten, Mutter, Bruder und Schwester, zu sich zu holen. Nach einiger Zeit wurde ihre Schwester an den Halbbruder des Kalifen verheiratet. Man vermutet sicher nicht zu unrecht, daß diese Ehe auf Betreiben der um jede Art der Einflußnahme bedachten Haizuran, also auf private Allianzinteressen, zurückging. Für den Halbbruder des Kalifen stellte sich die Situation auch recht günstig dar: Er heiratete die Schwester der Lieblingsfrau des Kalifen. Üblicherweise achtete man bei einer von Anfang an rechtmäßig geschlossenen Ehe auf die patrilaterale Abstammung der Frau, die jedoch in diesem Fall, da die Frau die Schwägerin des Kalifen war, unwichtig geworden war.

2. Generation: Dieses Paar hatte eine Tochter, Zubaida, die später mit ihrem Vetter Harun, dem Sohn des Kalifen und seiner Lieblingsfrau Haizuran, verheiratet wurde. Was mit einer „wilden" Ehe begonnen hatte, führte schon nach einer Generation über den Umweg der Legalisierung einerseits und einer halbstandesgemäßen Heirat andererseits zu einer „nor-

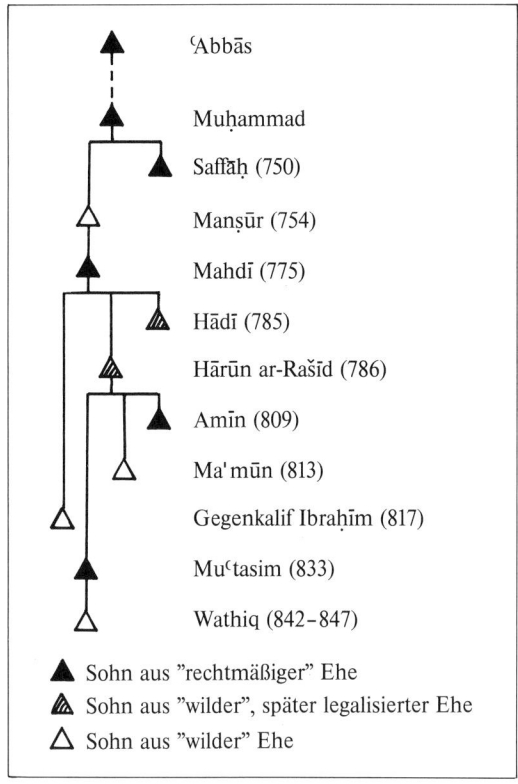

'Abbās

Muḥammad

Saffāḥ (750)

Manṣūr (754)

Mahdī (775)

Hādī (785)

Hārūn ar-Rašīd (786)

Amīn (809)

Ma'mūn (813)

Gegenkalif Ibrahīm (817)

Mu'tasim (833)

Wathiq (842–847)

▲ Sohn aus "rechtmäßiger" Ehe
◭ Sohn aus "wilder", später legalisierter Ehe
△ Sohn aus "wilder" Ehe

93. Thronfolge abbasidischer Kalifen

malen", in diesem Fall sogar zu einer doppelten, sowohl patri- als auch matrilateralen Parallelkusinen-Heirat (Abb. 92).

3. Generation: Harun ar-Raschid hatte aus dieser Ehe mit seiner Kusine sowie von zahlreichen Nebenfrauen Söhne, von denen drei nach seinem Tod das Amt des Kalifen übernahmen. Zuerst wurde ein Sohn aus der rechtmäßigen Ehe mit Zubaida Thronfolger, danach sein erstgeborener Sohn, dessen Mutter, eine Sklavin, bei der Geburt gestorben war und zuletzt der Sohn einer späteren Nebenfrau (Abb. 93).

Herrscherfamilien praktizierten also jede der im arabischen Bereich bekannten Heiratsformen: endogame Kusinenheiraten, exogame Allianzheiraten und Liebesheiraten. Die Absichten der Liebesheiraten waren zunächst privater Natur, konnten aber politisch manipuliert werden.

Da Frauen im Harem bei Hof informellen und intimen Umgang mit dem Kalifen pflegten und auf relativ engem Raum schnell über alle Vorgänge im Herrscherhaus informiert sein konnten, war es für die Mächtigen im Reich interessant, eine der ihren dort unterzubringen. Welche der ihnen zur Verfügung stehenden Frauen sie in den höfischen Harem gaben, hing von

Statusfragen ab. War der Herrscher oder einer seiner männlichen Verwandten bereit, die ihm angetragene Frau zur rechtmäßigen Ehefrau zu nehmen, schickte man eine Verwandte; zog er eine Konkubine vor, wurde eine Sklavin geschenkt. Unter Umständen wurde eine Sklavin dem Herrscher wichtiger als seine anderen Frauen. Solch ein Fall war für alle Beteiligten günstig – für den Geber, dem Nehmer und die „Gabe" selbst.

War auf der Liste der legalen Frauen noch Platz, konnte die geliebte Sklavin durch Heirat in den Stand der Freien erhoben werden, ohne den sie im ökonomischen Sinne nicht handlungsfähig war. Erst dann konnte sie nach einer Scheidung oder als Witwe selbständig über ihren Besitz verfügen. Freiheit bedeutete, Verträge schließen oder lösen zu können.

Die Sklavinnen blieben je nach ihrer persönlichen Beziehung zum Herren bis an ihr Lebensende mehr oder weniger prunkvoll versorgt. Außer diesem Recht auf Versorgung besaßen sie jedoch nichts, noch nicht einmal ihre Kinder, wenngleich diese nach dem Tod des Herren für den Unterhalt der Mutter zuständig waren. Die Kinder galten als die Nachkommen des Herrschers, der sie in seiner Heiratspolitik einzusetzen wußte.

Für die Mächtigen des Reiches war es ebenso interessant, eine Frau aus dem Herrscherhaus zu erhalten, wie eine eigene dorthin zu geben. Eine Verwandte des Herrschers, eine Freie, konnte natürlich nur als legale Ehefrau aufgenommen werden. Der Eheschluß unter Zeugen und vor dem Repräsentanten des islamischen Rechts war ein offizieller Akt und kam einer öffentlichen Auszeichnung der Familie des Bräutigams gleich. Gelegentlich wurde also die sonst übliche Regel, Töchter nicht von oben nach unten zu verheiraten, vom Herrscher ignoriert. Der Kalif war als „Führer der Gläubigen" der Vorstand im *dār al-islām*, im Haus des Islam, und unter diesem Gesichtspunkt verblieben seine Schwestern und Töchter bei jeder Form der Heirat letztlich im eigenen Haus. (Eine Heirat mit einem Ungläubigen ist nicht erlaubt und wird mit dem Verlust aller familiären Rechte und dem Ausschluß aus der Gemeinschaft bestraft.)

Allerdings ist die Ausheirat von Töchtern und Schwestern eines Herrschers seltener als die im dynastischen Sinne hausinterne Verbindung. Bleiben die Mädchen bei ihren Vettern, die bekanntlich mehrere Frauen haben können, werden alle Nachfahren beider Geschlechter zum Haus angerechnet und tragen denselben Herkunftsnamen. Beim Tode von Harun ar-Raschid zählte das Haus der Abbasiden ca. 33000 Frauen und Männer.[150]

Frauen

Historiker und Märchenerzähler scheinen sich über die Bedeutung der Frauen bei Hof nicht immer einig gewesen zu sein. Wir verfügen nur über wenige authentische Nachrichten, die uns bei der Rekonstruktion des all-

täglichen Lebens in den Häusern der Großen helfen. Eine äußerst unge-
wöhnliche Quelle stellen die Kindheits- und Jugenderinnerungen einer arabischen Prinzessin, der Tochter des Sultans von Oman und Zanzibar, aus
dem 19. Jahrhundert dar.[151] Ihr Vater, Sultan Sayyid Sayyid (1791–1856), war seinerzeit einer der
mächtigsten Herren der Region. Sein Herrschaftsgebiet erstreckte sich ent-
lang der ostafrikanischen Küste von Oman bis nach Zanzibar, wohin er um
1830 seinen Hauptwohnsitz verlegt hatte. Bei seinem Tode lebten 36 Kinder, davon einige in Oman, die anderen in
Zanzibar. In Absprache mit den wichtigen Männer an beiden Orten hatte er
jeweils einen seiner Söhne eingesetzt, der ihn in seiner Abwesenheit vertreten sollte. Als der Sultan auf einer Reise zwischen Oman und Zanzibar
starb, blieb der vom Vater in Muskat beauftragte Sohn im Amt, in Zanzibar
dagegen kam es zu Streitigkeiten bei der Thronfolge.

Salme, die Prinzessin von Zanzibar, beschreibt den Konflikt als einen,
der weite Teile der Familie erfaßte, da sich die Schwestern jeweils einem
der beiden rivalisierenden Halbbrüder anschlossen. Viele der konspirativen
Aktionen begannen und endeten in den Räumen der Frauen, und letztlich
konnte der unterlegene Anwärter auf das Sultansamt nur mit Hilfe einiger
Schwestern und deren Sklavinnen flüchten: Sie zogen ihm Frauenkleider
an, nahmen ihn in ihre Mitte und ließen die wachhabenden Soldaten stau-
nend hinter sich.

Für die Prinzessin stellte sich, anders als für die europäischen Beobachter, die Thronfolgestreitigkeiten als eine politische Aktion dar, an deren
Entstehen und Auflösung die Frauen im Palast ganz wesentlichen Anteil
hatten.

Zu Lebzeiten reiste Sultan Sayyid Sayyid in regelmäßigen Abständen von
Zanzibar nach Oman. Neben einer Residenz in der Stadt Muskat soll der
Sultan auch noch einen Sommersitz in den Bergen gehabt haben. Muskat
war wegen seiner strategisch wichtigen Lage ein auch von Europäern häufig
besuchter Ort, so daß zahlreiche Beschreibungen vorliegen.[152] Arabische Besucher der Paläste überlieferten eher den Inhalt der im
Versammlungsraum geführten Gespräche, europäische Besucher hingegen
konzentrierten sich meist auf die Beschreibung des Raumes und den Versuch, ein Charakterbild des Herrschers zu zeichnen. Eine englische Dame,
die ihren Mann, einen Kapitän der East Indian Company, begleitete, war
Gast in vielen Häusern am Golf und durfte selbst die Frauen im Palast von
Muskat besuchen. 1826 wurden ihre Eindrücke veröffentlicht:[153] „Und nun zu den Häusern – ich bin überzeugt, eine intime Kenntnis der
vornehmen Häuser am Persischen Golf zu haben. Die besten Häuser haben
ein flaches Terrassendach, um die starken Regengüsse, die allerdings nicht
häufig fallen, abzuleiten. Um die Hitze abzuhalten, sind die Wände zwei bis

drei Fuß (65–95 cm) dick. Ob die Räume länger oder kürzer sind, richtet sich nach dem Geschmack des Bauherrn, die Breite dagegen hängt von der Länge der Palmstämme ab, aus denen die Balken gemacht werden. In Scheich-Häusern gibt es ein oberes Stockwerk oder ein Zimmer mit einem Podium, über dem ein Windturm errichtet ist. Die Wohnräume der Frauen sind besonders reich ausgestattet. Dort liegen persische Teppiche, und in die weiß verputzten Wände sind Gestelle für Unmengen von chinesischem Porzellan eingebaut. Das Mobiliar besteht aus großen Holzkisten, welche die manchmal überaus kostbare Kleidung und den Schmuck der Bewohner enthalten. Dazu liegen eine stattliche Anzahl gelber Sandalen, kleine persische Spiegel und Töpfchen mit Antimon hier und da verstreut. Über allem hängt ein überwältigendes Parfüm – Dies ist ein echtes Persisch-Golf-Boudoir. Das gilt allerdings nur für die Häuser der Vornehmen"...

Nach einer Beschreibung der verschiedenen Bewohner der Golfregion folgt der Bericht über ihre Stunden im Palast des Sultans Sayyid Sayyid:

„Seine Hoheit erwartete uns am Eingang seines Hauses, eines ehemaligen portugiesischen Klosters. Er geleitete uns in einen Raum mit Stühlen an beiden Seiten. Ich setzte mich auf den zweiten in der Reihe, doch der Imam wünschte, daß ich auf dem Stuhl gleich neben der Tür Platz nehme; dabei schien es sich vermutlich wie in England um einen Ehrenplatz zu handeln, der dort allerdings besonders weit von der Tür entfernt liegt – vielleicht war es auch nur der bequemste Stuhl.

Anfangs wurde Kaffee gereicht, dann Saft in silbernen Kännchen und Schalen und danach ein mit Rosenwasser parfümierter Saft. Wir saßen eine Weile zusammen, und der Imam sprach bewegt über die fatalen Auswirkungen der Polygamie, wenn viele Frauen das Haus mit Streit und Uneinigkeit füllen.

Den Harem sollte ich erst später aufsuchen, und man bereitete mich darauf vor, daß die Damen sehr begierig seien, mich zu sehen. Ich war überrascht, als ich merkte, daß mich der Imam selber begleiten würde. Über eine breite Treppe führte er mich nach oben in ein kleines Zimmer, das mit einem ausnehmend schönen Perserteppich ausgelegt war. Dort saß seine Frau mit ihren Sklavinnen, Frauen ganz verschiedener Herkunft und Hautfarbe. Sie erhob sich, um uns zu begrüßen. Da ihr Gesicht unter einer bestickten Maske und ihr Körper unter einer Unmenge lästiger Umhänge verborgen waren, konnte ich ihre Schönheit nicht bewundern. Vom Hals bis zur Taille war sie buchstäblich unter Juwelen versteckt. Ihre Kleider waren aus rotem Tuch mit goldener Borte, und über den Kopf hatte sie einen bernsteinfarbenen Kaschmirschal gelegt. Als es heißer wurde, tauschte sie ihn gegen einen wunderschönen Schal aus zartem, purpurfarbenem Musselin mit reicher Goldborte aus.

Das Mobiliar bestand aus dem erwähnten Teppich, einigen Stühlen und Liegen und einem Tisch, der vermutlich von den Portugiesen zurückgelassen worden war. Ich nehme an, daß er meinetwegen dort aufgestellt worden war. Auf einem weißen Tuch war das Frühstück angerichtet, und der Imam ordnete mit eigener, fürstlicher Hand all die kleinen Schalen und Schüsseln. Das Frühstück war ausgezeichnet: geröstetes Geflügel und Hammelfleisch, viel Konfekt und Obst und zwei, drei Sorten Saft. Das Geschirr bestand aus allerlei englischer China-Ware, von jeder Sorte etwas. Die Löffel waren aus Silber, die Messer und Gabeln waren neu. Die letzten Gegenstände sind für eine arabische Familie ziemlich unnötig, da alle, ungeachtet ihres Standes, die Finger zum Essen benutzen. Nach dem Frühstück, an dem niemand außer mir und meinem kleinen Sohn teilnahm, ging der Imam und sagte, daß er mich in ein, zwei Stunden wieder abholen würde. Die Frauen erhoben sich und blieben solange stehen, bis er das Zimmer verlassen hatte.

Deutlich erleichtert setzten sie sich wieder und redeten jetzt ohne die Förmlichkeit von vorher – mit großem Vergnügen. Eine alte Perserin legte sofort ihren Schleier zur Seite, die Araberinnen aber behielten ihre Masken auf, obwohl ich darum bat, einen Blick auf ihre Gesichter werfen zu dürfen. Sie betrachteten neugierig meine Kleider. Ich fürchtete ernsthaft, die alte Dame würde, wenn sie könnte, mich vollends entkleiden. Die Frauen boten mir an, ein Bad zu nehmen. Dies war ein ziemlich unerwarteter Akt der Höflichkeit, der, wie ich vermute, auf ihren Wunsch, meine Kleider genauer zu untersuchen, zurückzuführen war. Ich lehnte ab. Dann wurde eine kleine Goldschachtel mit Antimon hervorgeholt, die mittels eines Golddrahtes an einer Kette befestigt war. Die Frauen drängten mich, ihnen wenigstens zu erlauben, meine Augen anzumalen, was – so versicherten sie mir – mein Aussehen enorm verbessern würde. Die alte Dame malte mir aus, welche Wirkung meine derart geschminkten Augen auf die Herren unten haben würden, und versuchte mich auf diese Weise, dazu zu überreden.

Eine der Sklavinnen, die (wie ich) Hindustani sprach, übersetzte. Als ich sie fragte, wie die Frauen den Tag verbrächten, ob sie arbeiteten oder läsen, sagte sie: „Nein. Sie sitzen – das ist alles." Die Frauen gaben mir nun eine Kostprobe ihrer Unterhaltung: Ein Sklavenmädchen wurde geholt. Sie hockte sich auf die Erde und hüpfte umher, bis ein großer Kakadu im Raum ihre Bewegungen zu imitieren begann.

Nach einer Weile kam der Imam. Als ich ihm zu verstehen gab, daß ich gehen möchte, sagte er, ich könne wählen – ein Pferd und eine Sänfte warteten draußen. Nun holte seine Frau eine Goldschachtel mit Rosen*atar*, parfümierte meine Kleider, besprengte mich mit Rosenwasser, und wir nahmen Abschied."

Bei einem späteren Besuch im Haus des Imams gelang es der Engländerin, die Frauen zum Abnehmen ihrer Gesichtsbedeckung zu veranlassen. Diese schämten sich ohne ihren Schleier, schlugen die Hände vor das Gesicht oder warfen sich zu Boden. Nun hatte die fremde Besucherin doch noch gesehen, was sie begehrte – und war enttäuscht. Sie berichtet nicht, ob sie den nicht minder neugierigen Frauen im Palast ihren gesamten Kleiderstaat gezeigt hatte, den diese so gerne gesehen hätten.

Zwar kann ihre Beschreibung als große Rarität gelten, doch erfahren wir nicht viel mehr als das, was wir von früheren und späteren Reisenden aus Kairo, Damaskus oder Istanbul auch hören. Fast alle europäischen Besucherinnen, die von ihrem kurzen Einblick auf das Leben der Frauen schlossen, kamen wie die einäugige Gräfin Hahn-Hahn zu der immer gleichen, kurzsichtigen Einschätzung: „Himmel, wie muss man sich in diesen Räumen langweilen!"[154]

Ein Kommentar der Tochter eben jenes Sultans und Imams beurteilt die europäischen Darstellungen eindeutig:[155]

„Bei aller Höflichkeit liebt es der Araber nicht, daß fremde Personen seine persönlichen Angelegenheiten durchschauen, am wenigsten, wenn dieselben einer anderen Nation oder Religion angehören. Kam einmal eine Europäerin zu uns, so wurde sie zunächst von allen gründlich angestaunt wegen ihres kolossalen Umfangs, trug man doch damals (um 1860) die Krinoline, die oft die Treppe in ihrer ganzen Breite ausfüllte. Die sehr spärliche Unterhaltung drehte sich auch beiderseits nur selten um etwas anderes, als um die Mysterien der verschiedenen Trachten. Ist die betreffende Dame hierauf in der üblichen Weise bewirtet, vom Eunuchen mit Rosenöl parfümiert und mit Abschiedsgeschenken bedacht worden, so zieht sie sich zurück, ebenso klug, wie sie gekommen. Sie hat den Harem betreten, hat die bemitleideten orientalischen Frauen gesehen, indes nur maskiert, hat sich über unsere Tracht, über unseren Schmuck, über unsere Gelenkigkeit beim Sitzen auf dem Fußboden verwundert, aber das ist alles. Niemals kann sie sich rühmen, mehr gesehen zu haben als andere Europäerinnen, welche vor ihr bei uns waren. Eunuchen begleiten sie herauf, bedienen sie und führen sie wieder hinunter; sie bleibt ständig beobachtet. Selten wird ihr mehr als das Zimmer gezeigt, wo man sie zu empfangen gedenkt. Ja oft gelingt es ihr nicht einmal zu entwirren, wer denn eigentlich die maskierte Dame gewesen, mit der sie gesprochen hat. Kurz, es ist ihr in keiner Weise Gelegenheit geboten, einen eindringenden Blick in das orientalische Familienleben und in die Stellung der Frau zu tun."

Und was haben die Frauen der Herrscher am Persischen Golf nun tatsächlich getan? Vermutlich etwas ganz Ähnliches wie die Damen der englischen Aristokratie, wenn diese nicht gerade exzentrischen Launen folgten und anderen Damen die Hüte vom Kopf rissen: Sie saßen beieinander, unterhielten sich über ihre Verwandten, ihre Kinder und anstehende Heiraten, über Besucher, Neuanschaffungen und Moden jeglicher Art. Einige stickten, andere planten Ausflüge, bereiteten Feste vor, beschäftigten das Personal und warteten darauf, daß die Männer sich zu ihnen gesellten und Geschichten und Präsente mitbrachten. Die einen trugen weiße Spitzenhandschuhe, die anderen schwarze Seidenschleier.

Das Haus eines Scheichs – Bait Isa

Wenige Jahre nach dem Besuch der englischen Dame in Muskat wurde im etwas weiter nördlich gelegenen Bahrain das später unter dem Namen *Bait Šaiḫ ʿĪsā ibn ʿAlī* bekannte Haus gebaut.[156] Die Inseln um Bahrain waren wegen ihrer Perlenbänke berühmt. Da es günstige Anlegeplätze für die einheimischen Dhow-Segelboote gab, hatten sich Händler aus Persien oder Indien dort niedergelassen. Im Verhältnis zu den Küsten des Golfes war Bahrain relativ fruchtbar, so daß es auch zahlreiche dörfliche Siedlungen gab.

1784 waren einige Stämme aus dem arabischen Festland auf die Insel eingewandert und erkannten 1816 das Oberhaupt einer Fraktion der ebenfalls eingewanderten Utaiba als ihren *šaiḫ* an. Er wurde der Begründer der heute noch herrschenden Al Khalifa Dynastie.

Um 1830 gab Hasan ibn Abdallah Al Khalifa ein geräumiges Haus in Auftrag. Nach seinem Sohn und zwei Enkeln zog einer seiner Großneffen, *šaiḫ ʿĪsā,* der von 1869 bis 1901 regierte, in dieses Haus. Er war der berühmteste Bewohner des Hauses, welches später nach ihm benannt wurde. Als er 1932 starb, wurde seine Witwe Aischa die Herrin des Hauses. Unter ihrer Aegide erhielt das Haus einen Windturm. Windtürme dieser Art waren in dem unweit gelegenen Dubai in den Wohnvierteln reicher Händler aus Iran, wohl dem Ursprungsort dieser Bauform, stärker verbreitet.[157]

Die Utaiba, zu denen der Bauherr des hier vorgestellten Hauses gehört, stammten aus dem Nadschd, der Gegend um Riad. Ein Vergleich zwischen der Architektur der alten Heimat und den neuen Häusern ist nicht systematisch durchzuführen, da zu wenige zeitgleiche Beispiele vorhanden sind. Doch zeigt ein Blick auf die repräsentativen Bauten aus Zentralarabien (Abb. 94), wie wenig sie äußerlich mit den Häusern am Golf gemeinsam haben.[158] Der Stil einer Architektur hängt nicht unbedingt von der ethnischen Zugehörigkeit ihrer Bewohner ab. Am Ort vorhandenes Baumaterial, verfügbare Handwerker und die Nachbarschaft, in die das Haus gestellt wird, scheinen eine ebenso kräftige stilbildende Wirkung gehabt zu haben.

Anders als in der innerarabischen Wüste war die Handwerkskunst am Golf aus einem weiten Kreis mit Anregungen sowohl für die Baukonstruktion als auch für die dekorative Ausgestaltung spezieller Elemente gespeist. Die oft weit über die Ortsgrenzen hinaus bekannten Spezialisten lebten in verschiedenen Städten, und ihre Einstellung hatte wenig mit dem Status des Bauherren zu tun, sondern sie kamen zu jedem, der sie bezahlen konnte. Daher zeigen Paläste und Kaufmannshäuser zahlreiche stilistische Gemeinsamkeiten. Der Unterschied liegt allein in der Anordnung der Höfe und Räume.

Besonders gesucht waren so gute Stukkateure wie die von Bahrain, die

94. Alter Palast in Riad

wegen ihrer kunstvollen Arbeiten einen ausgezeichneten Ruf hatten. Zier-
leisten und Verblendungen schmückten sie mit geometrischen, ineinander-
geschachtelten, sich wiederholenden und fortlaufend ergänzbaren Mustern,
und die Freude am Dekor war so groß, daß reine Schmuckformen ohne
technische Funktion entstanden: Auf den ersten Blick könnte man die
durchbrochenen Gipsplatten (Abb. 95) für Lüftungsgitter halten, doch dahinter schließt sich die Nische, in welche sie eingelassen sind, zur Mauer.
    Auch im Nadschd prägten Stukkateure stilistische Merkmale der Archi-
tektur. Die bekanntesten Handwerker kamen aus Buraida und hatten 1917
als „Gastarbeiter" bei der Restaurierung des königlichen Palastes in Riad
mehrere Wochen auf der Baustelle zugebracht.[159] Noch zu dieser Zeit war
die Bautradition der Herrscher, der Utaiba in Bahrain und der Al Saud in
Riad, weniger entwickelt als die ihrer Bauleute, so daß die Herrschaftsar-
chitektur stärker den lokalen Traditionen der Handwerker verhaftet war. Je
weiter sich die Macht der Herren ausdehnte, um so verschiedenartiger wurden die Elemente, die in den Bau eingefügt wurden: in Bahrain wie in Riad.

Ein Spiel mit Strukturen

Kunsthistorische Untersuchungen spüren den Ursprüngen der Stileinflüsse
nach; historische Quellen belegen die Herkunftsorte der Materialien und
Handwerker; die Abstammungsgeschichte eines Hauses nennt die Herkunftsorte des Hausgründers und, durch mündliche Überlieferung gelegentlich ergänzt, die der Mütter im Haus, die als Kusinen, Töchter fremder

95. *Nordtor des Bait Isa, Bahrain*

Herren oder Sklavinnen von ganz unterschiedlicher regionaler Herkunft sein konnten. Unterwirft man die Einheit von Haus und Familie einer strukturalen Analyse, so entrollt sich ein überraschendes, fascettenreiches Bild von Entsprechungen.

Das Material für die festen und tragenden Teile der großen Häuser war an Ort und Stelle vorhanden, das Material für die beweglichen und schmükkenden Teile wurde importiert. Wände und Decken wurden aus dem am Ort anstehenden Korallengestein und aus Palmhölzern errichtet, *gebaut*. Bezeichnenderweise bringen einige arabische Etymologen das Wort bauen, *banā*, mit dem Wort für Sohn, *ibn*, in Zusammenhang.[160] Der Sohn gilt als tragendes Element im Gerüst der verwandtschaftlichen Architektur; er garantiert die Fortdauer und damit die „Haltbarkeit" des Hauses.

Die für die innenarchitektonische Gestaltung der repräsentativen und schönen Wohnräume benötigten Materialien wurden oft von weither geholt: feste Mangroven für die Decken aus Indien oder von der ostafrikanischen Küste aus den Swahili-Städten, die unter der Regentschaft des Sultans von Oman und Zanzibar standen. Die Stämme wurden mit floralen oder geometrischen Mustern bemalt oder mit Gedichten geschmückt:

Sag, wofür braucht man den Reichtum dieser Welt, wenn nicht für das Glück derer, die uns lieben, oder für das Verderben jener, die uns verachten.[161]

Für Tür- und Fensterrahmen wurden ein helles, afrikanisches Holz oder dunkle, harte Hölzer aus Java, Indonesien oder Indien verwendet. Pfosten, Tür- und Fensterblätter waren mit Schnitzwerk verziert und gelegentlich

bemalt. Es ist nicht überliefert, wer diese Arbeiten ausführte, doch stili-
stisch gehen einige auf iranische Vorbilder zurück, während die in Stuck
geschnittenen Bögen über Eingängen, Fenstern und Nischen indische Parallelen haben.

Immer wieder wird erwähnt, daß die Bewohnerinnen vornehmer Häuser
fremden Ursprungs waren – wie das Material und der Dekor der beweglichen Bauelemente. Wie diese waren die Frauen das Bewegliche, denn mit
ihrer Heirat verlassen Frauen ihr Haus, während Männer am Ort ihres
Vaters verharren. Stellt man alle Beobachtungen in ein Verhältnis, werden
die Entsprechungen sinnfällig: Danach verhält sich Festes zu Beweglichem
wie die statische zur schmückenden Funktion und beide wie männlich zu
weiblich.

Die Ordnung der Anlage

Das Bait Isa stand, wie es damals üblich war, frei und war über zwei reich
dekorierte Portale zu erreichen, die sich in Größe und Pracht kaum unterschieden. Durch das Nordtor (s. Abb. 95) gelangte man in den Familientrakt, dessen rückwärtiger, am wenigsten zugängliche Teil der private Bereich des Hausherrn war. Durch das Osttor betrat man den Hof des von
Männern genutzten Teiles. Puffer zwischen diesen Bereichen war der nicht
von außen zu erreichende Dienertrakt, der zugleich eine schräge Verbindung zwischen dem Ost- und Westtrakt herstellte. Da aber der Weg über
den Dienerhof durch die Brotbackstube und die zentrale Küche führte, war
er kaum als offizieller Durchgang gedacht.

Die gesamte Anlage bestand also aus vier untereinander verbundenen
Höfen mit jeweils besonderen Funktionen. Vom offiziellen Empfangs- und
Männerbereich führte ein nach oben offener und mit Wanddekorationen
ausgestalteter Korridor bis zu den Ställen, in denen auch die Reittiere der
Gäste eingestellt werden konnten. Aus dem anschließenden Dienertrakt
wurden sowohl die Familie als auch die Besucher versorgt. Für die schnelle
Zubereitung von Getränken allerdings gab es im Hof der Besucher, wie in
jedem anderen Hof, eine kleine Kochstelle. In den Aufenthaltsräumen um
den Hof konnten die Besucher auch über Nacht bleiben, denn da alle
Durchgänge zwischen den Höfen durch meist doppelflügelige Türen verschlossen waren, bestand keine Gefahr nächtlicher Grenzüberschreitungen
(Abb. 96–97).

In diesen Häusern, in denen der häusliche Produktionsbereich zwischen
den Räumen männlicher Repräsentation und denen des Familienlebens lag,
hatten die Frauen der herrschaftlichen Familie keinen praktischen Anteil an
den eigentlichen Hausarbeiten. Diese wurde von Sklaven verrichtet. Zwar
gab es auch im Hof der Frauen einen Raum für die Zubereitung von Kaffee,
daneben ein Lager für Brennmaterialien und diesem gegenüber ein Lager

96. *Bait Isa, Bahrain. Durchgang von Hof der Gäste zum Stallgang und weiter in den Hof der Diener; Treppe zum Empfangsraum, maǧlis, auf dem Dach*

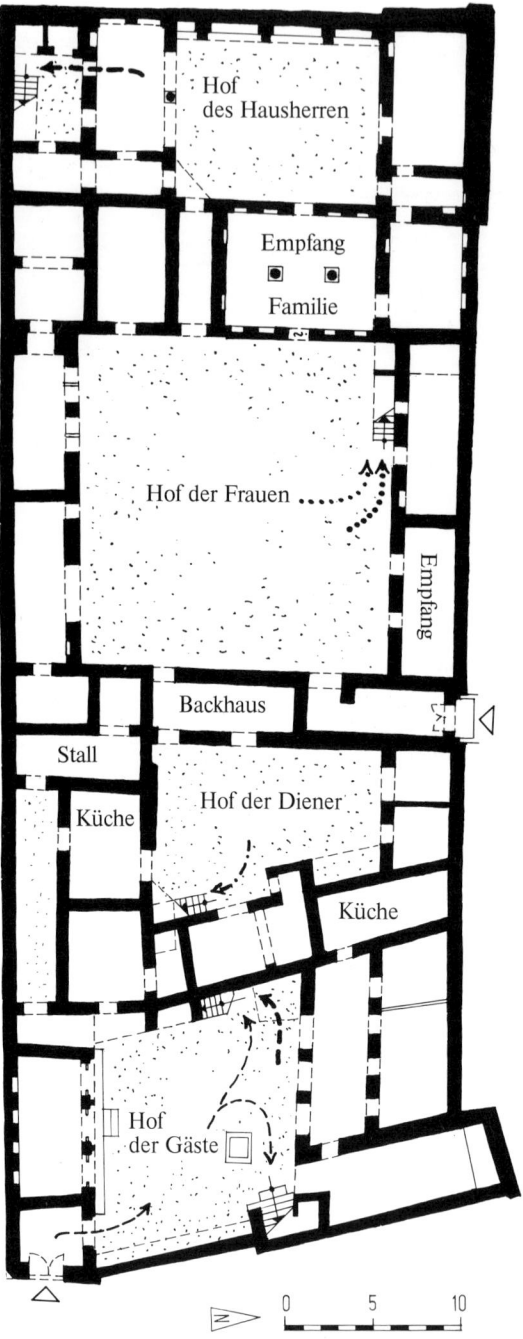

Hof
des Hausherren

Empfang

Familie

Hof der Frauen

Empfang

Backhaus

Stall

Küche

Hof der Diener

Küche

Hof
der Gäste

N

0   5   10

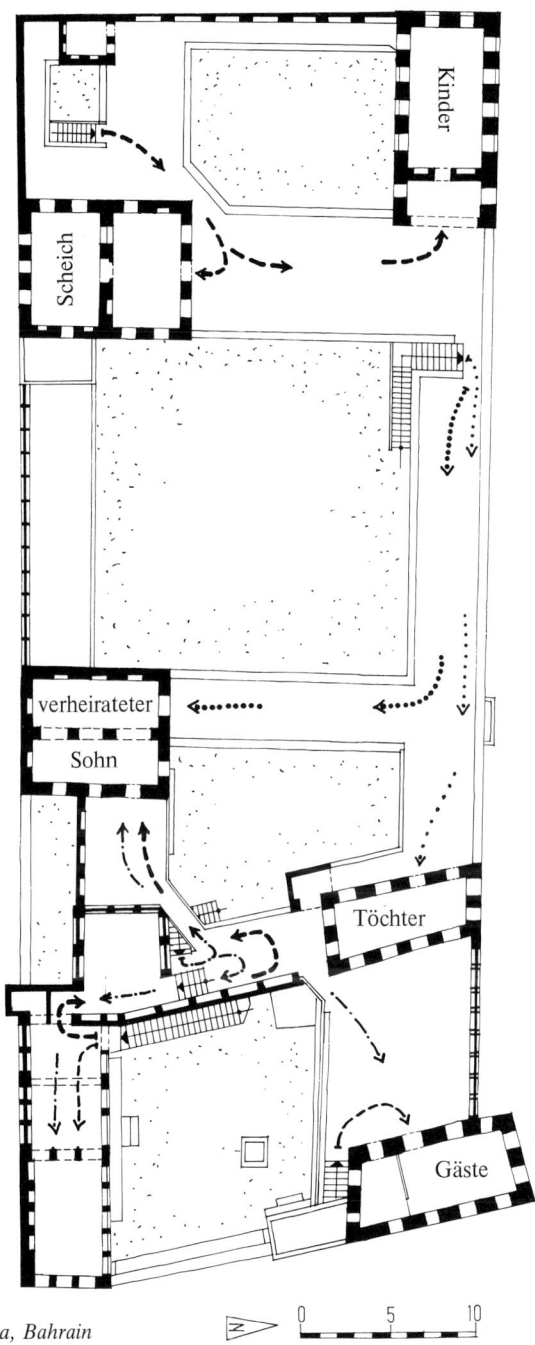

97. *Bait Isa, Bahrain*

für die bei kleinen Zwischenmahlzeiten angebotenen Datteln, doch kümmerten sich um diese Dinge die bei den Frauen lebenden Sklavinnen. Ihnen war auf derselben Seite des Hofes ein Raum zugeteilt, in dem sie ihre persönliche Habe aufbewahrten und wo sie schliefen.

Reiche und Vornehme verfügten über zahlreiche Diener, die als Sklaven „zum Haus" gehörten. Sie galten nicht als Fremde, kamen nicht als Heiratspartner in Frage, und die Frauen des Hauses mußten sich in ihrer Gegenwart nicht verschleiern. Die Sklaven der Stadthäuser waren selten verheiratet und schliefen, wie die Söhne und Töchter des Hausherrn nach Geschlecht getrennt, in den ihnen zugedachten Räumen. Als Paar hingegen hätten sie Anrecht auf ein eigenes, gemeinsames Zimmer gehabt, und so war in *bait ʿĪsā* für verheiratete Sklaven kein Platz. Auf dem Lande war dies möglich, denn dort wurde ihnen in den Gärten und Plantagen ein Stück Land zugewiesen, auf dem sie einfache Hütten errichteten.

Eine Nachfahrin von *šaiḫ ʿĪsā* versuchte die ehemalige Nutzung des Hauses zu rekonstruieren und erinnerte sich, daß die Frauen gerne in der luftigen Halle an der Südwand saßen, mit Blick auf den Hof und auf die eintretenden Gäste. Als einzige praktische Tätigkeit der Frauen nannten sie das Besticken von Masken, Mützen und Bordüren mit kostbaren Materialien. Andere Gegenstände ihrer kreativen Phantasie fanden die Frauen der Vornehmen darüberhinaus in Erzählungen, Liedern und Gedichten.[162]

Vom großen Hof der Frauen führte ein dunkler Flur in den sogenannten Hof des *šaiḫ*. In diesem innersten Bereich bewegten sich nur der Hausherr, seine Frau und seine Kinder. Sein Schlafzimmer, auf der einen Seite des Hofes, war von dem seiner Kinder durch eine Waschkammer getrennt. Auf der gegenüberliegenden Seite des Hofes verbrachte er in einem nach Norden hin geöffneten Raum ruhige Stunden ohne Arbeit und Repräsentationspflichten. Neben diesem persönlichen Ruhezimmer lagerten in einer schmalen Kammer Geschenke, Süßigkeiten und chinesisches Porzellan, die der Herr bei Gelegenheit an Verwandte und Gäste verteilte. Darüber, in einem niedrigen Zwischengeschoß, waren seine Waffen verstaut. In diesem äußersten Hoftrakt, weit vom Eingang entfernt und durch den verbotenen Bereich der Frauen geschützt, bewahrte der Herr seinen wertvollsten Besitz auf.

Durchschritt Isa sein Haus von West nach Ost, wurde die damit einhergehende Zunahme seiner gesellschaftlichen Rollen mit dem gleichzeitigen Anwachsen seiner Namen und Titel zum Ausdruck gebracht: Im Westen war *ʿĪsā ibn ʿAlī* ein Mann wie jeder andere, mit persönlichen Eigenschaften, die nicht zum Gegenstand der offiziellen Rede wurden und mithin nicht überliefert sind. Im Hof der Frauen und Kinder trat *ʿĪsā abū Aḥmad* als Familienvorstand, als Ehemann und Vater auf. Im Hof der Diener wurde er als Hausherr mit demselben Namen angeredet, der ihn als Familienvorstand auszeichnete, oder mit dem auf die im anschließenden Hof der Besucher geltende Scheichwürde anspielenden Namen: *šaiḫ ʿĪsā*, die Kurzform seines offiziellen Namens *šaiḫ ʿĪsā ibn ʿAlī Al Khalīfa*.

Hinter dem persönlichen Ruheraum des Scheichs führte von einem kleinen, gefangenen Hof ein Treppenaufgang auf das Dachgeschoß, daß auch von den anderen Höfen über zahlreiche Treppen zu erreichen war. Von den sechs auf dem Dach verstreut liegenden Räumen hatten einige zum Hof und zur Straßenseite ausgestaltete Fensterfronten. Die Dachgeschoßräume wurden nach der jeweils im Erdgeschoß geltenden Ordnung von dem Hausherrn, der Familie oder den Gästen benutzt, bis auf eine Ausnahme: Über dem Dienertrakt, genau genommen über den Räumen zwischen Diener- und Gästehof, lag ein an allen vier Seiten mit Fenstern versehenes Zimmer. Zwar öffneten sich die Fenster erst unter der Zimmerdecke, doch mit geringer Mühe waren von dort aus die sich von draußen nähernden Besucher des Familientraktes, die Diener im Hof und die Männer im Hof der Besucher zu beobachten. Brüstungen, Gitterfenster und der Anstand, der es jedem verbot, nach oben zu starren, verhinderten, daß die Beobachter bei ihrem neugierigen Tun beobachtet wurden. – Dies soll der Raum der unverheirateten Scheichtöchter gewesen sein![163]

War hier der Ort, von dem aus sich die jungen Mädchen verliebten, oder zumindest ihre potentiellen Ehemänner betrachten konnten? Zwar oblag dem Vater die formale Eheschließung seiner Töchter, doch ohne ihre Einwilligung hätten seine heiratspolitischen Bemühungen keinen Erfolg gehabt. Von diesem Mädchenzimmer aus war ihnen ein Blick auf die Zukünftigen vergönnt, vielleicht sogar ein nächtliches Gespräch, wenn die Männer über Nacht in dem Gästezimmer auf dem Dach untergebracht waren. Die festgebauten Grenzen zwischen den heiratsfähigen Frauen und den fremden Besuchern des Hauses hatten Durchlässe, um welche schon die alten Märchenerzähler beliebte Geschichten mit einem glücklichen oder verderblichen Ausgang woben. Architektonische Belege dieser Ausguckposten höfischer Frauen finden wir in frühen Palastanlagen in Firuzabad in Iran und in Ktesiphon im Irak, aber auch in reichen Bürgerhäusern wie in dem im folgenden Kapitel vorgestellten Haus eines Mekkaners (s. Abb. 101). Im ersten Obergeschoß liegt der über zwei Geschoß hohe repräsentative Empfangsraum der Männer. Die Frauen, die sich in den mekkanischen Häusern in den oberen, für nichtverwandte Männer verbotenen Geschossen aufhalten, können vom dunklen Flur aus durch ein Fenster die Ereignisse im *maǧlis* ungestört beobachten und belauschen.

Wo immer sich die Männer auch aufhalten, werden sie beobachtet. Männer sind nicht nur im Angesicht ihresgleichen um die permanente Einhaltung würdiger Etikette bemüht, sondern erst recht unter den verborgenen, aber nicht minder scharfsichtigen Augen von Frauen; denn sie wissen, daß die Frauen ihr Verhalten aufmerksam verfolgen und in allen Einzelheiten bereden. Im Gegensatz dazu sollten Männer über Frauen nicht reden, was auch kaum möglich ist, denn ihr Wissen um die Angelegenheiten, das Aussehen und die Verhaltensweisen nichtverwandter Frauen ist, da sie sie nirgend ungestört beobachten können, gering und nur von Ahnungen erfüllt.

„Früher als ich noch klein war, sagte mir meine Mutter: „Du sollst dich draußen anständig benehmen und nichts Schlimmes anstellen. Denn ich werde alles erfahren, weil die Taube es sieht und mir alles erzählt." Ich habe es tatsächlich geglaubt; deshalb habe ich ihr alles erzählt, bevor es die Taube vor mir tat. Diese Gewohnheit habe ich immer noch. Vor meiner Mutter verberge ich nichts."[164]

Leben im Haus

Ein Gang durch das alte Mekka, das Zentrum der islamischen Welt, würde uns mit einer wieder anderen Hausform bekanntmachen. Doch selbst innerhalb der Stadt „gibt es keine einheitliche Bauart und es fällt schwer, allgemein Geltendes von den Häusern auszusagen."[165] Den Grund für diese Vielfalt sieht Snouck Hurgronje, der 1884 sechs Monate in Mekka lebte und die Stadt wie kaum ein zweiter Europäer kannte, in ihrer zentralen Funktion.

Für die islamische Welt gibt es zwei historische Hauptorte: Mekka und Medina, die beide das Ziel der begehrtesten Pilgerreise eines jeden Muslim sind. In ihrer sakralen Bedeutung werden sie mit einem Wort, *al-ḥaramān*, bezeichnet; es sind *zwei verehrte* und für Fremde *verbotene* Plätze. Mekka war der Geburtsort des Propheten Mohammed und Medina Zufluchtsort der ersten Glaubensflüchtlinge und damit der Ort der ersten islamischen Gemeinde. Alles, was der Prophet tat und sagte, wurde in zahlreichen Überlieferungen gesammelt und gilt den Muslimen bis heute als Vorbild. Es würde jedoch zu weit führen, dies auf alle Lebensbereiche anzuwenden, denn auch in Mekka und Medina folgt die Wohnhausarchitektur anderen als religiösen Traditionen.

Mekka liegt in einem relativ schmalen Tal, in dessen Mitte seit frühgeschichtlicher Zeit die Kaaba steht, ein einräumiger Bau aus schwarzem Stein. Umgeben von einer weitläufigen Moschee, ist sie der eigentliche Orientierungspunkt aller Muslime, so daß sich die Gläubigen in aller Welt während des kollektiven Gebets gewissermaßen in konzentrischen Kreisen um die Kaaba versammeln (Abb. 98).

Stadt der Fremden

Zwar heißt es, Mekka sei ein für Fremde verbotener Ort, doch gilt das ausschließlich für Nicht-Muslime. Ansonsten war die Stadt während einiger Monate im Jahr geradezu von Fremden überfüllt, die alljährlich zu Tausenden dorthin strömten. Manche blieben zu theologischen Studien länger als die Dauer der eigentlichen Pilgerfahrt, andere suchten und fanden dort Arbeit für einige Jahre. Die Mekkaner lebten im großen und ganzen vom Pilgergeschäft, denn für Handarbeiten jedweder Art, für einfache Dienstleistungen wie für spezielle Tätigkeiten, boten sich die Fremden an, wie Baumeister aus Syrien oder Istanbul und Bauhandwerker vom Roten Meer oder gar aus Indien.

98. Die Kaaba in Mekka

Mekka war eine kosmopolitische Stadt mit einer Elite, deren Mitglieder sich in langen Genealogien bis auf die Zeit des Propheten zurückführten. Doch zeugten sie auch mit ihren Sklavinnen, die oft von weither nach Mekka verkauft worden waren, Kinder. Diese zählten ebenso zur Familie, wie Kinder aus einer Ehe mit der Tochter einer vornehmen Familie, so daß die mekkanische Gesellschaft in nahezu allen Bereichen des alltäglichen, des häuslichen und städtischen Lebens durch fremde Einflüsse geprägt war. Die Tradition der Stadt, in welcher die Traditionen der islamischen Gemeinde seit mehr als 1300 Jahren möglichst wortgetreu überliefert und gepflegt wurden, bestand aus einer gewaltigen Mischung zahlreicher Elemente, deren Ursprünge selten zu lokalisieren sind: Mekka war eine Stadt der Fremden – und der Feste.

Stadt der Feste

Mit zunehmender Urbanisierung nimmt fast überall der jahreszeitliche Wechsel in seiner Bedeutung für die geltende Wirtschaftsweise ab, denn städtisches Gewerbe und der Handel sind nicht in demselben Maße vom Ablauf der Natur abhängig wie die Landwirtschaft. In Mekka richtet sich die städtische Ökonomie in erster Linie nach dem von den Jahreszeiten gänzlich unabhängigen islamischen Kalender mit zwölf Mondmonaten, so daß das Hauptgeschäft, die Pilgerfahrt, wie auch die anderen Feste in 32 bis 33 Jahren in alle Jahreszeiten fallen kann.

99. Pilger in Mina zur Jahrhundertwende

In den Monaten vor und nach dem Pilgergeschäft feiern die Mekkaner des 19. Jahrhunderts ihre eigenen Feste, wobei sich nahezu jeder Monat durch ein besonderes Ereignis auszeichnet: Im 1. Monat des islamischen Kalenders wird, wenn die letzten Pilger den Ort verlassen, die Kaaba geöffnet; im 2. Monat feiern die Männer der Stadt das Andenken an eine Frau Mohammeds; im 3. Monat gedenken besonders die Frauen mit einem großen Umzug der Geburt Mohammeds; der 4. und 5. Monat sind für Eheschließungen vorgesehen; im 6. Monat wird, wieder hauptsächlich von Frauen, der Todestag eines Heiligen gefeiert und der 7. Monat, der der Kaaba geweiht ist, gehört wieder den Männern, die in diesem Monat auch der wunderbaren Reise des Propheten nach Jerusalem gedenken, und eine bedeutende Bruderschaft feiert ihr größtes Fest. Im 8. Monat treffen die ersten Pilger ein, bis es im folgenden Fastenmonat viele Tausend sind (Abb. 99). Während im 10. Monat die meisten Pilger in Medina sind, feiern Mekkanerinnen ein eigenes Fest mit kleinen Ausflügen. Im 11. Monat leben wieder viele Pilger in der Stadt, ehe sie im 12. die Heimreise antreten.

In den drei bis vier Monaten ihrer Anwesenheit richtet sich ganz Mekka nach den Bedürfnissen der Pilger. Gelehrte Männer aus alteingesessenen Familien, die oft seit Generationen auf die Betreuung von Pilgern aus Syrien, Java, Pakistan oder einer anderen Region spezialisiert sind, übernehmen vielfältige Organisationsaufgaben und unterweisen einzelne Gruppen in den Regeln des Pilgerns. Nahezu jede Familie, die über ein eigenes Haus oder eine eigene Wohnung verfügt, zieht sich in den Pilgermonaten in die

100. Blick über Mekka

kleinsten Kammern zurück, um so viel Wohnraum als möglich zu vermieten. Mit diesen Einnahmen ist der Rest des Jahres im wesentlichen gesichert.

Mekkaner waren die Meister der Zeremonien, das war ihr Beruf und ihre Leidenschaft, der sie bei städtischen wie familiären Festen folgten. Der selbstbewußte und gewinnbringende Umgang mit Fremden und mit Festen schlug sich sowohl in der materiellen Kultur als auch in zahlreichen Bräuchen nieder (Abb. 100).

Wenn auch, wie eingangs betont, fremde Baumeister und Handwerker jeweils unterschiedliche Stilelemente in die Bauten der Stadt einfügten, entstand dennoch – oder gerade deshalb – ein für Mekka typischer Stil, der seine engsten Entsprechungen in Dschidda fand der Hafenstadt am Roten Meer, wo viele Pilger ihre fromme Reise begannen, und viele Mekkaner große Häuser besaßen.[166]

Die Häuser Mekkas (Abb. 101) unterscheiden sich in Grund- und Aufriß von den geläufigen Vorstellungen sogenannter arabischer Häuser: Sie sind mehrstöckig, haben keinen Hof, und die Hausfassade ist mit mehr oder weniger vorkragenden Fenstergittern auffallend gestaltet. Allerdings erfüllen die abgestuften Dachterrassen dieselbe Funktion wie die Höfe oder umlaufenden Galerien in den Häusern von Bagdad oder Aleppo.

Trotz der Vielfalt der Bauformen in der Altstadt ist die Raumfolge in allen Häusern ähnlich.

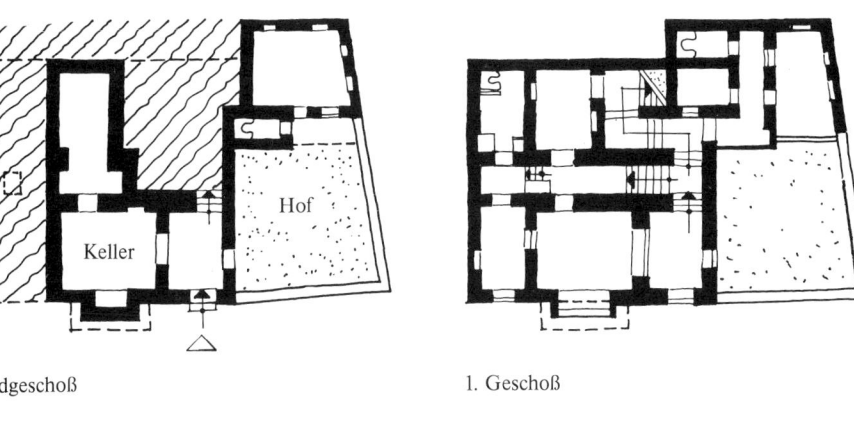

dgeschoß   1. Geschoß

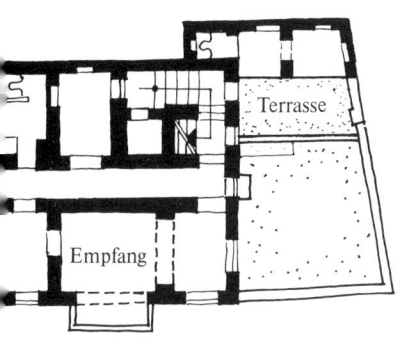
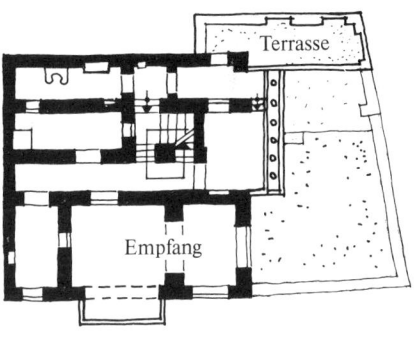

Geschoß   3. Geschoß

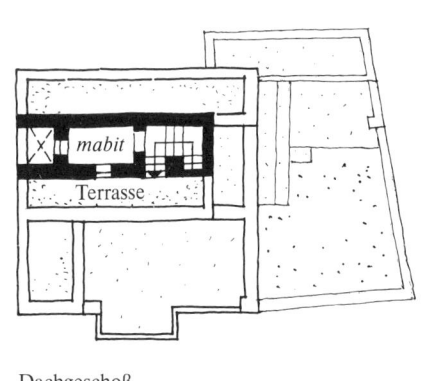

Geschoß   Dachgeschoß

101. *Mehrgeschossiges Wohnhaus in Mekka*

Wird ein Haus von nur einer Familie bewohnt – was in Mekka seltener als an anderen Orten vorkommt – dienen die oberen Etagen den Frauen und der Familie, das Erdgeschoß hingegen dem Hausherrn und seinen Geschäften sowie dem geselligen Beisammensein der Männer. Werden die Häuser von mehreren Familien bewohnt, erleichtern besondere Verhaltensregeln den Umgang zwischen den nichtverwandten Besuchern eines Hausherrn und den Frauen seiner und der anderen im Hause wohnenden Familien. Gebaut sind die Häuser für eine Familie, und so werden sie auch im folgenden beschrieben.

Zu jedem Erdgeschoß gehört eine Halle zur Verwahrung von Gepäck oder Waren; sind Bänke eingebaut, werden hier die eiligen oder unerwarteten Besucher empfangen. Seitlich der Halle gelegene Räume dienen als Empfangsraum, als Geschäftsbüro, als Bibliothek, oder sogar als Schlafraum für den Hausherrn und seine Gäste. Da man damit rechnen mußte, daß das kleine, das Tal durchfließende Flüßchen im Frühjahr über seine Ufer trat, liegen diese Räume einige Stufen höher als das Hallenniveau. Wie in jeder Etage gibt es auch im Erdgeschoß eine eigene Toilette und manchmal einen durch eine ein Meter hohe Mauer davon getrennten Baderaum. Hier steht ein großes Faß mit dem Tagesbedarf an Wasser für das Erdgeschoß. Kaum ein Haus verfügt über einen eigenen Brunnen, und das Wasser wird täglich frisch geliefert.

Der Empfangsraum neben dem Eingang, in Mekka *maqʿād* genannt, sei, wie man in vielen Beschreibungen lesen kann, der Raum, in welchem Fremde empfangen würden. Das ist insofern irreführend, als die Gäste selten Fremde im eigentlichen Sinne sind. Ebenso ungenau wäre es, den Empfangsraum als den Ort zu kennzeichnen, an dem die Geschlechtertrennung einsetzt, denn bestimmte Männer dürfen auch die oberen Räume betreten: außer den Männern der Kernfamilie alle diejenigen, welche die Frauen des Hauses nicht heiraten dürfen (Abb. 102).

Zu den Männern, welche die Frauen des Hauses nicht heiraten dürfen, gehören bestimmte Verwandte und Angehörige einer rangniederen Gruppe; aber auch Milchgeschwister, d. h. alle Kinder, die von derselben Frau gestillt wurden, sollten einander nicht heiraten, wohl aber einander beistehen, wie es für Geschwister vorgeschrieben ist. Auf diese Weise wird das Netz der zu gegenseitiger Fürsorge Verpflichteten erweitert, und es überrascht daher nicht, daß es lange Brauch in Mekka war, nahezu jedes Neugeborene einer Amme zu übergeben. Nicht nur durch Heiraten können andere Häuser zu Bündnispartnern gemacht werden, sondern auch ein Säugling kann für eine häuserverbindende Bündnispolitik eingesetzt werden. Milchgeschwister stehen in einer unverbrüchlichen Beziehung, die keiner weiteren Bekräftigung bedarf – für sie gilt das Inzestverbot.

Der Umgang zwischen Milchgeschwistern unterliegt ebenso wie der zwischen leiblichen Geschwistern keiner anderen als der matrimonialen Ein-

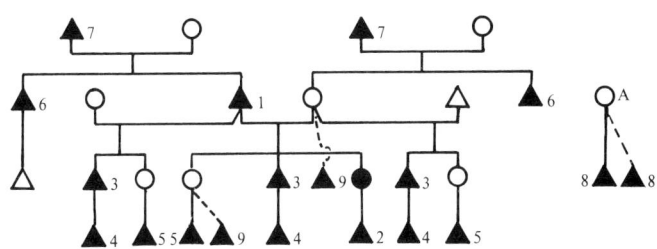

1. ihr Vater, *ab*
2. ihr Sohn, *ibn*
3. ihre Brüder und Halbbrüder, *ah*
4. die Söhne ihrer Brüder und Halbbrüder, *ibn aḫ*
5. die Söhne ihrer Schwestern und Halbschwestern, *ibn uḫt*
6. die Brüder ihres Vaters und ihrer Mutter, *ʿamm* und *ḫal*
7. beide Großväter, *ğadd*
8. die Söhne ihrer Amme (A) und alle Männer, die von ihr gestillt wurden, *aḫ ḥalīb*
9. alle Männer, die von ihrer Mutter, ihren Schwestern und Halbschwestern gestillt wurden, *aḫ ḥalīb*

102. Männer, die eine Frau (●) nicht heiraten darf

schränkung. Eine alte Überlieferung erzählt, daß Aischa, die Lieblingsfrau des Propheten, intensiv am öffentlichen und politischen Leben der Gemeinde teilnahm, obwohl sie sich wie alle Frauen mit einem Mann, der für sie als Heiratspartner in Frage gekommen wäre, nicht ungezwungen unterhalten durfte. Für die aus diesem Gebot der Zurückhaltung resultierenden Schwierigkeiten soll sie eine überraschend einfache Lösung gefunden haben: Sie bat ihre Schwester, jenen Mann zu stillen, der auf diese Weise zum Sohn ihrer Schwester, d. h. zu Aischas Neffe wurde, und damit unter das befreiende Inzestverbot fiel.[167]

Manche Männer stehen sowohl zur Ehefrau als auch zur Tochter des Hausherrn in einer ehelichen Ausschlußbeziehung, andere nur zu einer von beiden. Die Brüder des Hausherrn dürfen nicht die Tochter ihres Bruders heiraten, wohl aber dessen Frau – nämlich nach seinem Tod oder nach einer Scheidung. Daher sieht ein Mann seine Brüder nur ungern im oberen Geschoß bei den Frauen, anders als den Bruder der Ehefrau, der unter einem mehrfachen Inzestverbot steht: Ihm ist sowohl seine Schwester als auch deren Tochter verboten. Damit gehört er zu den wenigen erwachsenen Männern, die sich bei den Frauen aufhalten dürfen – mehr noch, er ist sogar ein bei den Frauen gern gesehener Gast. Aus seinem (rechtmäßigen) Umgang mit Frauen rührt die weiche Konnotation, die die Bezeichnung *ḫāl (Mutterbruder)* im Arabischen hat. Er ist der „gute Onkel", der wegen

seiner kleinen Geschenke und seiner Geschichten aus einer anderen Welt
von Frauen und Kindern gleichermaßen erwartet wird.

Der *maqʿād*-Raum ist soziologisch betrachtet weniger ein Raum der
Trennung als ein Raum der potentiellen Verbindung: Neben der Tür, nahe
dem Eingang sitzen diejenigen, die nicht nach oben dürfen: die möglichen
Heiratspartner. Eine Heirat verbindet zwei Häuser und ist wie eine meta-
phorische Tür, durch welche Frauen von einem Haus in ein anderes transfe-
riert werden.

Zwischen dem offiziellen unteren und dem häuslichen oberen Trakt vermittelt ein Treppenhaus. Es ist meist schmal und so verwinkelt, daß man an
keiner Stelle von einem unteren in einen oberen Stock schauen kann, und
der Weg über die steilen und hohen Stufen ist mühsam. Der Übergang von
dem Bereich des Hausherrn und seiner Gäste zu den Räumen der Frauen
und der Familie wird allen schwer gemacht.

In vielen Häusern ist bereits das erste Obergeschoß mit einer kleinen
Terrasse versehen, und jedes weitere Stockwerk zeichnet sich durch die
Wiederholung der gleichen Raumkombination aus: Vom Treppenabsatz
aus geht man über die Terrasse durch eine Vorhalle in den Aufenthalts-
raum, *maǧlis*, der von der Straße her über vergitterte Fenster und Balkone
beleuchtet und belüftet ist. Zu beiden Seiten der überdachten Vorhalle und
des *maǧlis* liegen Wandschränke und Vorratskammern, in denen kleine
Gelegenheitsküchen eingerichtet sein können. Die eigentliche Kochstelle,
ein steinerner Ofen mit mehreren Ofenlöchern, ist im Freien auf einer der
Terassen eingerichtet.

Zu jeder Jahreszeit schlafen alle in den oberen Geschossen, dort, wo sich
gerade der angenehmste Platz zum Ausbreiten der Matratzen findet. Der
Intimität des Schlafens dient, auch in der Hochzeitsnacht, ein niedriges
Zimmer auf der letzten Terrasse, einfach *mabīt*, der *Ort des Schlafens* genannt. Die halbwüchsigen jungen Männer allerdings werden nicht mehr
gern im nächtlichen Kreis der Familie gesehen und übernachten daher so
lange im unteren Geschoß, bis sie verheiratet worden sind.

Familienfeste

Neben den festlich begangenen Etappen des individuellen Lebenszyklus –
bei Geburt, Hochzeit und Tod – werden in der arabischen Gesellschaft auch
andere Abschnitte auf dem Lebensweg einer Person gefeiert. Die meisten
derartigen Ereignisse wie Beschneidung, Beendigung der Koran-Schule
oder der Ausbildung und die Aufnahme in eine Bruderschaft betreffen
immer auch Personen, die nicht zur Familie des Gefeierten gehören. Deshalb finden die damit einhergehenden Feste zum großen Teil außerhalb des

Hauses statt. Wir wollen uns hier jedoch auf die zentralen, Haus und Familie konstituierenden Ereignisse beschränken und nur über die Feierlichkeiten bei Geburt, Hochzeit und Tod sprechen, die, da es keine „gute Stube" für alle Feiern gleichermaßen gibt, das ganze Haus auf signifikante Weise durchziehen.

„Das Fest der Feste" ist für Mekkaner die Hochzeit, die zwei Familien miteinander verbindet und für zwei junge Menschen den unnatürlichen Zustand beendet, geschlechtsreif zu sein, dies aber nicht ausleben zu dürfen. Beginnt die Geschichte eines Individuums mit seiner Geburt, so könnte man für eine Familie sagen, daß sie mit einer Heirat „geboren" wird. Daher wird in unserem Zusammenhang der Zyklus bedeutender Feste um Haus und Familie mit der Beschreibung der Hochzeit eingeleitet, die für Mekkaner das bedeutendste aller lebenszyklischen Feste ist: Es dauert am längsten, enthält die ausgeprägtesten zeremoniellen Feinheiten, hat die meisten Teilnehmer und kostet das meiste Geld!

In der Enzyklopädie des Islam wird in einem Artikel[168] über ʿurs, Hochzeit, den mekkanischen Bräuchen ein eigener Abschnitt gewidmet, in welchem sie im Verhältnis zu anderen arabischen Bräuchen als „völlig abweichend" charakterisiert werden. Tatsächlich gibt es für die arabische Welt ebensowenig verbindliche Hochzeitsbräuche wie Haustypen. Jede kleine Gemeinde entwickelt eigene Variationen, so daß es zu den bereits bekannten lokalen Abgrenzungen kommt. In Mekka, dem Zentrum vieler Pilger von nah und fern, kann man nur schwer von lokalen Traditionen sprechen. Hier liegt das Besondere vielmehr in der Kombination von Bräuchen der eigenen und fremder Lokaltraditionen. Eine andere auffallende Eigentümlichkeit der mekkanischen Bräuche ist die langatmige Ausgestaltung aller Abschnitte, die wir auf die Festfreudigkeit der Mekkaner zurückführen.

Jede Heirat, ob in Oman,[169] in Syrien[170] oder Palästina[171] besteht wesentlich aus drei Hauptabschnitten: 1. der Werbung, 2. dem offziellen Heiratsvertrag und 3. der Zusammenführung des Paares. Dieser dritte Abschnitt gliedert sich fast überall wieder in drei Teile: a. die Vorbereitungen für Braut und Bräutigam, b. die Hochzeitsnacht und c. ein ausklingendes Fest. Alle Abschnitte sind in Mekka weiter unterteilt und ausgeschmückt, doch ließe sich jeder der mekkanischen Bräuche als Versatzstück an anderen Orten der arabischen Welt wiederfinden.

Bereits im 9. Jahrhundert meinte der arabische Gelehrte Ibn al-Arabi (gest. 845), generell zwei Arten von Hochzeiten unterscheiden zu können: Finde die Hochzeit im Hause des Mannes statt, heiße sie ʿurs, finde sie dagegen im Hause der Braut statt, heiße sie ʿumra. Manche Araber heirateten auf die eine, manche auf die andere Weise.

In Mekka werden beide Feste gefeiert: Dem ʿurs-Tag geht ein ʿumra-Tag voraus. Dies ist nur ein Beispiel für die Fähigkeit der Mekkaner, alles, was passend erscheint, in die eigene Tradition zu inkorporieren. Strukturell unterscheiden sich mekkanische Bräuche nicht von denen, die in anderen arabischen Orten gefeiert werden; denn die Unterscheidung zwischen einer *ʿurs-* und einer *ʿumra*-Heirat bezieht sich nicht auf ein entscheidendes Merkmal. Früher oder später zieht auch die Frau, die im Hause ihrer Eltern die Hochzeitsnacht verbracht hat, zu ihrem Mann. Überall gibt es drei Feste, je eines für das Haus der Braut und des Bräutigams und eines für beide zusammen, allein die Akzente können von Ort zu Ort unterschiedlich gewichtet sein.

Das islamische Gesetz verlangt zur Durchführung einer Heirat nichts weiter als die Zustimmung der Ehepartner, beziehungsweise ihrer Vormunde und die Anwesenheit von zwei Zeugen. Die frommen Überlieferungen sichern einige Bräuche, wie das Tragen von Rot für die Braut und die Veranstaltung eines Festmahles, doch die zeremonielle Ausgestaltung wird aus anderen als aus religiösen Quellen geschöpft: Heiraten ist ein soziales Ereignis.

Eine Heirat

Um die räumliche Ausdehung und die Fixpunkte des Festverlaufs zu beschreiben, verlegen wir eine fiktive Heirat in zwei mekkanische Häuser und setzen mit dem ersten Schritt der Werbung ein.

Drei Dinge erfordern Eile: eine Jungfrau, ein Toter und ein Gast, sagt ein arabisches Sprichwort. Wenn Jungen und Mädchen geschlechtsreif sind, ist die Zeit gekommen, sich um ihre Verheiratung zu kümmern. Die ganze Familie nimmt daran Anteil, und alle, auch die betroffenen jungen Leute, denken über mögliche Heiratspartner nach. Es bedarf zahlreicher Gespräche, ehe die Familie eine einmütig beschlossene Auswahl getroffen hat. Die Aufnahme von Verhandlungen mit der erwünschten Schwiegerfamilie ist ein heikles Unterfangen, denn ein abgelehnter Heiratsantrag schadet dem Ansehen des Hauses.

Da die Initiative beim Heiraten immer vom Haus des Bräutigams ausgehen sollte, begeben sich die Frauen dieses Hauses zu einem förmlichen, seit Tagen angekündigten Besuch in das Haus, aus welchem sie ein Mädchen als Braut für ihren Sohn, Neffen oder Bruder wünschen. In einem der oberen Empfangsräume unterhalten sie sich über das Leben, über ihre Familien, ihre Wünsche für die Zukunft ihrer Kinder, über deren besondere Eigenschaften und dergleichen mehr, ohne daß die Gründe des Besuchs zur Sprache gebracht oder gar Namen genannt würden, bis die Mutter des jungen Mannes nach einer der Töchter ihrer Gastgeberin fragt. Sollte diese bedauernd darauf verweisen, daß ihre Tochter gerade nicht im Hause oder unwohl sei, also nicht erscheinen kann, hört die Besucherin die Ablehnung und stellt alle weiteren Bemühungen ein. Bald darauf erhebt sie sich und geht, freundlich verabschiedet, nach Hause zurück. Da sich die meisten Mekkanerinnen kennen, dient dieses konventionelle Vorgehen allein der

Vermeidung einer ausgesprochenen Ablehnung, die einer Absichtserklärung folgen könnte. So hat man sich nur gut unterhalten, und die Tochter war halt leider krank. Die Mutter des Bräutigams oder eine andere ältere Frau, die mit der Werbung betraut ist, wird ihre Besuche in anderen Häusern der Stadt fortsetzen.

Holt die Gastgeberin die gewünschte Tochter, die sich schüchtern und scheu zu verhalten hat, versuchen die Besucherinnen, sie in ein Gespräch zu verwickeln, und sind umso entzückter, je zögernder und verhaltener die Antworten kommen. Stößt das auserwählte Mädchen bei den weiblichen Verwandten des Bräutigams auf Ablehnung, bedanken sie sich bei ihren Gastgeberinnen für die anregende Unterhaltung, beglückwünschen die Mutter zu ihren Kindern und gehen. Wieder war ausschließlich von alltäglichen Dingen und typischen Frauenangelegenheiten die Rede, so daß die Familienehre unangetastet bleibt. Beendet die älteste Besucherin das Gespräch mit *So Gott will, werden wir uns verschwägern*, oder einem ähnlich lautenden Abschiedsgruß, ist die Heirat eingeleitet.

Die Verhandlungen der Männer

Die offizielle Fortsetzung der Heiratsverhandlungen wird in beiden Häusern den Männern übergeben. Kurze Zeit darauf machen sich einige Männer aus dem Haus der Braut zu einem Gegenbesuch im Haus des Bräutigams auf. Das Treffen findet im Empfangsraum des Erdgeschosses statt und beginnt wie eine der üblichen Männergesellschaften. Man trinkt Kaffee, raucht Wasserpfeife und redet vornehmlich über öffentliche Ereignisse der Stadt, über Kontakte und Geschäfte beider Häuser, bis man auf das heikle Thema des Ehekontraktes überleitet, der hier in erster Linie unter ökonomischen Gesichtspunkten verhandelt wird. Gesetzlich geregelt sind die Pflichten des Ehemannes, seine Frau mit Wohnraum, Haushaltsgeld und allem, was sie braucht, zu versorgen, sowie die Pflichten der Ehefrau, ihrem Mann gehorsam zu sein und ihm und den Kindern den Haushalt zu besorgen. Letztere sind Pflichten, deren Vernachlässigung zwar zur Scheidung führen kann, die aber im Vorfeld nicht genauer ausgehandelt werden können. Anders verhält es sich mit einem nicht im islamischen Gesetz festgelegten Brauch, der vom Bräutigam die Zahlung eines Brautpreises, *mahr*, und von der Familie der Braut eine Mitgift verlangt. Die Höhe des *mahr*-Geldes (bei Beduinen kann es sich auch um Vieh handeln) hängt von diversen Bedingungen ab: von den gegenwärtigen ökonomischen Verhältnissen beider Familien, vom Status der Familie der Braut, von der heiratspolitischen Absicht, die der eine oder andere Vater mit dieser Verbindung verfolgt, nicht zuletzt von der Höhe des weiblichen Heiratsgutes.

Ein hohes *mahr*-Geld gereicht beiden Familien zur Ehre: Der Großzügigkeit auf der Seite des Gebers entspricht die Wertschätzung des Brautvaters für seine Tochter, der sich damit allerdings in einem Konflikt befindet: Er muß mit gleichbleibendem Nachdruck betonen, daß seine Tochter nicht hoch genug zu bezahlen sei und daß ein guter Mann für seine Tochter und eine ehrbare Schwiegerschaft für seine Familie ihm mehr bedeuten als alles Geld. Dennoch kann er argumentieren, daß es wichtig sei, der Tochter aus dem *mahr*-Geld Rücklagen für Notsituationen zu sichern. So ziehen sich die Verhandlungen hin. Am Ende wird von allen Anwesenden, von den Unterhändlern wie von den Zeugen der getroffenen Vereinbarungen, die erste Sure des Koran, die *fātiḥa*, rezitiert. *Im Namen des barmherzigen und gnädigen Gottes. Lob sei Gott, dem Herrn der Menschen in aller Welt, dem Barmherzigen und Gnädigen, der am Tag des Gerichts regiert! Dir dienen wir, und dich bitten wir um Hilfe. Führe uns den geraden Weg, den Weg derer, denen du Gnade erwiesen hast, nicht den Weg derer, die deinem Zorn verfallen sind und irregehen!*

Die *fātiḥa* die einer Bitte um rechte Leitung gleichkommt, wird häufig, auch anläßlich der oben genannten lebenszyklischen Feste, zitiert; sie begleitet alle wichtigen Abschnitte des Lebensweges. Als formelhafte Erinnerung, daß jede Handlung eines Menschen im Sinne der Religion ausgeführt sein sollte, stellt sie bei der Hochzeit oft die einzige religiöse Reverenz dar. Ehen werden in den Häusern der Familien und nicht im Gotteshaus geschlossen; sie gelten nur im Diesseits, im *dār al-fanāʾ*.

Die Gegengabe

Nachdem die Männer im Erdgeschoß die Eheabsichten offiziell vor Zeugen bekanntgegeben und die Bedingungen dafür ausgehandelt haben, setzen in beiden Häusern die eigentlichen Hochzeitsvorbereitungen ein. Auf beiden Seiten müssen für die bevorstehenden Feiern und für die verabredeten Gaben viele Einkäufe getätigt werden, so daß bis zum verabredeten Tag der Hochzeit mehrere Wochen vergehen können.

Am Tag vor dem offiziellen Abschluß des Heiratskontraktes warten die weiblichen Verwandten der Braut im oberen und die männlichen im unteren Geschoß ihres Hauses auf die feierliche Übergabe des Brautgeldes. Die erste Abschlagszahlung wird zusammen mit einem reich geschmückten Tablett zusätzlicher Gaben von roten Stoffen, Goldstücken, Gewürzen und Jasminblüten überreicht.

Das Tablett mit den zur Schau gestellten Gaben wird für alle Passanten sichtbar auf demselben Wege durch die Stadt getragen, auf welchem später der Bräutigam in das Haus der Braut, danach die Braut und zuletzt die Mitgift der Braut ins Haus des Bräutigams geleitet werden. Es ist das erste öffentliche Zeichen einer bevorstehenden Heirat; der gemächliche Zug von Haus zu Haus klärt für die Zuschauer auf anschauliche Weise die interessante Frage, welche Häuser ein neues Bündnis eingehen.

Kaum haben die Frauen von ihrem Ausguck den Zug der Männer mit den Gaben des Bräutigams entdeckt, trillern sie laut. Auf dieses Zeichen hin erheben sich unten die würdevollen Männer, die zwar keine Neugier zeigen dennoch frühzeitig informiert sein wollen, um den Gästen entgegenzugehen und sie in die Diele zu begleiten. Bewundert und aufmerksam begutachtet wird allein das Tablett und nicht der *mahr*. Wer das Geld öffentlich nachzählte, gälte als geizig und mißtrauisch und beleidigte das Haus des Bräutigams, dem er damit eine Unterschlagung zutraute. Nach einer förmlichen Bestätigung, den *mahr* erhalten zu haben, gehen die Männer wieder auseinander.

Der Kontrakt

Es gibt in Mekka keine verbindliche Regel, an welchem Ort der Ehekontrakt bestätigt werden sollte. Da die Eheschließung zwei Häuser in ein und demselben Augenblick betrifft – und die Mekkaner offensichtlich ein ausgeprägtes Gefühl für Gleichheit haben, um Konflikten durch Ausgleich entgegenzuwirken – erscheint ihnen die Moschee als neutraler, Familie und Haus übergreifender Ort für die offizielle Zeremonie geeignet.

Für die Wahl des Hauses der Braut spricht ein anderer Grund: Da die Familie der Braut der eigentliche Geber ist – denn das Geld, das die Familie des Bräutigams für sie erstattet, ist nur eine ungenügende, materielle Kompensation – fällt zum Ausgleich für den anstehenden Verlust die Kontrolle wie die Ehre der Veranstaltung dem Brautvater zu.

Ort und Zeit des Vertragsabschlusses werden in aller Stille festgelegt; nur einen Tag, manchmal erst wenige Stunden vorher werden die männlichen Verwandten und Bekannten der beiden Familien davon in Kenntnis gesetzt, ohne daß eine eigentliche Einladung erfolgt. Wer will oder sich verpflichtet fühlt, kommt an den verabredeten Ort. Treffen sie sich in einem Wohnhaus, werden die Gäste mit Kleinigkeiten bewirtet und erwarten so den offiziellen Akt. Erst wenn der vom Brautvater bestellte Mann, der weder mit einer der beiden Familien verwandt noch ein geistliches Amt innehaben, sondern ausschließlich den Ablauf der Zeremonie und alle anstehenden Formeln beherrschen muß, den Raum betritt, werden die Getränke und das Essen weggeräumt. Der Brautvater oder ein anderer verwandter Vormund der Braut setzen sich mit dem Vermittler vor die Anwesenden und warten auf den Bräutigam, der bei dieser Zeremonie das erste Mal überhaupt in Erscheinung tritt.

Nach einer frommen Rede schließt der Vermittler den Kontrakt mit einer Zustimmung heischenden Frage an den Vormund der Braut, der das Jawort als Erster gibt, und mit einem für den Vertreter der Braut stellvertretend ausgesprochenen Angebot an den Bräutigam. *Hiermit biete ich dir zur Ehe und Heirat an die von dir verlangte Frau . . .* Hat der Bräutigam das Angebot öffentlich angenommen: *Ich nehme die Ehe mit ihr auf die genannte Bedin-*

103. Mekkanerin im Brautschmuck mit der typischen Pose einer thronenden Braut

gung an, rezitieren alle Anwesenden die *fātiḥa* und erheben sich. Ehe die Besucher gehen, erhalten sie eine Büchse aus Zuckerwerk; darauf verabschieden sie sich mit Segenswünschen von den Verwandten des Paares, die sich am Ausgang, nach Familien getrennt, in zwei Reihen aufgestellt haben.

Der Vertragsabschluß reicht über die Belange der beiden Häuser hinaus und wird daher im öffentlichen Interesse gesetzlich vollzogen. Heute wird wie im 19. Jahrhundert der ausschließlich bürokratisch relevante Akt von geringem Festaufwand begleitet. Nur die Heirat als soziales Ereignis wird noch immer mit großem Aufwand gefeiert.

Vor dem Vollzug

Im Grunde könnte die Ehe direkt im Anschluß an den Vertrag vollzogen werden, doch schieben sich in allen Orten der arabischen Welt noch zahlreiche Zeremonien dazwischen, welche die Braut und den Bräutigam körperlich wie emotional auf den Akt und alle Beteiligten auf die mit dem neuen Zusammenschluß einhergehenden Trennungen vorbereiten. Daher sind die

104. *Mekkaner posiert
auf dem Thron der Braut*

kommenden Tage gleichermaßen der Vorbereitung wie dem Abschiednehmen gewidmet. Für das Mädchen ist das Ereignis einschneidender als für
den jungen Mann, der vielleicht schon sexuelle Erfahrung mit dem anderen
Geschlecht gemacht hat und außerdem „im Schoße" der Familie bleiben
wird. Die Braut hingegen verliert viel auf einmal: den vertrauten Wohnort,
die Jungfräulichkeit und ihren Jungmädchenstatus; was sie gewinnen wird,
ist unklar. Denn die widersprüchlichen Eheerfahrungen der älteren Frauen
sind ihr aus zahlreichen Gesprächen geläufig, an denen sie von Kindheit an
als Zuhörerin teilgenommen hat. Die Angst vor dem Neuen wird mit Ge-
schenken und einem ungewohnten Maß an weiblicher Zuwendung zugeschüttet; bis zu dem Moment der Einsamkeit in der Hochzeitsnacht wird die
Braut nicht mehr allein gelassen.

Zunächst gilt die stärkste Aufmerksamkeit ihrem Körper. Man bestellt
Frauen, die sich mit den Fragen der Körperpflege auskennen und die Braut
schmücken werden. Alle als lästig oder unschön empfundenen Körperhaare
müssen entfernt werden. Augenbrauen und Stirnhaare werden beschnitten,
das Haar wird mit Bändern, auf die Münzen aufgenäht sind, zu acht Zöpfen

geflochten, Hände und Füße mit Henna belegt und durch Ritzmuster verziert. In den Stunden der kosmetischen Prozedur kommen viele Freundinnen und Verwandte vorbei, um zuzuschauen, und ein langes Fest mit eigens engagierten Sängerinnen beschließt die Nacht.

Gleich am nächsten Morgen kommen die Freundinnen wieder. Das ganze Haus und besonders der sogenannte Thronsaal, ein Zimmer in einem der mittleren Geschosse, werden geschmückt. Ein nur für dieses Ereignis aufgebauter Sitz, nach dem das Zimmer seinen Namen erhält, und der Schmuck, mit dem die Braut für wenige Stunden wie eine Königin auf dem Thron residiert, sind überaus kostbar (Abb. 103, 104). Im Laufe von Generationen sind Einzelteile des Brautschmucks, der jeder Familie für die erste Hochzeit ihrer Töchter leihweise zur Verfügung steht, von reichen Bürgern der Stadt gestiftet worden.

Die festliche Ausgestaltung der unteren Räume und der Gasse obliegt den Männern des Hauses und ihren Bekannten. Am Abend gibt es für alle Helfer oben und unten ein großes Essen. Als erstes Zeichen der von nun an praktizierten Zusammengehörigkeit beider Häuser wird ein Teil des Mahles in das Haus des Bräutigams geschickt.

Die Männer verlassen nach dem Essen das Haus; stattdessen kommen immer mehr Frauen herbei, um wieder bis weit in die Nacht hinein zu feiern.

Eine Initiation

Der folgende Tag wird für beide Parteien der anstrengendste, aber auch der festlichste werden. Für das Haus der Braut ist es im wahrsten Sinne ein Tag der offenen Tür, denn jeder Frau und jedem Mädchen, die zuschauen möchten, wird freier Zutritt gewährt. Besonders an diesem Tag sind auch die Nachbarn beider Familien in das Geschehen involviert. Es ist ein ungeschriebenes Gesetz, daß die Nachbarn ihre schönsten Räume sowie Diener und Kochgeräte für die Essen an diesem Tag zur Verfügung stellen; dasselbe gehört sich auch für die Feierlichkeiten bei Todesfällen.

Frauen und Mädchen aus der Nachbarschaft und anderen Teilen der Stadt eilen herbei, um die reich geschmückte Braut zu bewundern, sich an den dargereichten Speisen zu erfreuen und allerhand Unfug zu treiben. Im dichten Gedränge versuchen sie, die Braut mit Nadeln zu pieksen, um sie, die statuarisch würdevoll erscheinen soll, zum Kreischen zu bringen. Andere versuchen, von der aufgebauten Hochzeitsgabe Goldmünzen oder andere Kleinigkeiten mitgehen zu lassen. Die engen Verwandten der Braut hingegen stehen, überladen mit eigenem, geliehenem oder gemietetem Schmuck, repräsentativ am Rande.

Ein mir nur aus Mekka bekannter Brauch war im 19. Jahrhundert wesentlich erstaunlicher, als er uns heute auf den ersten Blick anmutet. Die mit der Braut verwandten Frauen unterscheiden sich von den nichtverwandten Gästen durch die überschwengliche Pracht ihrer Kleider und durch einen ungewöhnlichen Schmuck: eine bis zu den Knien herabhängende Kette aus hundert frischen Äpfeln. Da die Mekkaner sich nicht an die Jahreszeiten, sondern allein an ihren errechneten Kalender halten, macht die Beschaffung der Äpfel in manchen Jahren, wenn die zum Heiraten empfohlenen Monate in den Winter oder in das Frühjahr fallen, große Schwierigkeiten. Dennoch bestehen die Frauen auch dann darauf, daß ihre Ehemänner die Äpfel besorgen, die zu dieser Zeit, anders als im Sommer, ein kleines Vermögen kosten. Die mit der Braut verwandten Frauen (das weibliche Kollektiv ihrer Abstammungsgruppe) bringen auf diese Weise ihre meist ignorierte Einheit zum Ausdruck. Ihre Ehemänner, die den Schmuck beschaffen und bezahlen müssen, sind oft Mitglieder anderer Häuser. Mit den Äpfeln leisten sie gewissermaßen ihren Tribut an die Frauen eines Hauses, die durch Heiraten auseinandergerissen worden sind. Gelingt es einem Ehemann nicht, die Äpfel zu besorgen, verweigert die Frau ihre Teilnahme am Fest. Die Schande fällt auf ihren Ehemann, denn nur seine Unfähigkeit oder sein Geiz können die Ursache sein, daß eine Frau ohne Äpfel bleibt und somit ihrer Pflicht, bei allen bedeutenden Anlässen ihrer Abstammungsgruppe zur Verfügung zu stehen, nicht nachkommen kann.

Zunächst halten sich die Besucherinnen im oberen Geschoß auf. Es gibt Kaffee, Tee und Süßigkeiten. Sängerinnen treten auf und beschwören in ihren sogenannten *dana dana* Liedern liebestolle junge Männer, die sich ihre Liebste begehrlich ausmalen und sich nach ihr in Sehnsucht verzehren. Mit erotischen Anspielungen soll die nervöse Spannung der Braut gelindert und sie selbst auf das bevorstehende sexuelle Ereignis eingestimmt werden. Zwar ist die Heirat mehr eine Angelegenheit der Familien, doch beim Beischlaf sind die beiden Brautleute allein. Sie treten einander als Individuen gegenüber, die – ohne vorherige Gemeinsamkeit – etwas gemeinsam tun sollen. Die Angst beider ist meist groß, und nicht selten schwinden einem von ihnen oder beiden die Kräfte.

Versagt der Mann, und gelingt es der unerfahrenen und ebenso ängstlichen jungen Frau nicht, ihn zu stärken, kann die nicht vollzogene Ehe kommentarlos annuliert werden, und das Geschehene läuft wie im Film in schnellen Bildern rückwärts: Braut und Gaben kehren an den Ort ihrer jeweiligen Herkunft zurück.

Die von Ethnologen beschriebenen Initiationsrituale[172] – darum handelt es sich auch bei der Hochzeit, mit welcher die beiden jungen Leute eine Statusveränderung vollziehen – lassen sich grob in drei Etappen teilen. Die erste ist durch die Ablösung vom vorherigen Status gekennzeichnet; die mittlere macht den nun statuslosen Initianden stumm. In dieser Phase, in welcher ihm oft Schweigegebote, Nahrungsverbot und Bewegungslosigkeit, also das Aussetzen alltäglicher Gewohnheiten auferlegt werden, wird er über seinen zukünftigen Status und die damit verbundenen Pflichten belehrt. Die dritte, meist kürzere Phase, unterstützt mit kleinen Zeremonien die Wiedereingliederung in die Gemeinschaft.

Bei genauer Betrachtung zeigt sich, daß fast alle Initationsrituale doppelte Rituale sind. Für den eigentlichen Initianden, der von einer Phase seines Lebens in eine andere geleitet wird, sind die Rituale offenkundig, auf ihn konzentrieren sich die meisten rituellen Anstrengungen. Doch auch für die Angehörigen eines Initianden verändert sich nach dessen Statusveränderung vieles. Sie erhalten zwar nicht unbedingt einen eigenen neuen Status, doch muß von nun an die Beziehung zu dem „Neugeborenen" anders formuliert und praktiziert werden. Oft wird, wie im Fall der Heirat, mit dem Statuswechsel eines Angehörigen ein neues, erweitertes Beziehungsnetz geschaffen. Die auf die Angehörigen zukommenden Pflichten und Verhaltensweisen gegenüber ihrer neu erworbenen, angeheirateten Verwandtschaft werden bereits im Festablauf zeremonial einstudiert. Daher verschränken sich alle Hochzeitsbräuche in ihrer Absicht: Die einen gelten mehr der Braut oder dem Bräutigam, die anderen mehr den beiden Familien.

In der mittleren, liminalen[173] Phase stehen sich die Initianden quasi statuslos gegenüber, das alte Rollenverhalten wäre unpassend und das neue wird noch nicht beherrscht. In derartigen Grenzsituationen handelt es sich um die wenigen Augenblicke im Leben, in der rein persönliches Verhalten die Situation bestimmt. Dieser Moment erzeugt Angst und ist zugleich eine Chance, sich in doppelter Weise zu „erkennen".[174] In den Stunden vor der Hochzeitsnacht ist die Atmosphäre in beiden Häusern mit eben dieser Spannung geladen.

Auch im Haus des Bräutigams singen bestellte Sängerinnen die Lieder zur bevorstehenden Annäherung, deren Refrain, *dana-dana*, eine dem Liedrhythmus angepaßte Form des Verbs *danā, nahen*, ist. Trotz seiner vermeintlichen Geschäftigkeit, die mehr seiner Nervosität als wirklicher Pflichterfüllung entspringt, wird der Bräutigam ständig von einigen seiner Junggesellenfreunde begleitet, die ihn mit zweideutigen Witzen aufmuntern und anregen müssen. In aller Form nimmt der Bräutigam, ehe er aufbricht, von seinen weiblichen Verwandten Abschied, die ihn in den oberen Räumen, in denen er sich als Kind ungezwungen und frei bewegen konnte, mit lautem Trillern erwarten. Nachdem ein Lied vom heldenhaften, alle Hindernisse überwindenden Jüngling gesungen worden ist, begleiten ihn die Frauen wieder nach unten: Ein junger Mann verläßt das Haus – als Mann soll er zurückkehren.

Seine Freunde erwarten ihn bereits, und ein langer Zug mit Freunden, Verwandten, Bekannten und mit lampentragenden Dienern setzt sich in Bewegung.

Während die Männer gemessenen Schrittes durch die Stadt ziehen, in der Großen Moschee anhalten, um zu beten, und dann zum Haus der Braut weiterziehen, eilen die Frauen seines Hauses auf kürzestem Weg dorthin.

Im Haus der Braut stehen einige Frauen oben an den Fenstern und halten Ausschau nach dem Zug der Männer. Kaum ist er in Sicht, ertönt das freudige Trillern, und die Männer im unteren Geschoß stehen auf, um ihm entgegenzugehen. Sie führen den Bräutigam auf einen festlich geschmückten Sitz, wo er ruhig und würdevoll den Empfang der Gäste abwarten muß. Diener aus dem Haus des Bräutigams gehen umher und laden für den morgigen Tag in sein Haus ein. Nach und nach gehen die Besucher, und nur die engsten Verwandten und Freunde bleiben.

Inzwischen ist die Braut vom oberen Stock in den Thronsaal einen Stock tiefer geführt worden; auch sie wartet ruhig und würdevoll. Einige Frauen gehen hinunter, nehmen den Bräutigam an die Hand, um ihn zur Braut zu führen. Dort stehen viele Frauen und betrachten ihn, der nur selten so viele unverschleierte, geschmückte und parfümierte Frauen auf einmal gesehen hat. Die Kosmetikerin der Braut, eine neutrale Person, die mit keinem der beiden Häuser verwandt ist, unterweist ihn in der folgenden kurzen Zeremonie, in der er seine Braut das erste Mal berührt, indem er seine Hand auf ihre Stirn legt. All das dauert nicht länger als fünfzehn Minuten, danach geht er wieder nach unten und mit seinen männlichen Verwandten nach Hause.

Oben ziehen sich die Frauen und die Braut um; sie tauschen die ob des reichen Schmucks unbequemen, repräsentativen Kleider gegen leichtere. Von wenigen Verwandten begleitet, zieht die Braut anschließend in einem feierlichen, aber stillen Zug zum Haus des Bräutigams, der ihr dort entgegenkommt. Er führt sie nach oben in ein geschmücktes Zimmer, wo die beiden – müde und erschöpft – kurz vor Sonnenaufgang ein kleines Stück späteren Alltags der Hochzeitsnacht vorwegnehmen: Sie frühstücken gemeinsam. Danach trennen sie sich und schlafen bis in den nächsten Festtag hinein.

Während sie ruhen, sind die anderen Personen im Haus des Bräutigams mit den Vorbereitungen für das Festmahl am Nachmittag beschäftigt. Die Teilnahme an diesem Mahl ist durch eine fromme Überlieferung eine Pflicht für alle Eingeladenen, da sogar Umar, der für die strenge Einhaltung aller Glaubensvorschriften bekannt und gefürchtet war, sein Fasten unterbrach, um an einem Hochzeitsessen teilzunehmen.Der Bräutigam und seine männlichen Verwandten essen nicht mit, sondern warten am Ausgang, um die scheidenden Gäste zu verabschieden und ihre Segenswünsche entgegen zu nehmen. Da mehr als hundert Gäste keine Seltenheit sind, kann sich dieses Essen über Stunden bis zum Abend hinziehen. In manchen Familien finden an aufeinanderfolgenden Tagen Hochzeitsessen statt, so daß die entscheidende Nacht weiter hinausgezögert wird.

Erst nach dem Festmahl wird die auf möglichst viele Lasttiere verteilte Aussteuer der Braut auf demselben Wege und ähnlich prunkvoll wie der Zug des Bräutigams gebracht. Nach der Ankunft der kleinen Karawane gibt der Bräutigam ein erstes Zeichen seiner neuen Rolle und Zuständigkeit: Er bezahlt die (vom Brautvater engagierten) Träger.

In der Zwischenzeit ist die Braut erneut geschmückt worden – weniger reich, dafür schöner. Wieder nimmt sie in einem festlich dekorierten Raum im oberen Geschoß auf einem erhöhten Sitz Platz. Wenn unten alle gesellschaftlichen Aufgaben erledigt sind, wird der Bräutigam nach oben geholt, und wieder schauen die weiblichen Verwandten zu, wie die Kosmetikerin ihn zum zweiten Mal durch die kurze Zeremonie der Berührung führt. Nachdem er die Stirn seiner Braut berührt hat, spricht er die *fātiḥa* und verläßt den Raum. Nun ziehen sich die meisten Frauen endgültig zurück – bis auf einige wenige, die der Braut beim erneuten Umziehen helfen. Auch ihre Mutter, die sie in das Schlafgemach auf dem oberen Stock führt, bleibt über Nacht. Wenn der Bräutigam kommt, ertönen noch immer die *dana-dana* Lieder, und die ältesten Frauen versuchen wach zu bleiben, bis die erfolgreich verlaufene Hochzeitsnacht bekannt gegeben werden kann.

Das blutbefleckte Tuch zeigt den anwesenden Frauen, daß weder Braut noch Bräutigam versagt haben, und ihr lautes Trillern unterrichtet die Männer im Haus und die Nachbarn gleichermaßen vom glücklichen Ausgang der Nacht.

Von nun an läßt man dem Brautpaar mehr Ruhe, und es gibt nur noch wenige vorgeschriebene Formalitäten zu erfüllen. So überreicht der Mann nach dem gemeinsamen Frühstück seiner Frau eine Morgengabe, die dergestalt sein muß, daß die Frau sie später mit Stolz vorzeigen kann. Für sieben Tage dürfen die Brautleute ohne Zuschauer unter sich bleiben, um sich, nachdem sie einander „erkannt" haben, kennenzulernen. Nach Ablauf dieser ruhigen Zeit, gibt die junge Ehefrau nach der Trennung von zu Hause ihr erstes eigenes Fest.

Dieser Aufwand, der manche Familie an den Rand des Ruins bringt, wird anläßlich der ersten Ehe betrieben. Bei späteren Heiraten finden nur die eher trockenen Verhandlungen statt, und zum Vertragsabschluß sind selten mehr als die vorgeschriebenen zwei Zeugen anwesend. Einziges Fest ist dann noch ein Hochzeitsessen im Haus des Mannes.

Bis heute kann man aufwendige Hochzeiten mit reicher zeremonieller Ausgestaltung beobachten, doch kaum in Mekka. Nachdem die puritanisch orientierten Wahabiten die Macht übernahmen, waren die festlichen Selbstdarstellungen der Familien, wie viele andere Festlichkeiten auch, nicht länger erlaubt.[175]

Lebenszyklen

Dem Fest der Hochzeit sollte, so wünschen es sich alle, bald ein zweites Fest folgen, um die Geburt eines Nachkommen zu feiern, denn erst damit erhält die Ehe ihren eigentlichen Sinn und die Geschichte einer Familie einen neuen Anfang.

Die Hochzeitszeremonien betreffen zunächst zwei Personen, Braut und Bräutigam, die von einem alten in einen neuen Status geleitet werden; darüberhinaus gelten sie den beiden Familien des Paares und der Gemeinschaft, in der sie leben. In den beiden anderen, für eine Familie wichtigen Ereignissen steht nur eine Person an oberster Stelle der rituellen Absicht, wenngleich auch für die Angehörigen gewisse Statusveränderungen damit einhergehen können: Jede Erstgeburt macht das Paar zu Eltern, die Geschwister der Eltern zu Onkeln und Tanten usw. Besonders beim Tod eines Familienvorstandes oder eines Scheichs werden eine soziale Funktion oder ein Amt vakant, die in kurzer Zeit mit einem Angehörigen der trauernden Gruppe besetzt werden. Je einschneidender die Geburt oder der Tod eines Menschen für seine Angehörigen sind, um so aufwendiger sind die dazu veranstalteten Feierlichkeiten. Im Mittelpunkt der folgenden Beschreibung steht die jeweilige Hauptperson: diejenige, die geboren wird, und diejenige, die stirbt.[176]

Die Rede vom Lebenszyklus setzt die Vorstellung einer Kreisbewegung voraus. Dieses Wort ließe sich nicht verwenden, wenn Leben und Tod als gradlinige Bewegung von Kommen und Gehen begriffen würde, sondern nur dann, wenn an ein Kommen und Zurückkommen gedacht wird, was allerdings nicht unbedingt in die Vorstellung einer Wiedergeburt münden muß. Tatsächlich zeigen arabische Bräuche, die Geburt und Tod begleiten, Entsprechungen, die auf eine zyklische Vorstellung deuten.

Im Alten Testament bestraft Gott Adam und Eva mit dem irdischen Dasein und mühevoller Arbeit, *bis du wieder zu Erde werdest, davon du genommen bist,* und erinnert damit an die Erschaffung des ersten Menschen aus Lehm: *Denn du bist Erde und sollst zu Erde werden.*[177] Auch in der arabischen Welt ist dieser Gedanke bis heute geläufig, und der in Ägypten geborene Schriftsteller Edmond Jabès[178] faßt seine Wüstenfaszination in einer kurzen Phrase zusammen: *Während er eine Handvoll Sand aufnahm, sagte der Nomade: „Das ist mein Leben" und mit der anderen Hand dieselbe Geste wiederholend „Und das ist mein Tod."*

Palästinensische Bauern erzählen, daß ein Engel eine Handvoll Erde von irgendwo einer Frau in den Bauch legt, damit ein neuer Mensch daraus entsteht, der zu unbekannter Zeit am Ort seiner erdenen Herkunft sterben und wieder in die gleiche Erde eingehen wird, aus der er stammt, weshalb niemand den Ort seines Todes kennen kann.[179]

Ein anderer, ebenfalls nicht in der orthodoxen Religion verankerter

Brauch erinnert beim Tod eines Menschen an seine natürliche Herkunft: Nach der Beisetzung bleibt ein Mann am Grabe zurück, der zu dem Toten redet und ihn auf eine bevorstehende Prüfung für die jenseitige Welt vorbereitet. Dabei spricht er den Toten mit seinem Namen an und nennt ihn *Sohn der Soundso*, gefolgt von dem Namen der Mutter und falls er den nicht kennt, dem Namen der Urmutter des menschlichen Geschlechts, Eva.[180] Während des gesamten Lebens trägt jeder hinter seinem persönlichen Namen den seines Vaters, doch mit dem Tode wird die patrilaterale Abstammung unwichtig, man wird wieder zum Kind einer Mutter.

Dahinter verbirgt sich meines Erachtens kein Relikt einer früheren matrilateralen Familienorganisation, sondern immer derselbe zyklische, nur für die dieseitige Welt gültige Gedanke, daß man dorthin zurückkehrt, woher man kommt, und daß Statusfragen und Genealogien irdisch, damit vergänglich sind.

Bei dem Vergleich der beiden, das Leben eines Individuums ein- und ausleitenden Rituale fällt auf, daß die Geburt von einem kurzen aber vollständigen, alle drei Schritte der Loslösung, des Übergangs und der Eingliederung umfassenden Ritual begleitet wird, wohingegen dem Tod ein in diesem Sinne unfertiges Ritual zugeordnet wird. Um die Logik der Rituale als Ausdruck einer bestimmten Konzeption des Lebens zu begreifen, werden die Abläufe hier in ihren gegenseitigen Entsprechungen skizziert.

Gestaltet sich eine Entbindung schwierig, redet die Helferin dem Ungeborenen gut zu und nennt es lockend Braut oder Bräutigam, um ihm mit dem Hinweis auf das nächste große Ereignis – die Hochzeit – den Weg ins Leben zu zeigen. Nach dem Austritt des Kindes aus dem Mutterleib wird es mit zahlreichen Verrichtungen praktisch und rituell von der Mutter gelöst. Die Nabelschnur wird abgetrennt, und der abgebundene oder vertrocknete Teil sorgsam entfernt: Er wird vergraben, in den Fluß geworfen oder versteckt, auf unterschiedliche Weise, so wie es die regionalen Bräuche vorschreiben. Das Kind wird gewaschen, manchmal mit Salz oder Öl abgerieben und fest eingewickelt. In der sieben Tage dauernden Zeit der Ruhe nähern sich die Erwachsenen mit frühen Belehrungen. Das erste, was ein Kind hören sollte, ist der Aufruf zum kollektiven Gebet, den ihm der Vater vorspricht und damit erklärt, daß es vor jeder anderen Zugehörigkeit ein Mitglied der islamischen Gemeinde ist. Unter der Voraussetzung, daß nur Muslime ins Paradies kommen, ist das Neugeborene, falls es vor der Möglichkeit zur eigenen Willensentscheidung stirbt, in dieser Hinsicht gesichert. Danach schenkt der Vater seinem Kind einen kleinen Wertgegenstand und stattet es auf diese Weise symbolisch mit irdischem Besitz aus.

In diesen Tagen kommen viele weibliche Verwandte und Bekannte am Bett der Wöchnerin zusammen. Zwar gelten diese Besuche in erster Linie der Mutter, doch auch dem Kind wird eine gewisse Aufmerksamkeit geschenkt. Die Frauen betrachten es und zählen seine Verwandte mit Namen und dem Terminus auf, mit welchem das Kind sie später benennen lernt. Mit geschultem Blick entdecken die Frauen an dem kleinen Körper Ähnlichkeiten mit diesen Verwandten. Auch ein Bruder der Mutter, *ḫāl,* wird genannt, denn von ihm sollen Kinder zwei Drittel ihres Charakters erben. Nie wird gesagt, daß das Kind schön sei; diese Meidung wird mit der Angst vor dem Bösen Blick der Neidischen, der das ungeschützte und schwache Kind schädigen könnte, erklärt. Ebensogut könnte man sagen, daß das Kind in dieser statuslosen Übergangsphase keine Eigenschaften hat; es hat noch nicht einmal einen Namen. Den erhält es erst am siebten Tag.

Zum Fest der Namensgebung, zu dem der Vater eines oder mehrere Tiere schlachtet, hat er seine Verwandten und vielleicht auch Freunde eingeladen. Dem Kind werden zu diesem Anlaß die Haare geschnitten, die als letzter Rest seiner alten Existenz vergraben werden. Dieses kleine Ritual und die Schlachtung der Tiere werden mit dem Namen *ʿaqīqa* bezeichnet, womit in der altarabischen Tradition ein Opfer gemeint war. Snouck Hurgronje weist jedoch daraufhin, daß es für Mekkaner ein Brauch war, den sie zwar weihevoll durchführten, aber nicht als ein Opfer im klassischen Sinn betrachteten. Selbstverständlich werden alle diese Zeremonien *im Namen Gottes* durchgeführt, und wie bei den Opfern anläßlich des Hausbaus oder der Hochzeit gelten die Gaben als Zeichen der Freude und dienen der Besänftigung aller, die dem Glücklichen Übles wollen, seien es Geister oder neidische Zeitgenossen. Man verteilt, um den Frieden zu sichern. Die Schlachtung der Tiere gehört zum „Opfer", das Abschneiden der Haare löst das Neugeborene endgültig von seinem früheren Zustand, wenige Minuten bevor es mit seinem Namen in den neuen Stand eingeführt wird.

Für diesen Moment wird es von den Frauen im oberen Stock in kostbare Stoffe gekleidet, mit Gold und Edelsteinen geschmückt auf ein Kissen gelegt und einem jungen Mann der Familie übergeben, der es nach unten trägt. Dort reicht er es dem Vater oder, was üblicher ist, einem mit den Zeremonien vertrauten Freund der Familie, vielleicht auch einem gelehrten Verwandten. Dieser flüstert dem Kind den *aḏān,* den ersten Aufruf zum kollektiven Gebet, ins rechte Ohr und die *iqāma* ins linke. Die *iqāma* ist sowohl der zweite Aufruf zum Gebet als auch der Ruf, mit welchem die Auferweckung der Toten eingeleitet wird. Am Ende seines Lebens wird der Tote im Grab auf die rechte Seite gelegt, so daß das linke Ohr frei bleibt, um den Auferweckungsruf erkennend zu vernehmen. Der erste Spruch ins rechte Ohr gilt dem Leben in der diesseitigen Gemeinschaft, der zweite dem Leben in der jenseitigen Welt.

Nach einer kurzen Ansprache, in welcher häufig fromme Geschichten über Namen und ihre bekannten Träger erinnert werden, wird dem Kind und allen Anwesenden der für ihn gewählte Namen bekannt gegeben. Danach wendet sich jeder Gast dem Kind zu und legt ihm ein kleines Geschenk, meist Geld, unter das Kissen. Da in der arabischen Gesellschaft der

Gedanke einer Gabe immer mit einer erwarteten Gegengabe verknüpft wird, verbirgt sich hinter diesem Brauch die symbolische Eröffnung späterer Tauschbeziehungen.

Damit sind die drei Etappen des Übergangsrituals abgeschlossen: eine neue Person betritt die kleine Bühne der Familie und die große der Gemeinschaft; sie erhielt einen Namen, vorläufige, „ererbte" Eigenschaften, eine Religion, irdischen Besitz und potentielle Tauschpartner. Ist das Neugeborene ein Mädchen, wird nicht selten, wenn auch spielerisch, spekuliert, zu welchem Sohn der Brüder ihres Vaters sie als zukünftige Braut passen würde. Ist das Neugeborene ein Junge, fallen diese Überlegungen fort, da Ehefrauen jünger als ihre Männer sein sollten, und seine Kusine, die vorgesehene Braut, also noch nicht geboren ist.

Zum Abschluß des Ereignisses erhalten die Gäste vom Vater des Kindes eine ca. 20 cm lange Zuckerstange.

Bei den drei großen lebenszyklischen Festen werden den Gästen vom jeweiligen Hauptverantwortlichen, dem Gastgeber, beim Abschied Geschenke aus Zuckerwerk gemacht: Bei der Geburt sind es kleine Stäbe, bei der Hochzeit eine Zuckerbüchse mit Bonbons und beim Tode runde Küchlein, *felasi*, eine Verballhornung oder Dialektform von *filūs, Geld*. Die *felasi-Geld*-Küchlein weisen auf den Belohnungscharakter dieser Gabe hin, die nur als Gegengabe für geleistete Dienste verstanden werden können. Bei der Hochzeit erhalten es alle Männer, die als Zeugen beim offiziellen Eheschluß anwesend waren, bei der Geburt alle Männer, welche die Namensgebung begleitet und das Kind mit ihren Gaben in ihren Kreis aufgenommen haben, und beim Tode alle, die bei den Koranrezitationen helfen, die im Namen des Toten abgehalten werden. Zu keinem der anderen, die großen Feste begleitenden Treffen erhalten die Gäste etwas, das sie mit nach Hause tragen können.

Das Fest der Namensgebung wird mit einem Essen beendet, an dem die Mutter des Neugeborenen und ihre Gäste keinen Anteil haben; denn es ist in erster Linie ein Fest für die patrilaterale Abstammungsgruppe, die ihre Freude über ein neues Mitglied festlich begeht. Feiern die Frauen die Mutterschaft ihrer Verwandten am Ende einer Ruhezeit, die wie an anderen Orten der arabischen Welt auch in Mekka vierzig Tage nach der Entbindung dauert, sind die Männer im Hause ausgeschlossen. An diesem Tag verläßt die Mutter das erste Mal ihr Haus und geht, von ihren Freundinnen begleitet, mit dem Kind in die Große Moschee. Während die Frauen beten, nimmt ein Aufseher der Moschee das Kind, legt es auf die Schwelle der Kaaba und spricht anstelle des Kindes: *O Allah! Vor deiner Tür (stehe ich und flehe dich an.)* Mit diesem Satz beginnt der mekkanische Händler, der vor Gott wie ein Bettler vor den Häusern der Menschen steht, seinen Geschäftstag. Für das Kind ist dies ein erster öffentlicher Auftritt außerhalb des Hauses und die erste Aufnahme seiner Beziehung zu Gott.

Genau an dieser Stelle, an der sein öffentliches Leben beginnt, wird es auch enden. Auf dem Weg zum Friedhof wird der Tote für wenige Minuten an der Schwelle zur Kaaba abgesetzt, so daß ein weiterer irdischer Kreis geschlossen ist.

Das Ende

Wie in anderen Orten der islamischen Welt wird auch in Mekka die Bestattung eines Toten an einem Tag absolviert. Anders als bei Geburt und Hochzeit liefert das islamische Gesetz zahlreiche Vorschriften für die ordnungsgemäße Abwicklung im Todesfall, so daß die Variationsbreite der Bräuche bei der Behandlung des Toten nicht sonderlich groß ist, wohl aber bei jenen Zeremonien, die den Trauernden den Abschied vom Toten, den Verlust eines Mitglieds und den Schrecken des Todes ertragen helfen.

Kommt der Tod nicht überraschend, wird die Loslösung des Menschen von seinem bisherigen Dasein vorbereitet. Es ist die Pflicht eines jeden, auf Wunsch eines Sterbenden herbeizueilen. Nicht Ruhe kennzeichnet das Haus, in welchem jemand sein Ende nahen fühlt, sondern ein eifriges Kommen und Gehen. Mit dem Abschiednehmen ist die Möglichkeit verbunden, letzte Wort zu wechseln, alte Konflikte zu lösen oder ungelöste Probleme des Sterbenden in die eigene Verantwortung zu übernehmen.

Im Angesicht des Todes werden die zentralen Werte der Gesellschaft erinnert, wobei immer wieder zwei Themen mit ritualisierten Phrasen praktisch abgeschlossen werden: Haus und Familie und der Gabentausch. *Gibt es noch eine unbeglichene Schuld?* ist eine der wichtigen Fragen am Sterbebett: Man fragt, ob der Sterbende noch eine eigene Schuld auszugleichen habe oder ob ihm ein Anderer noch etwas schulde. Wie formelhaft die Aussprache im jeweiligen Fall auch sein mag, so beabsichtigt man dennoch damit, die irdischen Tauschzyklen zum Abschluß zu bringen.

Nachdem alle Schulden geklärt und ausgeglichen sind, fragt man den Sterbenden nach seinem letzten Wunsch, der ihm als wirkliches Geschenk, dem keine Gegengabe von seiner Seite mehr folgen muß, gewährt wird.

Stirbt ein Familienvater, der unverheiratete Kinder hinterläßt, richten sich seine Gedanken auf die möglichen Verbindungen seiner Kinder mit einem anderen Haus, und nicht selten beschließt er, diese Ehe noch zu stiften. Über seine Absicht, sein Haus versorgt zu wissen, und die damit beschlossenen Allianzpläne mag sich kaum jemand hinwegsetzen. Ebenso wird auch die Bitte des Sterbenden, seine zukünftige Witwe möge sich wieder verheiraten oder nicht, eingehalten. Im letzteren Fall trifft er besondere Verfügungen, die es seiner Frau ermöglichen, mit den unmündigen Kindern in seinem Haus zu bleiben, und nicht aus Unterhaltsgründen heiraten zu müssen, was für seine Söhne und Brüder meist eine Schmälerung des Erbes bedeutet. Der Eintritt des Todes wird durch lautes Klagen der anwesenden Frauen bekanntgegeben. Frauen kennen zwei melodiös-rhythmische Rufe, das Juju oder Trillern für freudige und das sogenannte Klagen für traurige Ereignisse. In beidem können Frauen eine Meisterschaft erreichen, die sie in ihrem Kreis bekannt macht, doch auch hier gilt wie bei den Handwerkern, daß eine Frau selten beide Fähigkeiten mit gleicher Brillianz beherrscht, so daß gerade für den Trauerfall Klageweiber ins Haus geholt werden. Aber auch die anderen Frauen klagen laut: Eine jede beginnt mit dem Namen des Toten, dem sie die für sie allein gültige Bezeichnung des verwandtschaftlichen Verhältnisses anfügt. Damit werden die durch Verwandtschaft erworbenen Rollen des Toten noch einmal aufgerufen: Vater oder Mutter, Sohn oder Tochter, Ehemann (da nur Frauen klagen, kann die Bezeichnung „Ehefrau" im Klageritual nicht vorkommen), Mutterbruder oder Vaterbruder usw. Danach folgen formelhafte Aufzählungen der Dienste, die der Verstorbene den zurückbleibenden Frauen geleistet hat, genau genommen allerdings nur jener Dienste, zu denen er aufgrund seiner verwandtschaftlichen Beziehung verpflichtet war, wie der Einkauf von Kleidern, die Finanzierung der Pilgerreise oder die Vermittlung einer Heirat. Die ganz persönlichen Dankbezeugungen haben in diesem Ritual der lauten, öffentlichen Verabschiedung eines Mitglieds der Familie keinen Platz, dazu boten die wiederholten Besuche am Sterbebett genügend Gelegenheit.

Während die Frauen, Verwandte wie Nichtverwandte, klagen, beginnt der Leichenwäscher mit seiner Arbeit. Ähnlich wie für seine Hochzeit wird der Tote gewaschen, enthaart und manchmal parfümiert. Eine Frau sollte von einer Frau und ein Mann von einem Mann gewaschen werden. Zuvor nimmt der jeweilige Ehepartner Abschied von seinem toten Gemahl, denn nach der rituellen Reinigung der Leiche sollten sie einander nicht mehr berühren. Beim Waschen und bei der bis in das kleinste Detail vorgeschriebenen Einkleidung des Toten können auch Angehörige des jeweils anderen Geschlechts helfen. Dabei gilt, daß nur diejenigen, denen eine Heirat mit dem, der nun tot ist, untersagt war, ihn berühren dürfen. Der jeweilige Ehepartner fällt in seinen vorehelichen heiratsfähigen Status zurück; die Ehe scheint aufgelöst zu sein. Wie bei der Geburt, wenn das Neugeborene Braut oder Bräutigam gerufen wird, erinnert man auch beim Tod – hier sehr spät und dort sehr früh – an das, was der Zweck des irdischen Daseins zu sein scheint: das Heiraten.

Zahlreiche Zeremonien begleiten die Handlungen vor und nach der Bestattung sowie die Zeit danach. Im Namen des Toten werden am 1., 2., 3. und 7. Tag nach seinem Tod Koranlesungen veranstaltet, ebenso am 20. und 40. Tag, am 1., 2., 3. Jahrestag und alle folgenden Jahre bis diejenigen, die seiner erinnern, sterben.

Bei den Klagerufen, beim Tragen der Bahre, bei den Kondolenzbesu-
chen, beim gemeinsamen Trauermahl und bei den späteren Lesungen am
Todestag handelt es sich um das Abschiednehmen der Lebenden von der
ihnen vertrauten Person, die nach und nach zu einer Figur in der Geschichte
der Familie und, wenn es sich um einen Familienvater handelt, zu einem
Glied in der genealogischen Kette wird. Für die irdischen Belange endet das
Totenritual tatsächlich mit einem neuen Status für den Toten: er wird zu
einem Vorfahren.

Doch der rituell begleitete Weg des Toten bricht in der stummen Übergangsphase ab, in der Zeit des Wartens und der Belehrung. Nachdem die
Trauergäste den Friedhof verlassen haben, bleibt ein mit den zeremoniellen
Formeln Vertrauter am Friedhof zurück und redet zu dem Toten. Er erinnert ihn an die bevorstehende Prüfung durch zwei Engel und wiederholt
ihm das Glaubensbekenntnis, das ihm wie ein Losungswort die Tür in das
dār al-baqā', in das *ewige Haus*, öffnen wird. Die Eingliederung in diesen
Status unterliegt nicht mehr menschlichem Eingreifen, sie kann nur vorbereitet werden – und stumm erwartet der Initiand den Tag seiner letzten
Initiation.

Gemessen am *ewigen Haus*, am *dār al-baqā'*, erscheint alles auf dieser
Welt, in der die Sorge um Haus und Familie so viele Handlungen lenkt,
vergänglich. Im *dār al-fanā'* gehört die Verwandtschaft zu den elementaren
Strukturen, das Haus, aus welchem man stammt, und das Haus, mit welchem man eine Verbindung eingeht, bewegen das diesseitige Denken – in
der teleologischen Vorstellung stehen sich zwei Häuser gegenüber, das
Diesseitige, in welchem man lebt, und das Jenseitige, in welches man einziehen möchte.

Ach habe ich denn nicht erlebt,
daß nichts von beständiger Dauer ist?
Ja, auch in meinem Haus
wird der Rabe sein schrilles Krächzen ausstoßen.
Stolze Männer werden mein Erbe unter sich teilen,
und
Fruchtbare Frauen werden zuerst tief getroffen sein
und sich dann anderen zuwenden.[181]

105. *Hausruine in Hodaida*

Abspann, Danksagung und Widmung

Da die Entstehung dieses Buches wohl siebzehn Jahre zurückliegt, sind zahlreiche Personen an seinem Zustandekommen beteiligt. Ich versuche, mich zu erinnern und zu ordnen:

Zunächst seien die Institutionen, beziehungsweise diejenigen genannt, die sich für meine Arbeit persönlich eingesetzt haben und mir mit einem Stipendium oder Arbeitsverträgen ermöglichten, meinen Interessen zu folgen. Ich danke der Stiftung Volkswagenwerk für ein Stipendium; der Hochschule der Künste, Berlin, und Prof. R. W. Ernst; der Universität Bern, Institut für Ethnologie, und Prof. W. Marschall.

Ich danke den Freundinnen, die je nach Neigung das von mir zusammengetragene Material wissenschaftlich begutachteten und ergänzten, meine Ideen und meinen Stil korrigierten und mich reizten, das, was sie verwarfen, nicht zu verwerfen, sondern präziser zu fassen: Ulla Kroog-Hrubes, Susanne Enderwitz, Irene Leverenz und Angelika Schweikhart.

Gedankt sei auch den Kollegen, die mir halfen das Material zu durchdringen und die meinen Spekulationen zuhörten, selbst wenn sie ihre eigene Forschungsarbeit betrafen und nicht selten anders wendeten, und die mir auch in letzter Minute mit Rat und – was zu diesem Zeitpunkt entscheidend ist – mit Tat zur Seite standen: Hartmut Asche, Gerhard Braun, Jean Claude David, Gisela Dombrowksi, Marie Louise Dufour, Sabet Eid, André Gingrich, Claire Hardy-Guilbert, Beate Hundsdörfer, Reiner Kulke, Jérôme Lentin, Julia Männchen, Gottfried Müller, Elke Niewöhner-Eberhard, Dorothée Sack, Marion Sluglett, Lothar Stein, Eva Strommenger, Markus Wäfler, Eugen Wirth, Wolfgang Zimmermann.

Und als letzte werden diejenigen genannt, welche die ersten sind, diejenigen, die das Thema anregten und auf unterschiedliche Weise begleiteten:

Frank – zu Beginn
Rainer und Omar – in der Mitte
Mark – am Schluß
und von Anfang bis Ende – Gennaro

und ihnen sei das Buch nun auch gewidmet.

Anmerkungen

In der Umschrift der arabischen Wörter folge ich dem Vorschlag der ZDMG. Orts- und Personennamen werden der im deutschen Sprachraum üblichen Schreibweise angeglichen. Verweise auf lexikalische Angaben beziehen sich immer auf H. Wehr; Arabisches Wörterbuch. 1968.

Haus und Familie

1 C. Lévi-Strauss; Les structures élémentaires de la parenté. 1949. 2te Auflage 1967.
2 M. Oppitz; Notwendige Beziehungen. Abriß der strukturalen Anthropologie. 1975. S. 89f.
3 Système de parenté. Entretiens interdisciplinaires sur les sociétés musulmanes. Ecole pratique des hautes études – Sorbonne. 1959.
4 S. die ausführlichen Bibliographien bei J. Chelhod; Le mariage avec la cousine parallèle dans le système arabe. L'homme 5, 1965. und J. Cuisinier; Economies et parenté, leurs affinités de structure dans le domaine turc et dans le domaine arabe. 1975.
5 P. Bourdieu; Die Verwandtschaft als Wille und Vorstellung. in: Entwurf einer Theorie der Praxis auf der ethnologischen Grundlage der kabylischen Gesellschaft. 1976. Erster Teil, Kap. 3, S. 66–136.
6 S. Caratini; A propos du mariage „arabe". Discours endogame et pratiques exogames: L'exemple du Rgaybat du nord-ouest saharien. L'homme 110. 1989. S. 30–49.
7 C. Lévi-Strauss; Paroles données. 1984. dtsch: Eingelöste Versprechen. Wortmeldungen aus dreißig Jahren. 1985. 5. Teil.
8 J. Chelhod; – s.o. Anm. 4, zum Mythos der Tiyaha-Beduinen s. S. 114.
9 Kh. Chatila; Le mariage chez les musulmans en Syrie. Etude de sociologie. 1934.
10 M. Rodinson; Les arabes. 1979. deutsch: Die Araber. 1981. Im östlichen Teil der arabischen Länder werden umgangssprachlich nur die Wüstenbewohner als ʿarab bezeichnet. Doch ist das nicht verbindlich. In Manaha werden T. Gerholm zufolge die alteingesessenen Städter ʿarab genannt. T. Gerholm; Market, Mosque and Mafrağ, Social Inequality in a Yemeni Town. Stockholm Studies in Social Anthropology 5. 1977. S. 105ff, 141.

Ein Haustyp

11 U.a.s.: The Arab House. Proceedings of the Colloquium held in the University of Newcastle upon Tyne. 1986.
12 O. Reuther; Das Wohnhaus in Baghdad und anderen Städten des Iraq. 1910.
13 Al-Fārābī; Fragmente. in: M. Horten; Das Buch der Ringsteine Farabis. Beiträge der Gesch. Phil. MAs Bd. V Heft 3 1903.
14 Al-Ghazālī: Maḳāsid al-falāsifa (Ziele der Philosophen). Hrsg. von G. Beer. 1888.
15 S. Pines; Beiträge zur Islamischen Atomlehre. 1936.
16 G. von Grunebaum; Zum Lob der Stadt in der arabischen Prosa. in: Kritik und Dichtkunst. 1955, S. 80–86.

17 S. „Bauen in Schilf".
18 Am Beispiel Damaskus s.: D. Sack; Damaskus. Entwicklung und Struktur einer orientalisch-islamischen Stadt. 1989, S. 47ff. Allgemein s.: G. Marçais; Consideration sur les villes musulmanes et notamment sur le rôle du mohtasib. in: Recueils de la Société Jean Bodin VI, La ville 1, 1954, S. 249–262.
19 H. Fathy; Natural Energy and Vernacular Architecture. Principles and Examples with Reference to Hot Arid Climates. 1986.
20 S. „Leben in der Oase".
21 S. „Bauen in Lehm".

Bauen im Lehm

22 Die meisten Beobachtungen gehen auf verschiedene Besuche in dieser Region zurück: 1972, 1973, 1976, 1978 und 1983. Dazu s. auch G. Ghirardelli; Feldforschung bei den Albu-Mussara im syrischen Euphrattal. (Unveröffentlichtes Manuskript). 1969 begann mit dem Bau eines mehrere km langen Staudammes die allmähliche Zerstörung des Lebensraumes der ehemaligen Viehzüchter, die nach Fertigstellung des Dammes in andere Regionen des Landes umgesiedelt wurden.
23 F. Langenegger; Die Baukunst des Iraq. 1911, S. 5.
24 Langenegger; s.o. Anm. 23, S. 16.
25 In *ḥamsa, fünf*, schwingt noch eine weitere schutzverheißende Konnotation mit: *ḥamsa* ist eine der Bezeichnungen für die Abstammungsgruppe: s. „Die Wörter" S. 130f.

Bauen in Schilf

26 R. Kriss, H. Kriss-Heinrich; Volksglaube im Bereich des Islam. 1960. Bd. 1, S. 23.
27 S. Westphal-Hellbusch und H. Westphal; Die Ma'dan: Kultur und Geschichte der Marschenbewohner im Süd-Iraq. 1962, S. 316ff.
28 Westphal-Hellbusch, s.o.: Anm. 27, S. 318f.
29 Fulanain; Haji Rikkan, The Marsch Arab. 1927. deutsch: Hadschi Rikkan. Roman eines Arabers. o.J.
30 W. Thesiger; The Marsh Arabs. 1964.
31 Sh. M. Salim; Marsh Dwellers of the Euphrates Delta. London School of Economics Monographs on Social Anthropology. No. 23, 1962.
32 Z.B. in: National Geographic, February 1958, April 1976; U. Schulz-Dornburg, F. R. Knubel; Der Tigris des alten Mesopotamien, Irak 1980. Hrsg. von C. Haenlein, 1981.
33 Westphal-Hellbusch, s.o. Anm. 27, S. 11.
34 Salim, s.o. Anm. 31, S. 4.
35 Nach Westphal-Hellbusch, s.o. Anm. 27, S. 64–68.
36 Westphal-Hellbusch; s.o. Anm. 27, S. 76.
37 Thesiger, s.o. Anm. 30, S. 71.
38 Tatsächlich hat die über dem Haus von Mohammed errichtete umayyadische Moschee in der Rekonstruktion von J. Sauvaget; La mosquée omméyade de Médine, 1947, fig. 5, an ihrer Längsseite 19 Stützpfeiler. Ob diese Übereinstimmung zufällig ist oder auf eine volkstümliche Überlieferung zurückzuführen ist, kann ich nicht beurteilen.
39 Ibn Saad. Biographien. Band 1, Teil II, Biographie Muhammed's. Ereignisse seiner Medinischen Zeit, Personalbeschreibung und Lebensgewohnheiten. Hrsg. von E. Mittwoch und E. Sachau. 1917.
40 S.o. Anm. 39, S. 139f. und S. 180f. Bei Ibn Saad wird überliefert, daß der Hof 100x100 *dirā'* mißt. 1 *ḏirā'* hat zwischen 58 und 85 cm Länge. Für die Rekon-

struktion habe ich mich für die sog. Architekten-*ḏirāʿ* mit 75 cm entschieden, die mit dem mesopotamischen *ḏirāʿ*-Maß übereinstimmt. Übersetzung aus dem Arabischen A. N.

41 E. Rutter; The Holy Cities of Arabia. 1928. Bd. 1, S. 232–233.

42 Wie R. Gazzard; The Arab House: Its Form and Spatial Distribution. in: The Arab House. s. o. Anm. 11, S. 16 meint: „the archetypal Arab house is the Prophet's home in Medina".

43 Über das Leben im Hause Mohammeds hat Nabia Abbott zahlreiche Quellen gesichtet und zusammengestellt: Aishah – The Beloved of Mohammed. 1942. Reprint 1985.

44 M. Mauss: Entwurf einer allgemeinen Theorie der Magie. in: Soziologie und Anthropologie. Bd. I. 1974. zuerst erschienen in: L'Année Sociologique, Bd. 7, 1902–1903, S. 1–146.

45 Salim, s. o. Anm. 31, The Etiquette of the Guest House. S. 77 ff.

46 Westphal-Hellbusch, s. o. Anm. 27, S. 234.

47 Ibn Khaldun; The Muqaddimah. An Introduction to History. 1958. Zitat von S. 273 der englischen Ausgabe; S. 149, 150 der arabischen Ausgabe.

Bauen in Stein

48 F. Ragette; Architecture in Lebanon. The Lebanese House During the 18th and 19th Centuries. 1974; und: F. el-Khoury; Domestic Architecture in the Lebanon. Art and Archaelogical Research Paper 1975.

49 E. Wirth; Das ländliche Haus im Irak. in: Deutscher Geographentag Hamburg. 1957, S. 416–422.

50 A. Gingrich und J. Heiss; Beiträge zur Ethnographie der Provinz Saʿda (Nordjemen). 1986.

51 A. Gingrich und J. Heiss; s. o. Anm. 50, S. 169 und Anm. 99.

52 A. Gingrich und J. Heiss: s. o. Anm. 50, S. 66.

53 F. Barth; Sohar. Culture and Society in an Omani Town. 1983. S. 54.

54 R. B. Serjeant; Building and Builders in Hadramaut. (Sacrificial Rites and Trade Guilds) in: Le Museon. LXII, 1949. S. 275–284.

55 T. M. Kamel Kurdi; Influence of Arabian Tradition of the Old City of Jeddah: House, Form, and Culture. in: The Arab City. 1983, S. 189–202. Zitat S. 200.

56 S. Anm. 18.

57 T. Canaan; The Palestinian Arab House: Its Architecture and Folklore. Journal of the Palestine Oriental Society. 1933, S. 47.

58 *Ṣāḥib al-mihnatayn kadhdhāb*, nach R. B. Serjeant und R. Lewcock; Sanʿā. An Arabian Islamic City. 1980. S. 161.

59 A. Abdel Nour; Introduction à l'histoire urbaine de la Syrie ottomane. 1982. S. 137–154.

60 A. Cain, F. Afshar, J. Norton; The indigenous built environment of Oman: its problems and potentials for contemporary planning and design. in: architectural association quarterly. Vol. 6, nos. 3–4, 1974, S. 58–79 und P. M. Costa, St. Kite; The Architecture of Salalah and the Dhofar Littoral. in: The Journal of Oman Studies. Vol. 7. 1985. S. 131–151.

61 Cain et alii; s. o. Anm. 60, S. 74.

62 J. Janzen; Die moderne Entwicklung im nomadisch-bäuerlichen Lebensraum der südomanischen Region Dhofar. in: Beduinen im Zeichen des Erdöls. Hrsg. von F. Scholz. 1981. S. 389–461.

63 H. Fathy; Natürliche Energie und vernakuläre Architektur. in: ARCH +, Nr. 88, 1987, S. 34–49.

64 Genaue Messungen bei I. Fethi und S. Roaf; The Traditional House in Baghdad.

Some Socio-Climatic Considerations. in: The Arab House. s. o. Anm. 11, S. 41–52.

65 ʿAbd al-Qadr ʿAyyaš; *Al-bait fī ḥayāt al-ʿarab*. 1966. S. 4.

66 Koran, Sure 76, 12.

67 Ibn Khaldun, s. o. Anm. 47, Vol. II, Chap. V, 24, The Craft of Architecture. S. 357 ff.

68 Chelhod; s. o. Anm. 4, S. 152.

69 R. B. Serjeant, s. o. Anm. 54.

70 G. Schoeler; Arabische Naturdichtung. Eine gattungs-, motiv- und stilgeschichtliche Untersuchung. Die Zahriyat, Rabiʾiyat und Raudiyat von ihren Anfängen bis as-Sanaubari. 1974, S. 32.

Leben im Zeltlager

71 H. R. P. Dickson; The Arab of the Desert. A Glimpse into Badawin Life in Kuwait and Sauʾdi Arabia. 1949, S. 76.

72 Beschreibung des Nomadenlebens nach: D. P. Cole; Nomad of the Nomads: The al-Murrah Bedouin of the Empty Quarter. 1975 I. Diqs; A Bedouin Boyhood. 1967; H. R. P. Dickson; s. o. Anm. 71; Ch. M. Doughty; Die Offenbarung Arabiens. 1937; J. Euting; Tagebuch einer Reise in Inner-Arabien. Teil I und II. Hrsg. von E. Littmann. 1896 und 1914; A. Musil; The Manners and Customs of the Rawala Bedouins. 1928 M. von Oppenheim; Die Beduinen. 4 Bände, 1949–68; L. Stein; Die Šammar-Ǧerba. Beduinen im Übergang vom Nomadismus zur Sesshaftigkeit. 1967. Veröffentlichungen des Museums für Völkerkunde zu Leipzig. Heft 17.

73 Herodot; Geschichten und Geschichte, III, 107 bezeichnet Arabien als das letzte bewohnte Land im Süden, deren Bewohner Araber seien.

74 C. von Raswan; Im Land der schwarzen Zelte. 1934. Das Kapitel „Hungersnot" schildert eindrücklich die Folgen lang ausbleibenden Regens. Tiere und Menschen verdursten auf der Suche nach Wasser. Sollte Wasser in einem fremden Stammesgebiet vorhanden sein, muß die Erlaubnis des anderen Stammes eingeholt werden, um an ihrem Wasser und Weidegrund Anteil zu haben. Da benachbarte Stämme häufig Feinde und in eine Kette von gegenseitigen Übergriffen verwickelt sind, erfordert die Verhandlung zur Nutzung nachbarschaftlichen Landes auf der einen Seite politischen Mut und auf der anderen Großzügigkeit, die allerdings selbst zum Schaden des eigenen Stammes häufig gewährt wird. Sie bringt Prestige und setzt den Bittenden in die Position eines Abhängigen, daher fällt jedem Scheich eines hungernden Stammes dieser entscheidende Schritt, das eigene Territorium zu verlassen, so schwer.

75 Cole; s. o. Anm. 72.

76 Doughty; s. o. Anm. 72, S. 119.

77 Männer wie Raswan, Thesiger, Musil.

78 Ausführliche Beschreibung eines Zeltes und seiner Einrichtung bei Dickson, s. o. Anm. 71, S. 66–83. Zitat S. 76.

79 Zum Aufbau eines Zeltes und seiner Nutzung s. auch: Sh. Weir; The Bedouin. Aspects of the Material Culture of the Bedouin of Jordan. World Islam Festival 1976.

80 Doughty, s. o. Anm. 72, S. 117.

81 C. S. Coon: The Camp in the Desert. (S. 128) in: Peoples and Cultures of the Middle East. ed. by A. Shiloh. 1969. S. 119–135.

82 Diqs; s. o. Anm. 72, S. 40.

83 Grundlegend s.: R. Hertz; La préeminence de la main droite: étude sur la polarité religieuse. Revue philosophique LXVIII, 1909. Right and Left. Essays on Dual Symbolic Classification. ed. by R. Needham. 1973, bes.: J. Chelhod: A

Contribution of the Problem of the Pre-eminence of the Right. Based upon Arabic Evidence. S. 239–262.

84 G. Ghirardelli; Die ‚Hausordnung' eines Dorfes im syrischen Euphrattal. in: Trialog 7, Zeitschrift für das Planen und Bauen in der Dritten Welt. 1985, S. 5–9.

85 Ghirardelli, s. o. Anm. 84.

86 Zu den Konsequenzen der Drehung s.: P. Bourdieu; s. o. Anm. 5: Kap. 2, Das Haus oder die verkehrte Welt.

87 Neuarabische Geschichten aus dem Iraq. Gesammelt, übersetzt und herausgegeben von B. Meißner. 1903. S. 31. Die Geschichte wirkt weniger absurd, wenn man sich erinnert, daß die Gebetsrichtung *qibla* heißt, was man einfach auch mit *vorne* übersetzen könnte. Immerhin bezeugt die Anekdote, daß mit dieser Mehrdeutigkeit von Orientierungsangaben gespielt werden kann, daß sie bewußt ist.

Leben im Dorf

88 G. Dalman; Arbeit und Sitte in Palästina. Bd. VII. Das Haus, Hühnerzucht, Taubenzucht, Bienenzucht. 1941, S. 60, Abb. 19, 20, 21 a und b.

89 S.: u. a. J. Weulersse; Paysans de Syrie et du Proche-Orient, 7me éd. 1946, S. 99–102: Bis zu dem Erlass neuer, europäisch geprägter Gesetze durch die Osmanen, einer Fremdherrschaft in Palästina, galt Acker- und Weideland als Eigentum einer Abstammungsgruppe; nach 1868 war kollektives Eigentum verboten, und jedes Stück Land wurde im Katasteramt auf eine Person eingetragen, womit die Grundlage für die Herausbildung von Großgrundbesitz geschaffen war.

90 A. Khammash; Notes on Village Architecture in Jordan. 1986, S. 13 ff.

91 Zu den verschiedenen weiblichen Tätigkeiten s.: Pracht und Geheimnis. Kleidung und Schmuck aus Palästina und Jordanien. Katalog der Sammlung Widad Kawar anläßlich einer Ausstellung des Rautenstrauch-Joest-Museum. 1987. Dort: B. Mershen; Töpferin, Flechterin, Weberin und Gerberin. Zum Haushaltshandwerk im Ostjordanland. und L. L. Layne; Das *dilig* der Beduinen in Jordanien; Dalman; s. o. Anm. 88, Bd. VII.

92 Khammash; s. o. Anm. 90, S. 78: Dorfälteste reden vom Hausbau als einer ʻauna-Arbeit. S. 84, Anm. 3: „‚owneh' bezieht sich auf eine Zeremonie während des Bauens, bei welcher die Mitglieder einer Gemeinschaft helfen, weil sie Verwandte oder Nachbarn sind; einige helfen gegen eine Nahrungsgabe." Derselbe Brauch wird von T. Canaan; s. o. Anm. 57, S. 41 beschrieben, der das Zusammenkommen aller verfügbaren Helfer für den Gewölbebau damit begründet, daß diese Arbeit aus technologischen Gründen an einem Tag erledigt sein sollte.

93 H. Granqvist; Marriage Conditions in a Palestinian Village. 1931.

94 Granqvist; s. o. Anm. 93, S. 79–80.

95 H. Granqvist; Muslim Death and Burial. Arab Customs and Traditions studied in a Village in Jordan. 1965. S. 92–95 mit burlesquen Geschichten über das Verhalten der trauernden Frauen.

96 In dieser und ähnlicher Weise lauten besonders die zum Trost der Angehörigen eines Verstorbenen aufgesagten Sprüche, in denen es immer um das dem nomadischen Leben entnommene Bild einer rastlosen Reise auf Erden und dem endgültigen sich Niederlassen im Jenseits geht. Diesseits und Jenseits werden als *dūr, Aufenthaltsorte*, gedacht.

97 Autoren, deren Muttersprache arabisch ist, legen bei der Übersetzung von *maḏāfa* und ähnlichen Bezeichnungen besonderen Wert auf diesen Aspekt: E. N. Haddad; The Guest-House in Palestine. in: Journal of the Palestine Oriental Society. Bd. 2, 1922, S. 279–283, übersetzt *maḏāfa* mit „guest-house" und setzt

an die erste Stelle seiner Definition „a meeting place for the clan" und an die
zweite Stelle „the reception of guests" Salim; s. o. Anm. 31, S. 72: *il-muḍīf*, „the
place of hospitality" M. Lutfiyya; Baytin. A Jordanian Village. A Study of Social
Institutions and Social Change in a Folk Society. 1966. S. 21: *maḍāfa* (hospitality house).

98 Diese Tradition des Wettstreites vor Gästen ist seit vorislamischer Zeit belegt:
   Die Mitglieder berühmter mekkanischer Familien stritten um die Ehre, Pilger
   mit Wasser zu versorgen. s. M. J. Kister; Mecca and Tamim. (Aspects of their
   Relations). in: Journal of the Economic and Social History of the Orient. Vol
   VIII, 1965 S. 127.

99 Haddad, s. o. Anm. 97, S. 282.

100 Granqvist, s. o. Anm. 95, S. 89.

101 Lutfiyya, s. o. Anm. 97, S. 21 und 22.

102 In dieser Weise kategorisiert bei: Dalman; s. o. Anm. 88, S. 112–170; und
    Khammash, s. o. Anm. 90, bereits im Cover des Buches veranschaulicht. Zur
    Konstruktion des Gewölbehauses s.: S. al-Aamiry und J. Cejka; Das palästinen-
    sische Haus. in: Pracht und Geheimnis, s. o. Anm. 91, 92–98.

103 Zur *qāʿa* s.: O. Reuther; Die Qa'a. in: Jahrbuch der Asiatischen Kunst. Bd. 2,
    1925, S. 205–216. und G. Marçais: Salle, Antisalle. Recherches sur l'évolution
    d'un theme de l'architecture domestique en pays Islam. in: Annales de l'Institut
    d'Etudes Orientales X, 1952. In den architekturgeschichtlichen Abhandlungen
    wird anhand verschiedener Beispiele nach einer klaren Definition gesucht, doch
    läßt die von nordafrikanischen und westsyrischen Stadthäusern bis zum palästi-
    nensischen Bauernhaus verwendete Bezeichnung keine weitere Verallgemeine-
    rung zu als die im Text vorgeschlagene: *qāʿa* heißt wörtlich *der untere Teil, zu
    ebener Erde*.

104 G. Dalman; Arbeit und Sitte in Palästina, Bd. I, 1928, S. 17 zeigt, daß dieser
    Brauch, bestimmte Tage der Woche für gewisse Verrichtungen zu empfehlen
    oder davor zu warnen, für ganz unterschiedliche Tätigkeiten, wie arbeiten, rei-
    sen, Kranke heilen und heiraten, für Männer wie Frauen gleichermaßen gilt.

105 Dalman; s. o. Anm. 104, S. 23.

106 Dalman; s. o. Anm. 104, S. 4.

107 Canaan, s. o. Anm. 57, S. 5. Häuser aus pflanzlichem Material werden auch in
    Oman *ʿarīš* genannt. s.: „Leben in der Oase".

108 Dalman; s. o. Anm. 104, S. 566.

109 Dalman; s. o. Anm. 104, S. 566.

110 Nicht überall kommt dem Mutterbruder bei der Verheiratung der Kinder seiner
    Schwester eine besondere Rolle zu, doch aus Palästina und Jordanien wird häu-
    fig davon berichtet: u. a.: R. T. Antoun; Social Organisation of the Life Cycle in
    an Arab Village. In: Ethnology 6, 1967 beschreibt S. 307, daß nur *maḫwal*-
    Verwandte, also Männer der Mutterseite, bei den Heiratsverhandlungen als Un-
    terhändler agieren sollten.

111 E. Littmann; Chant de la belle-mère. 1903.

Die Wörter: Haus und Familie

112 Die Zitate entstammen in erster Linie: Canaan; s. o. Anm. 57 und Dalman; s. o.
    Anm. 88.

113 J. Cuisinier, A. Miquel; La terminologie arabe de la parenté. Analyse séman-
    tique et analyse componentielle. L'homme 5, 1965, S. 17–59.

114 Canaan; s. o. Anm. 57, S. 83.

115 Zur *ḥamsa* s.: E. Gräf; Das Rechtswesen der heutigen Beduinen. 1952.

116 J. G. Peristiany ed.; Mediterranean Family Structures. 1976. s. dort: H. Rosen-
    feld.

Leben in der Oase

117 Dazu allgemein: H. Asche; Mobile Lebensformgruppen Südost-Arabiens im Wandel. Die Küstenprovinz Al-Bāṭinah im erdölfördernden Sultanat Oman. Abhandlungen des Geographischen Instituts – Anthropogeographie. Bd. 32, 1981.

118 S. Abdulak; Tradition and Continuity in Vernacular Omani Housing. in: Art and Archaelogical Research Papers 12. 1972, S. 18–26.

119 Nach H. Hambloch; Allgemeine Anthropogeographie. Eine Einführung. 1972. S. 35 werden Haus und Hütte durch die selbständige Konstruktion von Dach und Wand, die einer Hütte fehlen, voneinander unterschieden. Aus diesem Grund spricht Asche (s. o. Anm. 117) je nach vorliegender Konstruktion von einem *ḥaima*-Haus oder einer *ḥaima*-Hütte.

120 Barth, s. o. Anm. 53, S. 115, 123, 172–3; und U. Wikkan; Behind the Veil in Arabia. Women in Oman. 1982. S. 25, 206–7. Diese Heiratsbräuche erscheinen im Verhältnis zu dem, was diesbezüglich über Balutschen auf dem asiatischen Festland bekannt ist, unvertraut. Dort hat die patrilaterale Parallelkusine eine ähnliche Vorrangstellung wie im arabischen System; die Wohnfolge ist virilokal, und der Brautpreis wird dem Vater der Braut ausgehändigt und nicht wie in der Batina direkt in Goldschmuck für die Braut investiert, s. R. N. Pehrson; The Social Organisation of the Marri Baluch. 1966. Woher dieser Unterschied der ausgewanderten Balutschen rührt, bleibt einer weiteren Untersuchung vorbehalten.

121 Angabe zu den Arbeiten in den Dattelhainen gehen zurück auf: Asche, s. o. Anm. 117; und V. H. W. Dowson; Batinah Date Trade. India Office File no. R/ 15/1/460. 1927.

122 Barth; s. o. Anm. 53, S. 172–175.

123 W. Zimmermann; Tradition und Integration mobiler Lebensformgruppen. Eine empirische Studie über Beduinen und Fischer in Musandam/Sultanat Oman. 1981. bes.: S. 102–110.

124 F. Scholz; Beduinen in Inner-Oman und ihre „Teilnahme" am gesellschaftlichen Entwicklungsprozeß des Sultanats seit Beginn der Erdölwirtschaft. in: Beduinen im Zeichen des Erdöls. Hrsg. von F. Scholz. 1981. S. 161–394. Zitate S. 197, 343.

125 H. Asche; Al Maṣnaʿah und Ḥazm. Aspekte des neuzeitlichen Wandels traditionaler südost-arabischer Oasentypen. in: Geographische Rundschau 33, 1981 S. 52–57.

126 J. C. Lorimer; Gazetteer of the Persian Gulf, Oman and Central Arabia. o. J. Reprint 1970. S. 704–705, 1603–1604.

127 P. M. Costa; The sur of the Baṭinah. in: The Journal of Oman Studies. Vol. 8, Part 2. 1985, S. 121–193. Zitate S. 187.

128 Pers. Mitteilung von H. Asche, Berlin, 1989.

129 P. M. Costa; The Palm-frond House of the Baṭinah. in: Journal of Oman Studies, Vol. 8, Part 2, 1985. S. 117.

Leben in der Stadt

130 H. von Barth; David Livingstone, der Afrikareisende. Ostafrika vom Lompopo bis zum Somalilande. 1876, S. 503.

131 B. El-Ouni; Das Kitāb at-Taʿāzī des Abu'l-Ḥasan al-Madāʾinī. 1984, S. 176

132 Die meisten Angaben zu Saada entstammen: E. Niewöhner-Eberhard; Saʿda. Bauten und Bewohner in einer traditionellen islamischen Stadt. 1985, S. 204–206, sowie brieflichen Mitteilungen von Frau Niewöhner-Eberhard.

133 Gingrich, Heiss; s. o. Anm. 50. Die Autoren betonen, daß die soziale Teilung der ländlichen Bevölkerung ähnlich sei. An die Stelle der *ahl al-madīna, der*

Leute der Stadt, treten auf dem Lande die *Stammesmitglieder*, die *qabā'il*. Die Bezeichnung *ahl al-ṭilṭ* (so bei Gingrich/Heiss) beziehe sich weniger auf demographische Verhältnisse als auf die Hierarchie der Gruppen, in welcher eben die *ahl aṭ-ṭulṭ* die dritte Stelle einnehmen, sie seien *die Leute des dritten Teils*.

134 Niewöhner-Eberhard, s. o. Anm. 132. Auf das von ihr sog. Lehmschichtenhaus, aus jüngerer Zeit und von anderer Nutzung, (s. 40 ff) wird hier nicht eingegangen.

135 Niewöhner-Eberhard, s. o. Anm. 132, S. 25–26.

136 Zu der Bedeutung des Qat im Yemen s. besonders: A. Schopen; Das Qat. Geschichte und Gebrauch des Genußmittels Catha Edulis Forsk in der Arabischen Republik Jemen. 1978. Sh. Weir: Qat in Yemen. Consumption and Social Change. 1985.

137 T. Gerholm; s. o. Anm. 10.

138 Gerholm; s. o. Anm. 10, S. 180 ff Übersetzung A. N.

139 V. Alliata; Harem. Die Freiheit hinter dem Schleier. 1981.

140 S. o. Anm. 67.

141 Niewöhner-Eberhard, s. o. Anm. 132, S. 24. dies.; Das jemenitisch-arabische Innenhofhaus in Saʿda, Jemen. in: Islam LIV, 1977 S. 182.

142 Diese Regel gehört zu den zahlreichen Vorschriften, die klären, welche Personen einander heiraten dürfen und welche nicht, von denen die sogenannten Inzestregeln nur ein Teil sind. Zu der langen Tradition dieser Forderung nach Gleichheit zwischen den Heiratspartnern s.: Equality of Birth of Husband and Wife (*Kafāʿah*), an Early Arab Principle. in: M. M. Bravmann; The Spiritual Background of Early Islam. Studies in Ancient Arab Concepts. 1972. S. 301–10.

143 Niewöhner-Eberhard, s. o. Anm. 132, S. 68, Genealogie der Familie al-Aizur. Frau Niewöhner-Eberhard merkt an, daß Ehen zwischen den verschiedenen Ranggruppen selten seien, und daß die Leute von Saada sie im Zusammenhang eines sozialen Aufstiegs sehen. Briefliche Ergänzungen zu den publizierten Angaben wurden im Text verarbeitet.

144 A. Djebar; Die Schattenkönigin. 1988, S. 106 f.

145 Niewöhner-Eberhard, s. o. Anm. 132, S. 21 und 96. Und die Marsch-Bewohner würden sagen: Jede Ehe mit einer anderen Frau als der Kusine wird unfruchtbar bleiben! (s. o. Anm. 25).

146 Pers. Mitteilung von E. Niewöhner-Eberhard, 1989.

Leben im Palast

147 P. Lienhardt: The Authority of Shaykhs in the Gulf: An Essay in Nineteenth-Century History. in: Arabian Studies II, 1975, S. 61–75.

148 M. Rumaihi; Beyond Oil. Unity and Development in the Gulf. 1986.

149 N. Abbott: Two Queens of Baghdad. 1946, Reprint 1986.

150 Ṭabarī III, 1000, nach N. Abbott, s. o. Anm. 149, S. 226, und Anm. 68.

151 E. Ruete, geb. Prinzessin Salme von Oman und Sansibar: Leben im Sultanspalast. 1886. Nachdruck 1989.

152 Eine ausführliche Zusammenstellung der europäischen Berichte über Muskat findet sich in: Arabian Studies IV, 1978, S. 123 ff von R. Bidwell; Bibliographical Notes on European Accounts of Muscat 1500–1900. Der im folgenden zitierte Text einer Engländerin ist dort nicht verzeichnet.

153 Narrative Journey into Khorasan, in the Years 1821 und 1822. By J. B. Fraser. in: The Westminster Review. Vol. V, No. IX, 1826. Bei der von Fraser anonym gehaltenen Autorin scheint es sich um die Frau des Cap. R. Mignan zu handeln. Jener besuchte zwischen 1820 und 1825 einige Male Muskat und betont in seinen 1839 erschienenen Reisebeschreibungen: „A Winter Journey through

Russia, the Caucasian Alp and Georgia" seine Frau sei die erste europäische Besucherin im Sultanspalast gewesen. Übersetzung des Zitats von S. 206–208 A. N.

154 Gräfin Hahn-Hahn, Orientalische Briefe. 1848 Bd. 1 S. 154–172, S. 275: „die Monotonie des Harems"; S. 267 „ Aber vergeht ihr denn nicht vor Langeweile in Eurer einförmigen Abgeschiedenheit?"; Bd. 2 S. 78 „Aber der Harem macht stupid und roh, das ist gewiß!" usw.

155 Ruete, s. o. Anm. 151, S. 138 f.

156 Eine Baubeschreibung und eine Genealogie der Al Khalifa finden sich in: C. Hardy-Guilbert, Ch. Lalande: La maison de Shaykh'Isā à Baḥrayn. Recherche sur les grandes civilisations. Mèmoire no. 8. 1981.

157 Eine ausführliche Darstellung der Windtürme findet sich bei: A. Coles, P. Jackson: A Windtower House in Dubai. Art and Archaelogical Research Paper 1975.

158 G. King: Some Examples of the Secular Architecture of Najd. in: Arabian Studies VI, 1982, S. 113–142.

159 H. St. Philby; Arabia of the Wahabis. 1928. S. 204.

160 Ibn Manẓūr; *lisān al-ʿarab*. 1968

161 P. und G. Bonnenfant, Sālim ibn Ḥamad ibn Sulaymān al-Ḥārthı; Architecture and Social History in Muḍayrib. in: The Journal of Oman Studies Vol. 3, Part 2, 1977. Zitat S. 132 Übersetzung aus dem Englischen A. N.

162 Hardy-Guilbert, Lalande; s. o. Anm. 156, S. 89, Anm. 1 und S. 96. Die Autoren beziehen sich auf šaiḫa Āya Āl Khalīfa.

163 S. o. Anm. 156, S. 98.

164 S. Taufiq: Wo ich aufwuchs. in: Im Schatten der Paläste. 1987. S. 192.

Leben im Haus

165 C. Snouck Hurgronje; Mekka. Bd. II Aus dem heutigen Leben. 1889, S. 39. Andere Bücher wie R. F. Burton; Pilgrimage to El-Medinah and Mecca. 1855; J. L. Burckhardt; Reisen in Arabien. 1830 und von Maltzahn; Meine Wallfahrt nach Mekka. 1865 liefern nur wenige zusätzliche Angaben zum Alltagsleben in Mekka, da die Autoren weniger lange am Ort waren und ihr erstes Ziel darin sahen, das für Nicht-Muslime geltende Verbot, die heiligen Orte zu betreten, zu übertreten. Snouck Hurgronje stellt die entscheidende ethnographische Quelle dar. Zum Ablauf des Pilgerfestes in Mekka und Medina s.: G. von Grunebaum; Muhammadan Festivals. 1951.

166 Dazu s. u. a.: Kurdi; s. o. Anm. 55; K. Talib; Shelter in Saudi Arabia. 1984. M. Scharabi; Das traditionelle Wohnhaus der arabischen Halbinsel. in: Architectura 9, 1979; Jeddah 68/69. The first and only definitive introduction to Jeddah, Saudi Arabia's most modern and varied city. 1968.

167 Zu anderen Formen der fiktiven Verwandtschaft zwischen Männern und Frauen, die einander heiraten dürfen, aber nicht wollen und dennoch im Hause frei miteinander verkehren wollen, s.: J. Khatib-Chahidi; Sexual Prohibitions, Shared Space and Fictive Marriages in Shi'ite Iran. in: Women and Space. ed. by Sh. Ardener. 1981, S. 112–135.

168 Enzyklopaedie des Islam. 1934. Bd. IV. Heffening; *'urs.* S. 1124–1133, ders.; Zur Geschichte der Hochzeitsbräuche im Islam. Ein Beitrag zur Volkskunde der islamischen Länder. in: Beiträge zur Arabistik, Semitistik und Islamwissenschaft 1944, S. 386–422.

169 U. a.: Ch. Eickelman; Women and Community in Oman. 1984.

170 Chatila; s. o. Anm. 9.

171 Granqvist; s. o. Anm. 93.

172 Grundlegend für diese Einteilung war A. van Gennep; Les rites de passage. 1909; deutsch: Übergangsriten. 1986.

173 Diesen Aspekt verfolgte Victor W. Turner; The Ritual Process. 1969.

174 Luther übersetzt hebräisch „yada" mit „erkennen", und trifft, selbst wenn es ein Meidungsbegriff ist, genau das, was den statuslosen Initianden nach Turner (s. o. Anm. 173) möglich sein soll: sich als rollenlose Individuen in ihrer reinen Person erkennen zu können. Moderne Bibelübersetzer tauschen dieses Wort gegen einen anderen, weniger präzisen Meidungsbegriff aus: Sie sprechen von „beiwohnen".

175 Eine Generation nach Snouk Hurgronje lebte Rutter für längere Zeit in Mekka und Medina. Seine Beschreibungen der einschlägigen lebenszyklischen Feste sind sehr viel dürftiger, nicht weil er ein schlechter Beobachter war, sondern weil bereits die wahabitische Ordnung die Ereignisse weniger festlich begehen ließ: Rutter, s. o. Anm. 41.

176 Die für Geburt und Tod ausgewerteten Artikel sind – außer den bereits zitierten Monographien – für Geburt: M. Ahmad Zaki Yamani; Birth and Behaviour in a Hospital in Saudi Arabia. in: British Society for Middle Eastern Studies Bulletin 13. 1987; T. Canaan; Die Neugeborenen in der palästinensischen Volkssitte. Neueste Nachrichten aus dem Morgenlande 71. o. J. Für Tod: A. S. Tritton; Muslim Funeral Customs. in: Bulletin of the School of Oriental Studies IX, 1937–39, S. 653–662; I. Goldziher, Muhammedanische Studien. 1889, S. 229–263. Bestattungsregeln im Islam. Übersetzt von M. El Guindi. Bund der Islamischen Welt. o. J.

177 Moses 1, 3 Vers 19.

178 E. Jabès; Die Schrift der Wüste. Hrsg. von F. Ph. Ingold; 1989.

179 H. Granqvist; Birth and Childhood among the Arabs. 1947, S. 36f. von Grunebaum; s. o. Anm. 165, S. 20, weist auf eine in diesem Zusammenhang interessante, volkstümliche Legende hin: Die Erde, aus welcher der Prophet gemacht sei, stamme aus Mekka, dem Nabel der Erde an sich.

180 J.-A. Jaussen; Coutumes palestiniennes. I. Naplouse et son district. 1927. S. 336.

181 El-Ouni; s. o. Anm. 131, S. 135.

Abbildungsnachweis

Karte: Labor für Kartenredaktion und -gestaltung. Technische Fachhochschule, Berlin.

1. *al-bait* als Familie. Diagramm A. N.
2. *al-bait* als erweiterte Familie. Diagramm A. N.
3. *al-bait* als Abstammungslinie. Diagramm A. N.
4. *al-bait* als Haus. Photo G. Ghirardelli
5. „Kusinenheirat". Diagramm A. N.
6. Varianten des *ṭarma*-Hauses. nach O. Reuther; Wohnhaus (1910) Zeichnung B. Hundsdörfer
7. Musterpläne irakischer Stadthäuser. nach O. Reuther, Wohnhaus (1910), Abb. 6, 8, 17. Zeichnung B. Hundsdörfer.
8. Spiel mit achsial- und punktsymmetrischen Entsprechungen. s. Abb. 7.1 Zeichnung A. N.
9. Reuther's Schema einer *talar*-Anlage. nach O. Reuther; Wohnhaus (1910), Abb. 45. Zeichnung B. Hundsdörfer
10. Bait Menahim, Bagdad. Erdgeschoß. nach O. Reuther; Wohnhaus (1910); Abb. 48, Zeichnung B. Hundsdörfer
11. Bait Menahim, Bagdad. Obergeschoß. nach O. Reuther; Wohnhaus (1910), Abb. 49, Zeichnung B. Hundsdörfer
12. Bait Menahim, Bagdad. Südfront des Hofes. O. Reuther, Wohnhaus (1910); Abb. 50
13. Dorf in Nordsyrien. Photo G. Ghirardelli
14. Nordsyrisches Dorf mit Kuppelhäusern. Photo W. Bitterle
15. Vom Wasserholen. Photo A. N.
16. Herstellung von Ziegeln. Photo D. R. Frank
17. Auf einem Holzmarkt in der Stadt. Photo A. N.
18. Aufmauern mit einer Schnur. Zeichnung A. N.
19. der Meister auf dem Dach. Photo D. R. Frank
20. Verputzen. Photo D. R. Frank
21. Hausanlage, Dorf im syrischen Euphrattal. nach G. Ghirardelli; Hausordnung (1985)
22. Ein Haus für Hühner. Photo G. Müller
23. Ein Dorf im Hor. Photo Westphal. Museum für Völkerkunde, Berlin
24. Wege im Schilf. Photo Westphal. Museum für Völkerkunde, Berlin
25. Rohbau aus der Ferne. Photo Westphal. Museum für Völkerkunde, Berlin
26. Herstellung von Schilfmatten. Photo Westphal. Museum für Völkerkunde, Berlin
27. Assyrische Krieger im Hor. aus: A. Paterson; Assyrian Sculpture; Palace of Sanherib. (1905), Pl. 51
28. 29. 30. Beim Hausbau. Photo Westphal. Museum für Völkerkunde, Berlin
31. Versammlungshaus – *muḍīf*. Photo Westphal. Museum für Völkerkunde, Berlin
32. Männer vor ihren Pfosten im Versammlungshaus. Photo Westphal. Museum für Völkerkunde, Berlin
33. Versammlungshaus – *muḍīf*. Photo Westphal. Museum für Völkerkunde, Berlin

34. 1. Zentralhallenhaus. nach F. Ragette; Architecture in Libanon (1974), E 63, S. 98. Zeichnung B. Hundsdörfer
    2. Galeriehaus. nach F. Ragette; Architecture in Libanon (1974) E 23, S. 42. Zeichnung B. Hundsdörfer
35. 1. Haus der Munabbih. nach A. Gingrich, J. Heiss; Ethnographie der Provinz Saʿ-da (1986), S. 51. Zeichnung B. Hundsdörfer
    2. Haus der Razih. nach A. Gingrich, J. Heiss; Ethnographie der Provinz Saʿ-da (1986), S. 75. Zeichnung B. Hundsdörfer
36. in den Steinbrüchen an der Südküste Omans. Photo H. Asche
37. Mauerkonstruktion. nach Cain et alii; Indigenous Building (1974), S. 79. Zeichnung A. N.
38. die Richtung der Häuser und der Winde. Zeichnung A. N.
39. ein Haus in Salala, Oman. Photo R. Kulke
40. im Empfangsraum eines Hauses von Salala, Oman. Photo R. Kulke
41. die nach Norden geöffnete Hoffassade, Aleppo. Photo G. Ghirardelli
42. die nach Süden geöffnete Hoffassade, Aleppo. Photo A. N.
43. Opferblut. Beim Bau eines Hauses in Doan, Hadramaut. Photo Ingrams
44.–46. Schammar-Beduinen im Irak, Frühjahr 1962. Photos L. Stein
47. Links und Rechts in Haus und Zelt. Zeichnung B. Hundsdörfer
48. Sind die Männer fort, „gehört" den Frauen das ganze Haus. Photo G. Müller
49. Bei einem Fest „gehört" den Gästen das ganze Zelt. Photo D. R. Frank
50. Doppelhaus in Palästina. Photo Sammlung Dalman, Universität Greifswald
51. Tscherkessen-Haus in Palästina. Photo Sammlung Dalman, Universität Greifswald
52. Verteilung der Familienverbände und ihrer Häuser in Bathan, Jordanien. nach A. Khammar; Village Architecture (1986), S. 13. Zeichnung A. N.
53. Flechtarbeiten zum Verkauf. Photo Sammlung Dalman, Universität Greifswald
54. Feuerwerk des Heiratens – Die Wege der Bräute. nach H. Granqvist; Marriage Conditions (1931), gegenüber S. 97. Zeichnung A. N.
55. Trauerreigen der Frauen in Ramalla, Palästina. Photo Sammlung Dalman, Universität Greifswald
56. Gästehaus, Palästina. Photo Sammlung Dalman, Universität Greifswald
57. Ein Baumstamm als Grenzmarkierung. Photo Sammlung Dalman, Universität Greifswald
58. Bogenhaus. nach G. Dalman; Arbeit und Sitte (1941), Abb. 58. Zeichnung B. Hundsdörfer
59. Kreuzgewölbehaus. nach G. Dalman; Arbeit und Sitte (1941), Abb. 71. Zeichnung B. Hundsdörfer
60. Herstellung von Vorratskästen. Photo Sammlung Dalman, Universität Greifswald
61. Mehlmahlen auf der Wohnterrasse. Photo Sammlung Dalman, Universität Greifswald
62. Sommerlaube auf einem Wachturm im Garten. Photo Sammlung Dalman, Universität Greifswald
63. Personen des Liedes *Mögest du leben, meine Freundin...* Diagramm A. N.
64. *Ein Haus wird aus Steinen gebaut und das Glück der Menschen aus ihren Kindern.* Photo Sammlung Dalman, Universität Greifswald
65. Eine Familie v. l. n. r. im Verhältnis zum Hausherrn: Ehefrau; Hausherr mit den Bildern wichtiger Männer seiner Familie; seine Mutter; seine Schwester und sein Bruder. Photo Sammlung Dalman, Universität Greifswald
66. Grundbegriffe der Verwandtschaft (für △). Diagramm A. N.
67. Teilung eines Hauses. Diagramm A. N.

68. Häuser aus dem Material der Palme: *bait-zur*. Photo H. Asche
69. Ein einfaches Gehöft in der Batina. Photo H. Asche
70. Ein einfaches Gehöft in der Batina, Oman. Nach Abdulak; Vernacular Omani Housing (1972), Abb. 9, Zeichnung B. Hundsdörfer
71. Blick über mehrere Gehöfte, Batina. Photo H. Asche
72. Häuser der Grundherrn in den Dattelhainen. Photo H. Asche
73. *bait al-qufl*, ein festes Haus aus Stein, Musandam. Photo W. Zimmermann
74. Blick über Hazm; Batina. Photo H. Asche
75. Sur ath-Tharmaid in der Batina. 2. Grundriß nach Costa; The Sur (1982), Nr. 34 S. 148. Zeichnung B. Hundsdörfer. 1. Photo H. Asche
76. Altes Händlerhaus in Saada. Photo E. Niewöhner-Eberhard
77. Bewohner des Hauses al-Aizur. nach E. Niewöhner-Eberhard; Saʿda (1985), Diagramm A. N.
78. Modell des Hauses Abb. 79. nach E. Niewöhner-Eberhard; Saʿda (1985).
79. Nutzung eines Händlerhauses, Saada. nach E. Niewöhner-Eberhard; Saʿda (1985); fig. 4–7, S. 25–28. Zeichnung B. Hundsdörfer
80. in der Halle eines Händlerhauses, Saada. Photo E. Niewöhner-Eberhard
81. Treppe der Männer zum Obergeschoß. Photo E. Niewöhner-Eberhard
82. Schwelle und Tür zum Empfangsraum der Männer. Photo E. Niewöhner-Eberhard
83. die Ordnung einer Qat-Sitzung der Männer. nach T. Gerhom; Market, Mosque and Mafrağ (1977), S. 181. Zeichnung B. Hundsdörfer
84. Hintereingang alter Häuser in Saada. Photo E. Niewöhner-Eberhard
85. die Küche eines alten Händlerhauses, Saada. Photo E. Niewöhner-Eberhard
86. Blick über die Brüstung eines Lichtschachtes zum Küchenhof. Photo E. Niewöhner-Eberhard
87. Blick auf den Empfangsraum der Frauen im Obergeschoß. Photo E. Niewöhner-Eberhard
88. spielende Kinder auf der Straße in Saada. Photo E. Niewöhner-Eberhard
89. Haus in der Altstadt von Hodaida. Photo A. N.
90. Grenzüberschreitende Heiraten des Hauses al-Aizur; Saada. nach E. Niewöhner-Eberhard; Saʿda (1985). Diagramm A. N.
91. Versammlung beim Scheich. Al Araby Magazin, Kuwait. Mit freundlicher Genehmigung von Dr. Al-Rumaihi
92. Heirat Harun ar-Raschids mit seiner zweifachen Kusine. Diagramm A. N.
93. Thronfolge abbasidischer Kalifen. Diagramm A. N.
94. Alter Palast in Riad. Photo Dickson; The Arab of the Desert (1949) gegenüber S. 64
95. Nordtor des Bait Isa, Bahrain. Photo C. Hardy-Guilbert
96. Bait Isa, Bahrain. Durchgang von Hof der Gäste zum Stallgang und weiter in den Hof der Diener, Treppe zum Empfangsraum, *mağlis*, auf dem Dach. Photo C. Hardy-Guilbert
97. Bait Isa, Bahrain. nach C. Hardy-Guilbert, Ch. Lalande; La maison de Shaykh Isa (1981), fig. 5, 6. Zeichnung B. Hundsdörfer
98. Die Kaaba in Mekka. (Alter Zeitungsausschnitt)
99. Pilger in Mina zur Jahrhundertwende. altes Photo, Privatsammlung
100. Blick über Mekka. Bilder aus Mekka. (1889) mit kurzen Erläuterungen von C. Snouck Hurgronje. Tafel 4
101. Mehrgeschossiges Wohnhaus in Mekka. nach Y. Fadan; Traditional Houses of Makka. in: Islamic Architecture and Urbanism. (1983), fig. 5, Zeichnung B. Hundsdörfer
102. Männer, die eine Frau (•) nicht heiraten darf. Diagramm A. N.

103. Mekkanerin im Brautschmuck mit der typischen Pose einer thronenden Braut. C. Snouck Hurgronje. Mekka. Bilderatlas. (1889).
104. Mekkaner posiert auf dem Thron der Braut. Bilder aus Mekka. (1889) mit kurzen Erläuterungen von C. Snouck Hurgronje. Tafel 18 B
105. Hausruine in Hodaida. Photo A. N.

Register

1. Personen und Sachen

2. Orte

3. Verzeichnis der Autoren

Das Verzeichnis der Autoren enthält in alphabetischer Reihenfolge die Namen der im Text und in den Anmerkungen erwähnten Autoren. Kursive Ziffern beziehen sich auf den Text, gerade Ziffern auf die Anmerkungen. Die vollständig zitierte Literatur findet sich in den Anmerkungen.